华信经管 创新系列

应用统计学
——基于Stata软件

刘忠敏　吴晓研　侯岩　赵虹棪　主编

电子工业出版社
Publishing House of Electronics Industry
北京·BEIJING

内 容 简 介

本书内容循序渐进，以培养本科生统计学应用能力为核心组织材料，精讲概念，强调应用。全书分为十章，包括绪论；数据的搜集与整理；数据分布特征的描述；动态数列；统计指数；抽样分布与参数估计；假设检验；方差分析；一元线性回归分析；多元线性回归分析。为突出本书的实用性，在相关章节后加入了 Stata 软件操作等相关内容。

本书既可作为高等院校管理学、经济学本科生的必修教材，也可作为人口学、社会学、医药学等非经济管理类专业学生的选修教材。

未经许可，不得以任何方式复制或抄袭本书之部分或全部内容。
版权所有，侵权必究。

图书在版编目（CIP）数据

应用统计学：基于 Stata 软件 / 刘忠敏等主编. — 北京：电子工业出版社，2021.12
ISBN 978-7-121-42400-7

I. ①应… II. ①刘… III. ①统计分析－应用软件－高等学校－教材 IV. ①C819

中国版本图书馆 CIP 数据核字（2021）第 240269 号

责任编辑：石会敏　　　特约编辑：侯学明
印　　刷：北京七彩京通数码快印有限公司
装　　订：北京七彩京通数码快印有限公司
出版发行：电子工业出版社
　　　　　北京市海淀区万寿路 173 信箱　　邮编　100036
开　　本：787×1092　1/16　　印张：16　　字数：406.4 千字
版　　次：2021 年 12 月第 1 版
印　　次：2022 年 10 月第 2 次印刷
定　　价：49.00 元

凡所购买电子工业出版社图书有缺损问题，请向购买书店调换。若书店售缺，请与本社发行部联系，联系及邮购电话：(010) 88254888，88258888。

质量投诉请发邮件至 zlts@phei.com.cn，盗版侵权举报请发邮件至 dbqq@phei.com.cn。
本书咨询联系方式：738848961@qq.com。

前　言

　　应用统计学是一门实用性很强的方法论科学，它既包括适用于各个领域的一般性统计方法，也包括适用于专业领域的特殊统计方法。在经济管理的过程中，人们每天都要处理大量的数据，因此需要通过对数据进行分析，找出事物发展的规律性，以便为生产和经营决策提供客观的依据。这些正是应用统计学所要解决的问题。

　　应用统计学是为高等院校工商管理类各专业的本科生开设的一门必修专业基础课。设置本课程的目的是培养学生在统计知识方面的基本技能，以及培养学生应用统计学的方法分析问题和解决问题的实际应用能力，使学生能系统地掌握各种统计方法，为学习后继课程打好基础。因此，该课程在专业学习中有着非常重要的作用。

　　本书以培养本科生统计学应用能力为核心组织材料，精讲概念，强调应用。在统计学基本理论的教学基础上，归纳出经常用到的原理及方法，结合案例进行充分讲解，促使学生真正理解和应用这些统计学原理及方法。本书在相关章节后加入了 Stata 软件操作部分，使学生能采用现代化的统计技术，减轻计算的压力。

　　全书由刘忠敏、吴晓研、侯岩、赵虹棪主编，各章的编写分工如下：刘忠敏负责编写第 1、5、9、10 章；吴晓研负责编写第 6、7、8 章；侯岩负责编写第 2、3 章；赵虹棪负责编写第 4 章；Stata 软件操作部分由刘忠敏编写。

　　本书的出版得到了"吉林师范大学教材出版基金"的资助，吉林师范大学的同事与学生对本书的完成给予了大力支持，在此致以衷心的谢意。同时也特别感谢本书所参考的相关资料的作者。

　　由于编者水平有限，书中难免有疏漏之处，恳请同行及读者批评指正。

刘忠敏

2021 年 6 月

目 录

第1章	绪论	1
1.1	统计与统计学	1
	1.1.1 统计的含义	1
	1.1.2 统计学的研究对象及其特点	2
	1.1.3 统计学的学科分类	4
1.2	统计的工作过程和基本职能	5
	1.2.1 统计的工作过程	5
	1.2.2 统计的基本职能	6
1.3	统计学的基本概念	7
	1.3.1 总体、总体单位和样本	7
	1.3.2 标志和指标	8
	1.3.3 变异和变量	9
1.4	大数据时代下的统计学	10
	1.4.1 大数据的概念	10
	1.4.2 大数据的特点	11
	1.4.3 大数据时代下的统计学	11
本章知识结构图		12
思考与练习		12

第2章	数据的搜集与整理	15
2.1	数据的测量尺度与常用类型	15
	2.1.1 数据的测量尺度	15
	2.1.2 统计数据的常用类型	16
2.2	统计数据的搜集	17
	2.2.1 一手数据的搜集	17
	2.2.2 二手数据的搜集	19
2.3	统计分组	19
	2.3.1 统计分组的概念及作用	19
	2.3.2 统计分组的方法	21
2.4	分配数列	24
	2.4.1 分配数列的概念及分类	24
	2.4.2 分配数列的编制	25
	2.4.3 品质分配数列的表示方法	26

		2.4.4	数量分配数列的表示方法	27
	2.5	统计表		28
		2.5.1	统计表的概念及构成	28
		2.5.2	统计表的分类	29
		2.5.3	统计表设计要求	30
	2.6	Stata 软件入门、画图和制表		31
		2.6.1	Stata 软件入门	31
		2.6.2	Stata 画图和制作统计表	34
	本章知识结构图			38
	思考与练习			38

第 3 章 数据分布特征的描述 … 42

	3.1	集中趋势的度量		42
		3.1.1	算术平均数	42
		3.1.2	几何平均数	43
		3.1.3	调和平均数	44
		3.1.4	中位数	45
		3.1.5	众数	46
	3.2	离散程度的度量		47
		3.2.1	极差	47
		3.2.2	平均差	48
		3.2.3	方差和标准差	48
		3.2.4	离散系数	49
	3.3	偏度与峰度的度量		49
		3.3.1	偏度系数	49
		3.3.2	峰度系数	51
	3.4	用 Stata 软件计算数据的分布特征		51
		3.4.1	用 summarize 命令计算数据的分布特征	51
		3.4.2	用 tabstat 命令计算数据的分布特征	53
	本章知识结构图			54
	思考与练习			54

第 4 章 动态数列 … 59

	4.1	动态数列概述		59
		4.1.1	动态数列的含义及作用	59
		4.1.2	动态数列的分类	59
		4.1.3	动态数列的编制原则	61
	4.2	动态数列水平分析指标		62
		4.2.1	发展水平	62
		4.2.2	平均发展水平	63
		4.2.3	增长量与平均增长量	68

- 4.3 动态数列速度分析指标 ... 69
  - 4.3.1 发展速度与平均发展速度 ... 69
  - 4.3.2 增长速度与平均增长速度 ... 70
  - 4.3.3 计算和运用速度相关指标应注意的问题 ... 71
- 4.4 长期趋势的测定与预测 ... 72
  - 4.4.1 长期趋势测定与预测的意义 ... 72
  - 4.4.2 间隔扩大法 ... 73
  - 4.4.3 移动平均法 ... 73
  - 4.4.4 最小平方法 ... 74
- 4.5 季节变动的测定与预测 ... 78
  - 4.5.1 按月平均法 ... 78
  - 4.5.2 移动平均趋势剔除法 ... 79
- 4.6 用 Stata 软件进行长期趋势的测定 ... 81
- 本章知识结构图 ... 83
- 思考与练习 ... 84

第 5 章 统计指数 ... 88
- 5.1 统计指数概述 ... 88
  - 5.1.1 统计指数的概念 ... 88
  - 5.1.2 统计指数的分类 ... 88
  - 5.1.3 统计指数的作用 ... 90
  - 5.1.4 统计指数编制中的问题 ... 91
- 5.2 统计总指数的编制方法 ... 91
  - 5.2.1 简单指数 ... 92
  - 5.2.2 加权指数 ... 93
  - 5.2.3 指数的主要应用 ... 98
- 5.3 指数体系与因素分析 ... 103
  - 5.3.1 指数体系 ... 103
  - 5.3.2 因素分析 ... 104
  - 5.3.3 总量指标变动的因素分析 ... 104
  - 5.3.4 平均指标变动的因素分析 ... 107
- 本章知识结构图 ... 111
- 思考与练习 ... 111

第 6 章 抽样分布与参数估计 ... 116
- 6.1 抽样理由和抽样方法 ... 116
  - 6.1.1 抽样理由 ... 116
  - 6.1.2 抽样方法 ... 116
- 6.2 抽样误差 ... 118
- 6.3 抽样分布 ... 120

		6.3.1 样本均值的抽样分布 ··· 120
		6.3.2 中心极限定理 ··· 123
		6.3.3 比例的抽样分布 ··· 124
	6.4	参数估计 ··· 125
		6.4.1 点估计 ··· 125
		6.4.2 置信区间估计 ··· 125
		6.4.3 总体均值的置信区间估计(已知 σ 时) ······························ 126
		6.4.4 总体均值的置信区间估计(未知 σ 时) ······························ 127
		6.4.5 比例的置信区间估计 ··· 130
	6.5	样本容量的确定 ·· 131
		6.5.1 估计总体均值时样本容量的确定 ······································· 131
		6.5.2 估计总体比例时样本容量的确定 ······································· 132
	本章知识结构图 ··· 133
	思考与练习 ·· 133

第 7 章 假设检验 ··· 136

7.1	假设检验的概念及分类 ·· 136
7.2	假设检验的五个步骤 ·· 137
	7.2.1 第 1 步：提出原假设和备择假设 ·· 137
	7.2.2 第 2 步：选择显著性水平 ·· 138
	7.2.3 第 3 步：确定检验统计量 ·· 138
	7.2.4 第 4 步：建立决策准则 ··· 139
	7.2.5 第 5 步：做出决策 ·· 141
7.3	几种常见的假设检验 ·· 142
	7.3.1 总体均值的假设检验 ·· 142
	7.3.2 总体比例的假设检验 ·· 145
	7.3.3 两个总体均值之差的假设检验 ·· 146
	7.3.4 两个总体比例之差的假设检验 ·· 149
7.4	假设检验决策的风险 ·· 150
	7.4.1 假设检验的两类错误 ·· 150
	7.4.2 两类错误的关系 ··· 151
7.5	用 Stata 软件进行假设检验 ··· 152
	7.5.1 单样本 t 检验的 Stata 操作 ·· 152
	7.5.2 两样本 t 检验的 Stata 操作 ·· 153
本章知识结构图 ··· 154
思考与练习 ·· 154

第 8 章 方差分析 ··· 157

8.1	F 分布 ··· 157
8.2	比较两个总体的方差 ·· 158

8.3 方差分析引论 ··· 160
8.4 单因素方差分析 ··· 161
  8.4.1 单因素方差分析的基本思想 ··· 161
  8.4.2 单因素方差分析的基本步骤 ··· 163
  8.4.3 多重比较检验 ··· 166
8.5 双因素方差分析 ··· 168
  8.5.1 问题的提出 ·· 168
  8.5.2 无交互作用的双因素方差分析 ··· 168
  8.5.3 有交互作用的双因素方差分析 ··· 171
8.6 用 Stata 软件进行方差分析 ··· 173
  8.6.1 用 Stata 软件进行单因素方差分析 ·· 173
  8.6.2 用 Stata 软件进行双因素方差分析 ·· 174
本章知识结构图 ·· 174
思考与练习 ··· 175

第 9 章 一元线性回归分析 ··· 177

9.1 相关分析 ·· 177
  9.1.1 相关关系的含义 ·· 177
  9.1.2 相关关系的分类 ·· 178
  9.1.3 相关分析的主要内容 ·· 179
  9.1.4 相关关系的测量 ·· 179
9.2 回归分析 ·· 185
  9.2.1 回归分析的含义 ·· 185
  9.2.2 回归分析的分类 ·· 185
  9.2.3 回归分析的主要内容 ·· 186
  9.2.4 相关分析与回归分析的关系 ··· 186
9.3 一元线性回归模型的假定及系数估计 ··· 187
  9.3.1 一元线性回归模型及其假定 ··· 187
  9.3.2 一元线性回归模型回归系数估计 ·· 188
9.4 一元线性回归模型的检验 ·· 190
  9.4.1 模型估计式检验的必要性 ·· 190
  9.4.2 模型参数估计值的经济意义检验 ·· 191
  9.4.3 回归直线的拟合优度 ·· 192
  9.4.4 回归系数的显著性检验 ··· 195
9.5 一元线性回归模型的预测 ·· 197
  9.5.1 点估计 ··· 197
  9.5.2 区间估计 ··· 198
9.6 用 Stata 软件进行相关分析和回归分析 ··· 200
本章知识结构图 ·· 202
思考与练习 ··· 202

第 10 章 多元线性回归分析 ... 208
10.1 多元线性回归模型 ... 208
10.1.1 多元线性回归模型及其假定 ... 208
10.1.2 多元线性回归中估计的回归方程 ... 209
10.1.3 多元线性回归模型的回归系数估计 ... 210
10.2 多元线性回归模型的检验 ... 212
10.2.1 拟合优度检验 ... 212
10.2.2 回归模型的总体显著性检验：F 检验 ... 214
10.2.3 回归系数的检验 ... 215
10.3 非线性回归模型 ... 216
10.3.1 对数线性模型 ... 217
10.3.2 半对数模型 ... 218
10.3.3 倒数模型 ... 219
10.3.4 函数形式的选择 ... 221
10.4 交互模型 ... 222
10.5 多个回归系数的联合检验 ... 223
10.6 定性（虚拟）变量模型 ... 225
10.7 残差分析 ... 229
10.7.1 随机误差项零均值 ... 229
10.7.2 随机误差项同方差 ... 229
10.7.3 随机误差项无自相关 ... 232
10.7.4 随机误差项服从正态分布 ... 233
10.8 用 Stata 软件对多元回归的系数进行检验 ... 236
本章知识结构图 ... 238
思考与练习 ... 238

参考资料 ... 246

第1章 绪 论

> 【学习目标】
> 了解统计的含义、统计学的研究对象及其特点；掌握统计学、统计数据和统计实践活动三者间的关系；了解统计的工作过程和基本职能；掌握总体、总体单位、标志、指标、变异和变量等基本概念；明晰指标与变异、品质标志与数量标志的区别和联系；了解大数据时代下的统计学。

1.1 统计与统计学

1.1.1 统计的含义

统计作为一种实践活动已有悠久的历史，其英文为 statistics，在英文中，"统计"与"国家""状况"是同一词根，可以说，自从有了国家，就有了统计实践活动。据历史记载，我国在西周时期已建立了统计报告制度，到秦朝建立中央集权的国家时，从地方到中央已经形成了比较完善的"上计"报告制度。统计被认为是治国创业图强的重要手段，正如春秋战国时的管子所说"举事必成，不知计数不可"。

最初，统计只是为统治者管理国家搜集资料、提供数量依据。随着社会经济的发展，统计的应用领域越来越广泛，不仅在经济管理领域，在军事、医学、生物、物理、化学、审计和司法等领域也大量地运用统计方法。

认识统计，可以从三维的角度分析，如图 1-1 所示：一是统计学（理论）；二是统计实践活动；三是统计数据（成果）。

统计学就是关于数据的搜集、整理、归纳和分析的方法论科学。统计学研究的是如何应用科学的手段从客观实际中搜集数据资料；对搜集到的数据，如何进行加工和整理，又如何从这些复杂纷繁的数据中，探索其数量特征、数量关系及变动趋势并得出结论，应用统计语言解释这个结论，以达到对客观现象更正确、更深刻的认识。

统计实践活动，就是人们为认识客观事物，通过实验或调查搜集有关数据，并加以整理、归纳和分析，而后对客观事物规律性的数量表现做出统计上的解释。统计实践活动的过程，一般经过三大环节：数据搜集、数据处理和评价与分析。实质上，统计实践活动过程也是人们认识客观世界的过程。

人们通过统计实践活动所得的成果即统计数据，如果按观察现象的属性划分，可以分为调查数据和实验数据；如果按数据的计量尺度划分，可以分为定性数据和定量数据。当然，如果采用不同的划分标准，还可分为其他的类别。

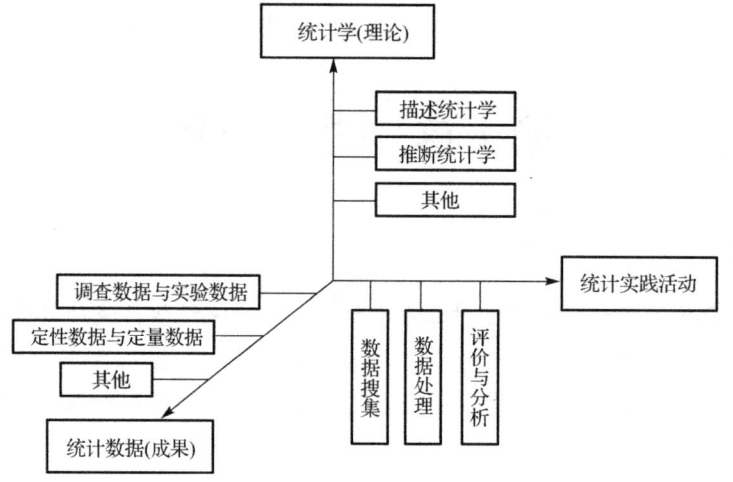

图 1-1 从三维角度认识统计

统计学、统计实践活动、统计数据三者之间的关系如图 1-2 所示。统计学与统计实践活动的关系是理论与实践的关系，理论源于实践，理论又高于实践，反过来又指导实践。统计实践活动与统计数据的关系是工作过程与工作成果的关系。工作过程的好坏关系到工作成果质量的高低。人们对统计数据的要求是：客观性，即它能反映客观事实而不受任何偏见的影响或任何势力的干扰；准确性，即统计数据的偏差不能超过根据统计研究目的而事先确定的允许误差范围；及时性，即统计数据应及时搜集、及时加工、及时公布。只有在科学理论的指导下，统计工作才能获得更高的效率，从而提高其工作成果——统计数据的质量。

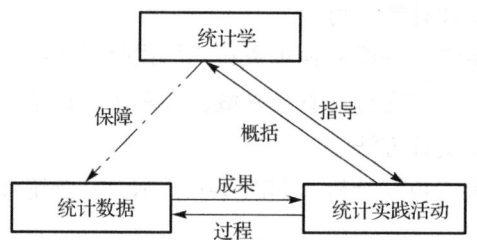

图 1-2 统计学、统计实践活动、统计数据三者之间的关系

1.1.2 统计学的研究对象及其特点

世界上各类现象的发展变化规律都表现为质与量的辩证统一。要认识其客观存在的规律性，就必须认识其质与量的辩证关系，认识其数量关系的特征及度的界限。因此，统计的研究对象是指统计研究所要认识的客体。一般来说，统计的研究对象是客观现象总体的数量特征和数量关系，以及通过这些数量方面反映出来的客观现象发展变化的规律性。它往往具有如下特点。

1. 数量性

数量性是统计学研究对象的基本特点。因为，数字是统计的语言，数据资料是统计的原料。一切客观事物都有质和量两个方面，事物的质与量总是密切联系、共同规定着事物的性质。没有无量的质，也没有无质的量。一定的质规定着一定的量，一定的量也表现为一定的质。但在认识的角度上，质和量是可以区分的：可以在一定的质的情况下，单独地研究量，通过认识事物的量进而认识事物的质。因此，事物的数量是认识客观现象的重要方面，通过分析研究统计数据资料，研究和掌握统计规律性，就可以达到统计分析研究的目的。例如，要分析和研究国民生产总值，就要对其数量、构成及数量变化趋势等进行认识，进而正确地分析和研究国民生产总值的规律性。

2. 总体性

统计学以客观现象总体的数量作为自己的研究对象。统计学的研究对象是自然、社会经济领域中现象总体的数量方面，即统计学的数量研究是对总体普遍存在着的事实进行大量的观察和综合分析，以得出反映现象总体的数量特征和规律性。自然科学、社会经济现象的数据资料和数量对比关系等一般是在一系列复杂因素的影响下形成的。在这些因素当中，有起着决定和普遍作用的主要因素，也有起着偶然和局部作用的次要因素。由于种种原因，在不同的总体单位中，它们相互结合的方式和实际发生的作用都不可能完全相同。所以，对于每个总体单位来说，就具有一定的随机性质。而对于有足够多总体单位的总体来说，又具有相对稳定的共同趋势，显示出一定的规律性。统计学研究对象的总体性，是从对总体单位的实际表现的研究过渡到对总体的数量表现的研究。在研究总体的统计数据资料过程中，为了更好地分析研究现象总体的统计规律性，不排除对个别事物的深入调查研究。

3. 具体性

统计学研究的是一定时间、地点、条件下具体事物的量，不是抽象的量。这是统计学和数学的一个重要区别。但是，由于统计学是从量的方面研究总体现象，因此，在许多方面要使用数学方法进行统计分析。统计学的这一特点，要求统计工作者必须按照具体事物的本来面目进行调查，保证调查资料对具体事物的准确反映，即在研究客观事物的数量方面，统计学研究的是具体对象的具体数量，而不是抽象的量；而数学则是研究抽象的数量关系和空间几何形式，是舍弃了具体对象质的规定性，是抽象的量。因此，尽管统计学有许多数学公式并且应用各种数学方法，但它不等于数学，统计学必须在质与量的紧密结合中研究现象量的方面。

4. 变异性

统计学研究的是同类现象总体的数量特征，其前提是总体各单位的特征表现存在着差异，否则就没有进行统计研究的必要。现实中的差异性，有的是由固定原因引起的，有的是由多种原因引起的。由固定原因引起的差异性可以按照已知条件事先推定，不需要运用统计方法进行研究。由多种原因引起的差异性无法事先确定，需要运用统计方法进行研究，进而探索现象总体的特征和规律性。

5. 社会性

统计学研究社会经济现象，这一点与自然技术统计学有所区别。自然技术统计学研究自然技术现象。自然现象的变化与发展有其固有的规律，在其变化进程中，通常表现为随机现象，即可能出现或可能不出现的现象。而统计学的研究对象是人类社会活动的过程和结果。

人类的社会活动都是人们有意识、有目的的活动，各种活动都贯穿着人与人之间的关系，除随机现象外，还存在着确定性的现象，即必然要出现的现象。所以，统计学在研究社会经济现象时，还必须注意正确处理好那些涉及人与人之间关系的社会矛盾。

1.1.3 统计学的学科分类

统计学大致有以下两种分类：按照统计方法的构成分类，可分为描述统计学和推断统计学；按照统计方法的研究与应用分类，可分为理论统计学和应用统计学。

1. 描述统计学和推断统计学

描述统计学是研究如何取得反映客观现象的数据，并通过图表形式对所搜集的数据进行加工处理和显示，进而通过综合概括与分析得出反映客观现象的规律性数量特征的统计方法。其内容包括数据的收集方法、数据的加工处理方法、数据的显示方法、数据分布特征的概括与分析方法等。

推断统计学是研究如何利用样本数据来推断总体特征的统计方法。它在对搜集的样本数据进行描述的基础上，对统计总体的未知数量特征做出以概率形式表述的推断。其中，总体是指所要研究事物的全体，样本是指从总体中抽取的一部分单位的集合。

描述统计学和推断统计学的划分，一方面反映了统计方法发展的前后两个阶段，同时也反映了应用统计方法探索客观事物数量规律性的不同过程。

统计研究过程的起点是统计数据，终点是探索出客观现象内在的数量规律性。在这一过程中，如果搜集到的是总体数据（如普查数据），则经过描述统计之后就可以达到认识总体数量规律性的目的了；如果所获得的只是研究总体的一部分数据（样本数据），要找到总体的数量规律性，则必须应用概率论的理论并根据样本信息对总体进行科学的推断。

显然，描述统计和推断统计是统计方法的两个组成部分。描述统计是整个统计学的基础，推断统计则是现代统计学的主要内容。由于在对现实问题的研究中，所获得的数据主要是样本数据，因此，推断统计在现代统计学中的地位和作用越来越重要，已成为统计学的核心内容。当然，这并不等于说描述统计不重要。如果没有描述统计搜集可靠的统计数据并提供有效的样本信息，即使再科学的统计推断方法也难以得出切合实际的结论。从描述统计学发展到推断统计学，既反映了统计学发展的巨大成就，也是统计学发展成熟的重要标志。

2. 理论统计学和应用统计学

理论统计学是指统计学的数学原理，它主要是研究统计学的一般理论和统计方法的数学理论。现代统计学用到了几乎所有方面的数学知识，从事统计理论和方法研究的人员需要有坚实的数学基础。此外，由于概率论是统计推断的理论基础，因而广义地讲，统计学是应该包括概率论在内的。理论统计学是统计方法的理论基础，没有理论统计学，统计学也不可能发展成为今天这样一个完善的科学知识体系。

在统计研究领域，从事理论统计学研究的人只是很少一部分，大部分人从事的是应用统计学的研究。应用统计学研究如何应用统计方法去解决实际问题。统计学是一门分析数据的科学，在自然科学及社会科学研究领域，都需要通过数据分析解决实际问题，因而统计方法的应用几乎扩展到了所有科学研究领域。例如，统计方法在生物学中的应用形成了生物统计学；在医学中的应用形成了医疗卫生统计学。统计方法在经济和社会科学研究领域的应用也形成了若干分支学科。例如，统计方法在经济管理中的应用形成了经济管理统计学；在社会学研究和社会管理中的应用形成了社会统计学；在人口学中的应用形成了人口统计学；等等。以上这些应用统计学的不同分支所应用的基本统计方法都是一样的，都是描述统计和推断统计的主要方法。但由于各应用领域都有其特殊性，统计方法在应用中又形成了一些不同的特点。

1.2 统计的工作过程和基本职能

1.2.1 统计的工作过程

统计工作是对社会经济现象总体数量进行的一种调查研究活动，也是对事物的表面、本质及其规律的认识活动。这一活动是由浅入深的序列过程，一般说来，这个过程可以概括为统计设计、统计调查、统计整理、统计分析四个阶段。

1. 统计设计

统计设计是统计工作过程的第一个阶段，它是指根据统计研究对象的性质和研究目的，对统计工作的各个方面和各个环节进行统筹安排。统计设计的结果表现为各种统计设计方案，如统计指标与统计指标体系、分类目录、统计报表制度、调查方案、汇总或整理方案等。

统计设计包括对统计活动的全过程设计和单项设计两个方面。对统计活动的全过程设计是指针对一项统计研究任务，对收集、整理、分析数据的工作全过程所做的设计。对统计活动的单项设计是指对收集、整理、分析数据的某个环节所做的进一步设计。

对统计活动各个方面的设计，主要指的是对统计研究对象的各个组成部分的设计，它们是统计工作横向方面。例如，工业企业统计包括：工业企业经营的内部条件和外部条件；人力、物资、资金等生产要素；生产、供应、销售等生产经营环节。再比如，整个社会经济统计包括：人口、环境、资源等社会发展的环境条件；物质资料的生产、分配、流通、消费的扩大再生产过程；政治、文化、教育、科学、卫生、体育等社会活动；人民的物质和文化生活状况；国际及其他各国的经济和社会状况等。

对统计各个环节的设计，主要是指对统计工作实际进行时的各个阶段的设计，它们是统计工作纵向方面。这些阶段包括：统计资料的收集；统计资料的汇总整理；统计分析；统计资料的提供、保存及公布等。

2. 统计调查

统计调查也称数据收集，它是统计工作过程的第二个阶段。统计调查是根据统计研究对象和研究目的的要求，采用科学的调查方法，有组织、有计划地向客观实际收集统计资料的工作过程。统计调查的方式方法主要有统计报表制度、普查、抽样调查、重点调查、典型调查等。这一阶段是统计实践活动的开始，属于表层和感性认识阶段。但因为统计是要用数字说话的，而统计数字来源于统计调查，因此，"没有调查就没有发言权"。统计调查属于定量认识阶段，它的工作质量直接关系和影响此后各阶段的工作质量。

3. 统计整理

统计整理是指按照一定的目的和要求对统计调查收集到的大量零乱的资料进行科学的加工和分类，使之系统化、条理化，成为能够说明总体特征的综合资料。统计调查阶段收集的资料既丰富也零乱，既大量也粗糙。因此，需要通过统计整理去粗取精、去伪存真，使大量丰富的资料条理化、系统化。这一阶段是对事物由表层认识到深层认识的连接点，对统计分析的质量有举足轻重的作用，是一个承上启下的中间环节。

4. 统计分析

统计分析是在统计整理的基础上，对统计资料进行多种多样的定量和定性分析或评价、论证，由表及里、由浅入深、由此及彼，做出科学的结论，达到对事物本质和规律的认识。这一阶段是将认识活动上升到深层次和理性认识的研究阶段。

通过统计整理和统计分析，可以得到许多有用的统计资料。统计资料的提供并不意味着统计研究的终结。统计的目的在于认识客观世界的规律。对于已经公布的统计资料需要加以积累，同时可以进行进一步的加工，结合相关实质性学科的理论知识去进行分析和利用，从而可以更好地将统计数据和统计方法应用于相关领域中，使统计更好地发挥信息、咨询、监督的职能。

总之，统计工作的四个阶段是一个统一体，无论哪个环节出了偏差，都会背离统计认识活动的规律，造成歪曲反映事物的情况。统计调查出现偏差，会直接影响统计整理的质量和统计分析结果的正确性；统计分析出现偏差，会使统计调查和统计整理两个阶段前功尽弃。统计工作各个阶段的工作质量和效果是密切相关的，因此，要注意它们之间的衔接和协调。统计研究过程框架如图 1-3 所示。

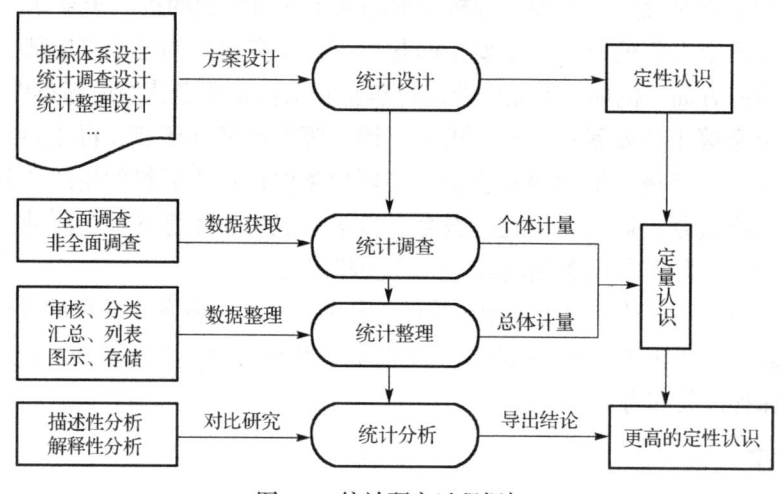

图 1-3 统计研究过程框架

1.2.2 统计的基本职能

统计的基本职能是指统计本身所固有的内在功能。统计具有信息、咨询、监督三大职能。

1. 统计的信息职能

统计的信息职能是指统计具有信息服务的功能，也就是统计通过系统地搜集、整理、分析得到统计资料，在统计资料的基础上再经过反复提炼筛选，提供大量有价值的、以数量描述为基本特征的统计信息，为社会服务。

2. 统计的咨询职能

统计的咨询职能是指统计具有提供咨询意见和对策建议的服务功能，也就是指统计部门利用所掌握的大量的统计信息资源，经过进一步的分析、综合、判断，为宏观、微观决策及科学管理提供咨询意见和对策建议。统计咨询分为有偿咨询和无偿咨询两种。统计咨询应更多地走向市场。

3. 统计的监督职能

统计的监督职能是指统计具有揭示社会经济运行中的偏差、促使社会经济运行不偏离正常轨道的功能，也就是统计部门以定量检查、经济监测、预警指标体系等手段，揭示社会经济决策和执行中的偏差，使社会经济决策及其运行按客观规律的要求进行。

统计的信息职能是统计的最基本的职能，是统计的咨询职能和统计的监督职能发挥作用的保证，统计的咨询职能和统计的监督职能的强化又会反过来促进统计的信息职能的优化。

1.3 统计学的基本概念

1.3.1 总体、总体单位和样本

1. 总体和总体单位

总体，也称统计总体，就是根据一定目的确定的所要研究对象的全体，它是由客观存在的、具有某种共同性质的个体所组成的整体。构成总体的每个个体称为总体单位。例如，要研究某高校职工的职称结构，则该高校所有职工组成总体，而该高校的每名职工就是一个总体单位。

总体可以分为有限总体和无限总体。总体所包含的单位数是有限的，称为有限总体，如人口数、企业数、商店数等。总体所包含的单位数是无限的，称为无限总体，如连续生产的某种产品的生产数量、大海里的鱼资源数等。对有限总体可以进行全面调查，也可以进行非全面调查；但对无限总体只能抽取一部分单位进行非全面调查，据以推断总体。区分无限总体和有限总体的意义在于对不同的总体应采用不同的调查研究方式。

总体与总体单位是两个不同层次的概念，它们之间的关系具有相对性。随着研究目的的不同，总体和总体单位的关系可以发生变化。例如，要研究某高校各专业的办学情况，该高校的所有专业构成总体，而该校开办的每个专业就是一个总体单位；如果要研究某地区高等学校的办学情况，则该地区所有高等学校构成总体，而该地区的每所高校就是一个总体单位。

2. 样本

从总体中抽取的部分个体组成的集合体称为样本。抽取样本的目的，在于要用样本的数量特征来估计或推断总体的数量特征。对于无限总体，不可能对每一单位进行观察，即使是有限总体，由于其大量性的特点，若要对所有单位进行观察，就要花费大量的人力、物力、

财力和时间,是十分不经济的事情。因此,一般情况下,都是通过样本来推断总体特征的。既然抽样的目的是推断总体的特征,那么从总体中抽取样本时就必须遵循随机原则,这样才能保证样本的代表性。总体是指统计研究的对象,样本作为总体的代表,也是统计研究的对象,因此样本也符合总体的概念,为了加以区别,通常将所要研究的事物全体构成的总体称为全及总体,而将样本单位组成的总体称为抽样总体。

1.3.2 标志和指标

1. 标志

标志是用来说明总体单位特征的名称。例如,在某高校职工总体中,该高校的每个职工就是一个总体单位,说明职工特征的名称(如民族、性别、年龄、学历、职称、工资等)就是标志。标志表现(或标志值)是指标志名称之后所表明的属性或数值。例如,某职工的学位是"博士",则"博士"是学位的标志表现。

标志按其特征的性质不同,分为品质标志和数量标志。反映总体单位属性特征的标志称为品质标志。例如,职工的民族、籍贯、性别都属于品质标志,只能用文字表示其属性。反映总体单位数量特征的标志,称为数量标志。例如,职工的年龄、工龄、工资收入、企业的产值等都属于数量标志,只能用数值表示其数量特征。

标志按其表现情况不同,分为不变标志和可变标志。对于某个标志来说,如果总体各单位具有相同的标志表现,那么该标志称为不变标志。在一个总体中至少具有一个不变标志。例如,某企业职工的工作单位是完全相同的,那么工作单位就是一个不变标志。在一个总体中,对于某个标志来说,如果总体各单位具有不同的标志表现,那么该标志称为可变标志。例如,在男性人口总体中,性别是不变标志,而年龄、民族、籍贯等则是可变标志。不变标志是总体同质性的要求,所以总体各单位之间至少要有一个不变标志,才能将总体各单位结合在一起。

2. 指标

指标也称统计指标,用来说明总体的综合数量特征的范畴及具体数值。一项完整的统计指标应该由总体范围、时间、指标名称和指标数值等内容构成,它体现了事物质的规定性和量的规定性两个方面的特点。例如,某高校 2020 年学生总数为 9 000 人,这就是指标,是说明总体综合数量特征的,它包括总体范围(某高校)、时间(2020 年)、指标名称(学生总数)、指标数值(9 000 人)。

指标按其数值表现形式不同,分为总量指标、相对指标和平均指标。

总量指标是反映社会经济现象总规模或总水平的统计指标,其表现形式为绝对数。例如,一个国家的人口总数、土地面积、国民生产总值、工业总产值、工资总额、职工总数等都是总量指标。

相对指标是反映社会经济现象数量对比关系的统计指标,其表现形式为相对数。例如,某企业产值计划完成程度、产品合格率、产值增长速度等都是相对指标。

平均指标是反映社会经济现象数量一般水平下的统计指标,其表现形式为平均数。例如,平均工资、劳动生产率、平均单位成本等都是平均指标。

指标按其反映的总体内容的不同，分为数量指标和质量指标。

数量指标是反映现象总规模、总水平或工作总量的统计指标。

质量指标是反映现象强度、密度、工作质量和经济效果的统计指标，表明现象的对比关系，用相对数或平均数表示。从表现形式上看，相对指标和平均指标都属于质量指标。质量指标是从数量指标派生出来的，经常用于反映现象间的内在联系，评价工作质量，说明现象发展的规律性。

3．标志和指标的关系

标志和指标，两者既有区别，又有联系。标志和指标的区别有以下四点。

第一，标志是说明总体单位特征的，而指标是说明总体数量特征的。

第二，指标都用数值表示，而标志中的品质标志不能用数值表示，只能用文字表示。

第三，指标数值是经过一定的汇总取得的，而标志中的数量标志不一定经过汇总，可直接取得。

第四，标志一般不具备时间、地点等条件，但作为一个完整的统计指标，一定要具备时间、地点、范围等条件。

标志和指标的联系有以下两点。

第一，许多统计指标的数值是从总体单位的数量标志值汇总而来的，既可指总体各单位标志量的总和，也可指总体单位数的总和。例如，某地区工业增加值指标是由该地区的每个工厂的工业增加值汇总而来的；某工业局职工人数指标是由该局各企业的职工人数汇总而来的。

第二，两者存在着一定的变换关系。这主要是指指标和数量标志之间存在着变换关系，即由于研究目的不同，原来的统计总体如果变成总体单位了，则相应的统计指标也就变成数量标志了(这时，指标名称变成标志，指标数值变成标志值或变量值)；反之亦然。例如，在研究某厂职工情况时，该厂的全部职工是总体，该厂的工资总额是统计指标；而在研究该厂所属的某工业局职工工资情况时，该厂就是总体单位，则该厂的工资总额是数量标志，具体的工资总额数值是标志值。于是，该厂的工资总额由统计指标相应变为数量标志了。

1.3.3　变异和变量

统计中的标志和指标都是可变的，即标志和指标的具体表现各不相同，它们之间的这种差别与变化称为变异，主要包括属性变异和数值变异。属性变异是指品质标志的变化，如人口性别的变异、职工文化程度的变异、企业经济类型的变异等。数值变异是指数量标志的变化，如人口年龄的变异、每个工人月工资额的变异等。变异是普遍存在的，是统计的前提，如果没有变异，统计也就没有必要存在了。

在统计中，习惯把可变的数量标志称为变量，变量在统计研究中是一个非常重要的概念。变量的具体取值即数量标志的取值，称为变量值或标志值。例如，工人的月工资是变量，月工资6 000元、8 000元、8 800元是变量值或标志值。

变量主要有以下几种。

1. 自变量和因变量

自身变化会引起其他变量变化的量，叫自变量；受其他变量影响而变化的量，叫因变量。例如，施肥量的多少影响粮食亩产量的高低，因此，施肥量是自变量，粮食亩产量是因变量。

2. 变量按其所受因素影响的不同，可分为确定性变量和随机性变量

由确定性因素影响所形成的变量称为确定性变量。确定性因素使变量按一定的方向呈上升或下降趋势变动。例如，出租车费用总是随着总里程的变化而变化的，只要给出出租车费用单价，那么出租车总费用就可以计算了，可见出租车费用是确定性变量。

受随机性因素影响所形成的变量称为随机性变量，如产品质量检验。在所控制的质量数据范围内，由于受偶然因素的影响，产品的质量数据不是绝对相同的。例如，生活中均匀正六面体的骰子每次掷出正面朝上的点数就是最典型的随机性变量。

3. 连续型变量和离散型变量

变量的连续性或离散性，是以变量值是否可以无限分割为标准的。凡是一个变量相邻的两个变量值之间可以继续分割，取得新的变量值，这样的变量称为连续型变量。例如，身高、体重、资金、利润、劳动生产率、粮食总产量等，都属于连续型变量，它们通常用计算或测量的方法取得变量值。凡是一个变量相邻的两个变量值之间不可能再分割出新的变量值的变量称为离散型变量，如人数、企业数、产品件数等。离散型变量通常以点数的方法取得变量值。

1.4 大数据时代下的统计学

数据就是资源，大数据被美国政府认为是"未来的新石油"，一个国家拥有数据的规模和运用数据的能力将成为综合国力的重要组成部分，对数据的占有和控制也将成为国家间和企业间新的争夺焦点。

1.4.1 大数据的概念

什么是数据？数据(data)在拉丁文里是"已知"的意思，在英文中的一个解释是"一组事实的集合，从中可以分析出结论"。笼统地说，凡是用某种载体记录下来的、能反映自然界和人类社会某种信息的，就可称为数据。

古人"结绳记事"，打了结的绳子就是数据。步入现代社会，信息的种类和数量越来越丰富，载体也越来越多。数字是数据，文字是数据，图像、音频、视频等都是数据。

大数据是对大规模数据的管理和利用的商业模式和技术平台的泛指，它与传统的海量数据不同的是，它除了数据规模呈现几何级数增长的特征，还包括所有数据类型的采集、分类、处理、分析和展现等多个方面，从而最终实现从大数据挖掘潜在巨大价值的目的。而大数据，到目前为止还没有统一的定义。

IDC(国际数据公司)对"大数据"的定义：为了更经济地从高频率获取的、大容量的、不同结构和类型的数据中获取价值，而设计的新一代架构和技术。此定义也可以概括为大数

据的四大特征即四个"V"：海量的数据规模(Volume)、快速的数据流转和动态的数据体系(Velocity)、多样的数据类型(Variety)和巨大的数据价值(Value)。此意义包括基础架构、数据管理、分析挖掘和决策支持四个层面。

2013年3月IBM公司重新定义和完善了大数据"4V理论"，即规模性(Volume)、多样性(Variety)、高速性(Velocity)和真实性(Veracity)，与IDC的定义既有相同部分也有不同的含义。

全球领先的网络管理和数据存储服务商NetApp大中华区总经理陈文所理解的大数据包括A、B、C三个要素：大分析(Analytic)、高带宽(Bandwidth)和大内容(Content)。

1.4.2 大数据的特点

1. 数据体量大

普遍认为PB(1024KB=1MB、1024MB=1GB、1024GB=1TB、1024TB=1PB、1024PB=1EB、1024EB=1ZB、1024ZB=1YB 其中MB为兆、GB为吉、TB为太、PB为拍、EB为艾、ZB为泽、YB为尧)级的数据为大数据的起点。到目前为止，人类生产的所有印刷材料的数据量是200PB，而历史上全人类说过的所有的话的数据量大约是5EB。

2. 数据类型繁多

数据可以是传统的有因果关系的结构化数据，如关系数据库数据，但更多的是诸如网络日志、视频、图片、地理位置信息等的半结构化和非结构化数据。

3. 价值密度低

大数据蕴藏的价值虽然巨大，但价值密度却很低，因此往往需要对海量的数据进行挖掘分析才能得到真正有用的信息，从而产生价值。以视频为例，在连续不间断监控过程中，可能有用的数据仅有一两秒。

4. 处理速度快

大数据时代更强调实时分析，而不是批量分析，奉行1秒定律，即一般要在秒级时间范围内给出分析结果，时间太长就失去了价值。

1.4.3 大数据时代下的统计学

如上文所述，统计学是从数量上分析现象的特征、现象之间的相互关系，以及研究事物的发展规律的。随着科技的进步、社会的发展，客观现象越来越复杂，充满了诸多不确定性。统计学研究的是如何对数据中的不确定性进行量化，探索数据中的规律，从而找出最优化的处理方案。

从数据到大数据，除了量的增大，还有质的飞跃。如果能够通过对海量数据的整合、分析，并从中发现新知识，合理地加以运用，就可以创造新价值。大数据时代，大数据告知信息但不解释信息。大数据是"原油"而不是"汽油"，不能被直接拿来使用。就像股票市场，即使把所有的数据都公布出来，不懂的人依然不知道数据代表的信息。正如加州大学伯克利分校迈克尔·乔丹教授指出的："没有系统的数据科学作为指导的大数据研究，就如同不利用工程科学的知识来建造桥梁，很多桥梁可能会坍塌，并带来严重的后果。"大数据犹如一座原始的矿山，如果不挖掘就不能直接使用，其应用价值就无法实现，也可以说是失去了生命力。那么要如何挖掘大数据呢？统计理论与方法就是大数据挖掘的手段。可见，统计对大数据的生命力和应用价值都有着至关重要的作用。统计学肩负着从数据中提取规律、量化数据中的不确定性等使命。

我们不是为数据而发现数据，发现大数据的最终结果是为了探索事物之间的数量联系和发展规律。大量的数据有可能存在各种错误和遗漏，我们该如何对数据进行整理、归类，又如何从中寻找到现象的规律呢？统计学为研究事物之间的数量联系和发展规律提供理论与方法，它是有关数据处理、分析的科学。在分析大数据时，统计思维往往更重要，统计理论在大数据分析中占据重要的地位，大数据分析必须依赖统计理论。

从另外一个角度看，大数据归根到底是统计的技术实现的重要手段，它是为统计学科发展服务的。随着大数据和云计算的兴起，统计学不仅面临着更大的机遇与挑战，其范畴也得以迅速扩展。

本章知识结构图

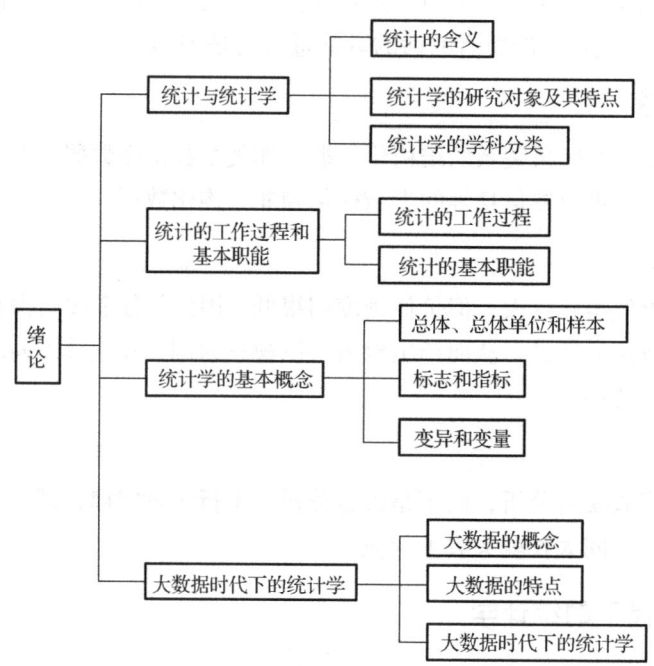

思考与练习

一、单选题

1. 统计有三种含义，其基础是（　　）。
   A．统计学　　　　　　　　B．统计实践活动
   C．统计方法　　　　　　　D．统计资料
2. 一个统计总体（　　）。
   A．只能有一个标志　　　　B．只能有一个指标

C．可以有多个标志　　　　　　D．可以有多个指标

3．某班学生的数学考试成绩分别为 65 分、71 分、80 分和 87 分，这四个数字是（　　）。

　　A．指标　　　　B．标志　　　　C．变量　　　　D．标志值

4．现要了解某机床厂的生产经营情况，该厂的产量和利润是（　　）。

　　A．连续变量　　　　　　　　B．离散变量
　　C．前者是连续变量，后者是离散变量　　D．前者是离散变量，后者是连续变量

5．劳动生产率是（　　）。

　　A．动态指标　　B．质量指标　　C．流量指标　　D．强度指标

6．（　　）是统计的基础职能。

　　A．管理职能　　B．咨询职能　　C．信息职能　　D．监督职能

7．构成统计总体的个别事物称为（　　）。

　　A．调查单位　　B．标志值　　C．品质标志　　D．总体单位

8．数量指标指数和质量指标指数的划分依据是（　　）。

　　A．指数化指标的性质不同　　　　B．所反映的对象范围不同
　　C．所比较的现象特征不同　　　　D．编制指数的方法不同

9．反映社会经济现象发展总规模、总水平的综合指标是（　　）。

　　A．质量指标　　B．总量指标　　C．相对指标　　D．平均指标

10．以产品的等级来衡量某种产品的质量好坏，则该产品的等级是（　　）。

　　A．数量标志　　B．品质标志　　C．标志值　　D．数量指标

二、多选题

1．在工业普查中（　　）。

　　A．工业企业总数是统计总体　　B．每个工业企业是总体单位
　　C．固定资产总额是统计指标　　D．机器台数是连续变量
　　E．职工人数是离散变量

2．对某校大学生状况进行调查，则（　　）。

　　A．调查对象是该校全部大学生　　B．调查对象是该校每个大学生
　　C．调查对象是该校每个班级　　D．调查单位是该校每个大学生

3．下列哪些指标是质量指标（　　）。

　　A．劳动生产率　　B．利润　　C．人口密度　　D．总产值
　　E．产品单位成本

4．下列标志中，数量标志是（　　）。

　　A．性别　　　　B．出勤人数　　　　C．产品等级
　　D．产品产量　　E．文化程度

5．变量就是可以取不同值的量，变量的数值表现就是变量值。以下说法正确的是（　　）。

　　A．各种数量标志和所有的统计指标都是变量
　　B．变量不包括品质标志
　　C．所有标志值和指标值都是变量值

D. 某个工业企业总产值150万元是个变量值
　　E. 某个工业企业总产值150万元是个变量
6. 下列关于变异的说法中正确的是（　　）。
　　A. 变异指指标的具体表现之间的差异
　　B. 变异指总体各单位标志的具体表现之间的差异
　　C. 所有标志值和指标值都是变异
　　D. 变异可分为品质变异和数量变异
　　E. 变异是指标之间的差异
7. 一个国家或地区的人均粮食消费量属于（　　）。
　　A. 总量指标　　B. 相对指标　　C. 平均指标　　D. 强度相对指标
　　E. 质量指标
8. 高校的"教授比重"这个标志属于（　　）。
　　A. 数量标志　　B. 品质标志　　C. 可变标志　　D. 不变标志
　　E. 直接标志

三、简答题

1. 如何理解标志、指标、变量三者的含义？试举例说明。
2. 品质标志、数量标志、质量指标、数量指标四者的关系如何？试举例说明。
3. 什么是大数据？有哪些特征？

第 2 章　数据的搜集与整理

【学习目标】

掌握数据的测量尺度及常用类型；了解统计数据搜集的意义；掌握统计分组、分配数列的编制方法；掌握数据图表展示方法。

2.1　数据的测量尺度与常用类型

统计学是以搜集、整理和分析数据为手段，以达到推断和预测目标的一门综合性科学。数据是通过测量样本中一个或多个变量而获得的，然而数据又分为多种类型，对不同类型的数据应采用适用的统计方法。因此，了解和掌握数据的测量尺度及分类至关重要。依据计量学的一般分类方法和测量的精确度，可以将测量尺度由低级到高、由粗略到精确分为四个层次，即名义尺度、顺序尺度、定距尺度和等比尺度，由此可以得到四种不同类型的测量数据，即名义数据、顺序数据、定距数据和等比数据。

2.1.1　数据的测量尺度

1. 名义数据

名义数据是指反映研究对象类别的数据，因此又称分类变量。名义数据具有有限个无序数值，不能进行数学运算，数据的主要特点是通过文字、代码和其他特殊符号对研究对象进行分类。例如，对人口的性别、民族、籍贯等情况进行的分类统计，对企业的行业属性、经济性质等情况进行的分类统计。为了方便统计，通常对每个类别赋予一个数字代码。例如，汉族用 1 表示，其他民族用 0 表示；男性用 1 表示，女性用 0 表示，这些数字代码只具有示意性质，不能直接进行数值运算。

2. 顺序数据

顺序数据也是对研究对象进行分类的结果，分类的结果呈现一定的层级性和顺序关系，因此顺序数据又称等级数据。例如，表示一个人的受教育程度，可以分为小学、初中、高中、大学、研究生五个层次；表示消费者对产品或服务的满意程度，可以分为很不满意、不满意、一般、满意、很满意五个层次；表示学生学习成绩，可以分为不及格、及格、中等、良好、优秀五个层次。顺序数据和名义数据一样都属于定性数据，不同的是顺序数据能更好地体现定性数据的级别和层次，拥有的信息量更丰富。但是，这种级别和层次无法用具体的数值进行测量。通常，顺序数据也需要用数字代码进行表示，如表示受教育程度时，用 1 表示小学、用 2 表示初中、用 3 表示高中、用 4 表示大学、用 5 表示研究生。名义数据和顺序数据都反映了研究对象的本质特征和属性，通常都会用文字进行描述且都属于分类数据，因此通常把名义数据和顺序数据统称为定性数据。

3. 定距数据

定距数据反映了研究对象的数量特征，通常也称为区间类别数据或等距数据，可以用数值表示。定距数据有相等单位但没有绝对的零点，其结果可以进行加、减运算，可以准确地计算出两个数据之间的差距，如学生成绩、温度、智商等。例如，在某次智商测试中，A 得了 140 分，B 得了 120 分，C 得了 100 分，在对三个人的智商进行比较时，我们可以说 A 的智商高于 B 的智商，B 的智商高于 C 的智商，还可以说 A 和 B 之间的智商差距与 B 和 C 之间的智商差距是一样的。因为定距数据不是从绝对零点开始计算的，所以不能认为某人的智商测试为零，他在这方面的能力也是零。另外，定距数据之间只能进行加减运算，不能进行乘除运算。

4. 等比数据

等比数据与定距数据一样，拥有相等的单位，不同的是，等比数据有绝对的零点。等比数据表明了量的大小，如年龄、销售额、身高、体重等。例如，A 销售员某月的销售额是 20 万元，B 销售员的销售额是 10 万元，可以说 A 的销售额是 B 的销售额的两倍。通过上例可以看出，等比数据不但可以进行加减运算，而且还可以进行乘除运算。

2.1.2 统计数据的常用类型

1. 绝对数、相对数和平均数

根据统计数据的表现形式，可以将数据分为绝对数、相对数和平均数三种。

绝对数是数据最基本的表现形式，是其他数据指标形成的基础。研究对象的总体表现规模和水平一般都是通过绝对数进行表示的，如某个产品的销售额、国民生产总值、某个地区的总人口等。按照反映时间情况不同，绝对数可以分为时期数和时点数。时期数是反映研究对象某一时间范围内的总量表现，如产品生产总量、销售总量等，时期数的主要特点是可以累计；时点数反映研究对象某一时点上的水平，与时期数的连续计数的特色不同，时点数具有间断计数的特点，因而时点数不能进行累计。

相对数反映了研究对象的相对水平，由两个相互联系的绝对数的对比而得到。相对数分为结构相对数、动态相对数、比较相对数等。结构相对数是在对研究对象分组统计基础上，以研究对象总体绝对数量为比较标准而得到的，如某产品销售额占公司所有产品销售额的比例；动态相对数是将不同时期的相同研究对象的水平加以比较而得出的相对数，如销售额的增长速度；比较相对数是将不同单位的相同研究对象对比得到的相对数。

平均数反映了研究对象的总体表现水平，是一个抽象了的研究对象总体各单位在某一数量标志下的表现差异，表示研究对象的总体各单位的一般水平，而不是某个单位的具体水平。在数据统计分析中，平均数反映了数据的集中趋势，是统计数据集中倾向的代表值。平均数一般分为数值平均数和位置平均数两种类型：数值平均数是根据研究对象各单位标志值计算而得出的，如常用的算数平均数、几何平均数、调和平均数；位置平均数是根据数据所处的位置而计算出来的，一般分为众数、中位数和四分位数。

2. 横截面数据、时间序列数据和面板数据

根据研究对象描述情况与时间关系的不同，可以将统计数据分为横截面数据、时间序列

数据和面板数据。横截面数据是指在某一时点上反映一个总体的一批个体的同一特征变量的观测值，是样本数据的常见表现形式之一，如家族收入调查数据、全国人口普查数据、工业普查数据等；时间序列数据是指在不同时点上收集到的统计数据，反映研究对象随时间变化而改变的状态，如我国国民生产总值自1978年到2021年的变化；面板数据又称平行数据，是指在时间序列上选取多个截面，同时选取样本观测值所组成的样本数据，如我国东北3个省级地区自1978年到2021年的居民家庭人均消费和人均收入的数据。

3．一手数据和二手数据

根据数据获取方式不同，一般将数据分为一手数据和二手数据。一手数据又称原始统计数据，是指针对研究对象直接搜集的、没有经过加工整理的原始状态的数据。一手数据相对比较准确可靠，但是数据搜集的工作量大，成本也较高。二手数据又称次级数据或间接数据，是指为了某种研究目的而采用的已经整理加工过的数据。二手数据的搜集工作相对比较方便，但数据的可靠性和准确性值得商榷。

2.2 统计数据的搜集

统计数据的搜集是指根据统计研究目的，运用科学的搜集方法，有组织、有计划地搜集各项统计数据的过程。从统计工作过程上来看，统计数据的搜集是获得研究感性认识的阶段和研究总体认识的开始，同时也是进行数据搜集整理分析的基础环节。数据搜集资料质量直接影响研究成果的质量，因此，资料搜集在保证数量的同时还要注重质量，这样才能保证科研成果的正确性和可靠性。统计数据的搜集主要有两种方式：一手数据的搜集和二手数据的搜集。

2.2.1 一手数据的搜集

一手数据的搜集一般通过以下方式获得：通过调研获取数据、通过观察获取数据、从实验中获取数据。

1．调研数据

通过调研获取相关数据是数据搜集最常见的方法。调研是一项复杂的工作，需要掌握和遵守一定的方法和规则，并有组织、有计划地开展。为使调研工作顺利有序开展，在正式调研之前，需要制定一个详细、周密、可行的调研方案。调研方案的设计需要注意以下几个方面。

第一，确定目的和任务。制定调研方案的首要问题是确定调研的目的和任务，调研的目的和任务会影响调研的组织形式、调研内容、调研范围和调研方法等。例如，如果调研的目的是研究某产品销量与网络广告投入的关系，就需要调研产品投入网络广告前的销量与投入网络广告后的销量，以及不同广告投入费用下产品的销量变化。如果调研的目的是研究某条生产线的产品销量与广告投入的关系，则研究范围就会扩大到生产线上所有产品和所有形式的广告，这样调研的组织形式、调研范围、调研内容、调研方法等都会发生较大的变化。因此，调研的目的和任务不同，调研的组织形式、调研范围和调研方法等也会不同。

第二，确定调研对象。确定调研对象就是要明确界定调查的社会经济现象总体的界限和范围。由于社会经济现象和商业活动十分复杂，各种现象和活动相互联系、相互交叉，所以明确地确定调研对象就十分重要。首先,在确定调研对象之前,需要对所研究的社会经济现象或商业活动进行细致的分析,掌握其过程和主要特征,科学地界定调研对象的含义。其次,要明确调研对象总体的范围,与其他社会经济现象和商业活动区别开。例如,全国电子商务企业普查的目的是了解电子商务企业的经营状况,这就要对电子商务企业进行认真分析,掌握电子商务企业的特征,然后对电子商务企业进行科学的界定,确定调研对象的范围,即全国所有的电子商务企业,而不是全国所有企业。只有明确了调研对象的含义和范围,才能避免在调研活动中出现重复调研和工作遗漏现象。最后,要进一步确认调研单位,明确向哪些单位进行调研。

第三,拟定调研提纲。调研提纲的拟定需要根据调查的目的来确定所要调研的内容和项目,调研的内容和项目是指向具体调研对象所要调查的具体内容。调研提纲设计得科学与否,直接影响调研资料的数量和质量,关系科研成果的可信度和可靠性。一般而言,调研提纲设计的项目要遵循少而精的原则,要依据调研目的和调研对象的特点,进行繁简选择。

第四,设计调研表。调研提纲中的各个项目一般都会以调研表的形式进行展现。调研表是搜集资料、获取数据最基本的工具。调研表分为单一表和一览表,单一表是针对某个调研单位进行的详细调研,将调研项目按照一定的顺序进行列示,获取的数据通常比较详尽、丰富。例如,员工满意度调研,员工需要将姓名、年龄、民族、文化程度、收入水平、满意度调研问题等情况进行登记。一览表是在一份调研表上登记若干个调研单位,一般一览表的调研项目不宜过多。例如,某地区农业企业的总产值调研表,需要在一张表上登记所有农业企业的总产值。

第五,确定调研时间和调研地点。首先,调研时间要根据调研目的是时期现象还是时点现象来确定。如果是时期现象,就要明确时间范围和时间间隔。例如,调查某企业自2020年1月1到同年12月31日期间的产品销售额。如果调研目的是搜集时点数据,就要明确统一的时点,有针对性地搜集相关资料。其次,还要确定调研工作的时间要求,明确起讫时间,以及针对各个单位开展调研工作的时间范围要求。调研地点是指开展调研工作的具体地点,地点有时候与调研对象工作地点不一致,在尊重调研对象和方便开展调研工作前提下,需要认真分析,以做出慎重的选择。

第六,制订调研实施计划。为了保证调研工作有效、顺利开展,需要制订一个详细、周密的调研计划,对调研时限、参与人员、调研方法、调研费用、调研质量等情况进行详细的说明,如果有必要还要进行调研人员的培训。另外,调研计划中还要明确调研工作的组织关系,责任要落实到位,以保证调研活动能够按照调研计划有序开展。

2. 观察数据

除了调研,观察也是一种获取统计数据的研究方法。利用这种研究方法时,调研人员在自然状态下或在一定的实验条件下观察研究单位并记录相关的信息,由此获得的数据称为观察数据。按照调研人员对观察数据是否有统一的结构安排,可将观察研究分为有结构观察和无结构观察。有结构观察是指研究人员事先制订观察计划,对观察对象和内容做出详细的安排,在观察过程中依次按计划进行记录。有结构观察的标准化程度比较高,获得的数据也比较系统。无结构观察是指对观察的内容和程序都没有事先的计划,在观察现场进行有选择的观察和记录。相对来说,无结构观察比较灵活,利于发挥研究人员的主观能动性,但获取的数据不够系统,不利于科研数据的整理和分析。

3. 实验数据

实验是另一种获取数据的研究方法。实验通常用来研究变量间的因果关系，在实验中控制若干个变量，然后记录相应的实验数据，并根据实验数据对变量间的因果关系进行检验。因此，实验数据是通过控制实验对象而获取的相关变量的数据。在实验中，一般将调研对象分为实验组和对照组两组。实验的方法是对实验组的相关变量进行控制，对对照组不加控制，根据两组数据的结果，分析出自变量对因变量的影响。采用实验法获取数据时应注意：首先，研究对象是随机分配到实验组和对照组的，而不是事先刻意安排的；其次，注意研究对象的背景资料是大致相同的，不能差异太大，以保证实验组和控制组是匹配的。利用实验获取数据能直接揭示变量之间的因果关系，而且可以重复进行。但是，实验无法完全排除干扰因素的干扰，而且对实验研究人员的要求比较高，实验时间也较长。

2.2.2 二手数据的搜集

二手数据是已经存在并经过他人整理分析过的资料。获取二手数据的主要渠道有国家统计部门、各级政府相关部门的公开数据，行业协会提供的发展数据，调研公司的统计资料，以及学术会议、期刊、报纸、书籍等。另外，还有定期出版发布的统计年鉴和统计公报，还可以通过互联网和电子图书馆获取相关资料。

相对而言，二手数据的获取比较方便、成本也比较低。二手数据通常作为探索性调研的一部分，帮助研究者确定调研问题、调研设计和调研方案。但是二手数据存在很多局限性，具体包括数据的时效性、数据的可得性、数据的不充分性和数据的相关性，因此对二手数据进行整理分析时应注意如下问题。

(1) 数据来源：研究者需要了解资料是哪个部门或人搜集整理的，以判断是否具有权威性和信誉度。

(2) 数据是什么时候搜集的：研究者需要了解数据的时效性，以判断是否具有研究价值。

(3) 数据的搜集方法：研究者需要了解二手数据的抽样方法、样本数量、调查问卷设计、问卷回收率等情况，以确认数据的真实性和可靠性。

(4) 关键变量的定义内涵：如果关键变量的内涵与研究者的变量内涵不一致，则数据的价值是很有限的。

(5) 数据与其他资料是否保持一致性：通过这种方法可以佐证数据的真实性和可靠性。

2.3 统 计 分 组

2.3.1 统计分组的概念及作用

统计分组是指依据研究的目的和需要将统计总体按照一定的标志划分为若干个组成部分的统计方法。统计分组的目的是将总体中不同特征的单位分开，将总体中相同特征的单位合在一起，以保持统计资料的一致性和差异性，方便进一步的统计研究，从而揭示事物的规律性和本质特征。例如，在工业企业中，存在着所有制、规模大小、所处地理位置等方面的差异，因此必要将统计总体进行分组，以便揭示工业企业总体的本质特征和发展的规律性。统计分组作为最基本的统计方法之一,在统计资料整理和分析中都有广泛的应用。统计分组质量的高低直接关系能否整理出客观的统计资料、正确的研究结论。在某种意义上,统计分组过程就是科学资料整理和分析的过程,不是简单的技术问题,而是高度原则性和理论性问题。

在统计研究中,统计分组的作用主要体现在如下三个方面。

1. 区分社会经济现象的类型

社会经济现象呈现出不同的特点和发展规律,存在着复杂多样的类型,因此在整理统计资料的时候,有必要将社会经济现象总体划分为不同类型进行统计研究。例如,我国企业所有制分为中央企业、国有企业、集体企业、私人企业等类型;工业分为重工业和轻工业两个类型;商品分为生产资料和生活资料两大类型。又如,联合国的三大产业分类:第一产业包括农业、林业、牧业和渔业四大类型;第二产业包括制造业、水电油气、医药制造、采掘业等类型;第三产业包括商业、通信、金融、教育等类型。2019年我国三大产业增加值数据如表2-1所示。

表2-1　2019年我国三大产业增加值数据统计表

产业类型	产业增加值(亿元)
第一产业	70 466.7
第二产业	386 165.3
第三产业	534 233.1

2. 研究社会经济现象的内部结构

社会经济包括大量性质不尽相同、在总体中占比不同的单位。占比不同,则在总体中的地位不同,对总体的分布特征有不同程度的影响。占比大的单位对总体的性质和结构特征都有较大的影响。例如,一个国家或地区的区域服务业总产值在该国或该地区区域三大产业总产值中占比超过70%,则说明该国或该地区的经济性质是服务经济。由此可见,统计分组对研究总体的内部结构是十分重要的。将总体中结构分组数据按照时间序列联系起来进行分析,可以看出分组数据的变化速率及在总体中地位的变化,进而掌握社会经济现象的发展变化规律和发展趋势。从2016—2019年我国三大产业增加值数据统计表(见表2-2)中可以看出近几年我国国民经济的调整情况。

表2-2　2016—2019年我国三大产业增加值数据统计表

产业类别	2016年 绝对数(亿元)	2016年 比重(%)	2017年 绝对数(亿元)	2017年 比重(%)	2018年 绝对数(亿元)	2018年 比重(%)	2019年 绝对数(亿元)	2019年 比重(%)
第一产业	60 139.2	8.06	62 099.5	7.46	64 745.2	7.04	70 466.7	7.11
第二产业	295 427.8	39.58	331 580.5	39.85	364 835.2	39.69	386 165.3	38.97
第三产业	390 828.1	52.36	438 355.9	52.68	489 700.8	53.27	534 233.1	53.92
合计	746 495.1	100	832 035.9	100	919 281.1	100	990 865.1	100

3. 研究社会经济现象的依存关系

社会经济现象彼此之间存在着相互联系和相互制约的关系,社会经济现象之间的联系的方向和次序各不相同。依存关系是指联系比较紧密的现象之间的关系。研究社会经济现象之间依存关系的方法很多，如相关分析、回归分析、指数因素分析、分组分析法等，统计分组是最基本的研究方法，同时也是其他研究方法的基础。用统计分析法研究现象依存关系时，一般将引起现象变化发展的因素称为影响因素，将现象的结果表现因素称为结果因素。表2-3列出了广告费用与销售额之间依存关系的分组数据，从中可以看出该公司的销售额随着广告费用的增加而提高，两者之间表现为正向的依存关系。

表 2-3 某公司产品广告费用与销售额统计数据

广告费用(万元)	销售额(万元)
2	26
3	39
4	49
5	54

在实际的社会经济现象中，这种依存关系比较普遍。例如，收入与消费的依存关系，一般而言，收入越多，消费的金额也越多；又如，超市规模与销售额之间的依存关系，一般超市的销售额会随着规模的扩大而增加，当然也有例外情况，因为销售额还会受其他因素的影响。还有很多社会经济现象之间表现为负相关关系，如家庭人口数量与生活水平的依存关系，人口的文化素养与生育率之间的依存关系等。

2.3.2 统计分组的方法

对总体进行统计分组时，要注意三个基本原则：①唯一性原则，要求每次对总体进行分组时只能依据一个标志进行分组，不能同时按照两个或两个以上的标志进行分组；②周延性原则，要求分组后，各个分组的单位数总和与总体的单位数相同；③互斥性原则，要求按照某种标志对总体进行分组时，各组之间存在相互排斥关系，体现出一定的差异性。

1. 分组标志的选择

分组标志是指将统计总体划分为不同分组的标准或依据的标志。分组标志的选择直接关系统计分组作用的发挥，也会影响统计分析的结论。可见，统计分组作用的发挥主要取决于分组标志的选择，而分组标志的选择可以区别各个分组的界限，反映各个分组的差异性。因此，选择分组标志时，应注意以下问题。

(1) 根据研究目的选择分组标志。分组标志的选择主要依据研究目的和研究任务而定。对于同样的统计总体，由于研究的目的和主要任务不同，统计分组应选择不同的分组标志以对总体进行分组，如果分组标志选择不当，则分组结果必然不能正确反映统计总体的特征。因此，我们应根据统计研究目的和任务，去选择不同的分组标志。例如，对制造企业进行研究时，如果研究目的是研究生产计划的完成率，那就应以制造企业计划完成的程度作为分组的标志；如果研究目的是研究制造企业生产的内部结构，那就应以生产部门作为分组标志；如果研究目的是了解制造企业的盈利水平，那就应以盈亏作为分组标志。

(2) 选择最能反映总体本质特征的标志。只有选择最能反映总体本质特征的关键的、重要的分组标志，才能触及研究问题的根本和实质。对于同样的研究目的，可能存在多个分组标志，有的分组标志能够反映总体的本质特征，是具有决定性的关键分组标志；有的分组标志则不能反映总体的本质特征，无足轻重。例如，研究制造企业的规模时，可以选择员工数量、固定资产总额、总产值、生产能力等作为分组标志，相对而言，固定资产总额和生产能力的分组标志更能反映制造企业规模的本质特征。

(3)结合性原则。随着时间、地点、情境的变化，社会经济现象也会发生变化。情境不同，现象的特征也会有变化，一个分组标志在特定的时间、地点和条件下就研究目的而言是重要的、关键的分组标志，但时过境迁就有可能失去其重要性。因此，随着情境的变化，对分组标志也要做出一定的调整。例如，在工业企业发展初期，以工人的数量作为分组标志反映工业企业规模是比较合适的，工人数量与企业规模呈现正向依存关系；但在工业快速发展阶段，如果再以工人数量作为分组标志来反映工业企业的规模就不合适了。分组标志并非是一成不变的，应随着统计总体所处情境的变化去动态调整具有现实意义的分组标志。

2. 分组标志的种类

按照统计分组标志的性质不同，可以将统计分组分为品质标志分组和数量标志分组两大类别。

(1)品质标志分组。按照品质标志分组是指选择能够反映社会经济现象本质特征和事物属性的标志作为分组标志，并在品质标志变化区间范围内确定各个分组的界限，将研究总体分为若干个组别，如将学生按照民族、年龄、性别等标志进行分组。相对而言，按照品质标志进行分组比较简单，有些品质标志区别的组间差异比较明确、稳定，组间的性质界限也比较容易确定，如将学生按照性别标志进行分组。但有些时候按品质标志分组也会比较复杂，出现组别数量过大或和组间的差异比较模糊等情况，如将国民经济按照部门标志进行分组，将人口按照从事职业标志进行分组。因而，在进行统计分组时不但要认真谨慎，有时还需考虑国家的分类标准，如我国制定的《商品分类目录》《工业部门分类目录》等。

(2)数量标志分组。数量标志分组是指选择能体现数量差异标志作为分组标志进行的分组，在数量的变化区间内划分各个组别的界限，将研究总体划分为性质不同的若干组成部分。例如，将工业企业按照产值标志进行分组，将学生按照年龄标志进行分组，将工人按照工资标志进行分组等。按照数量标志进行分组并不是简单地按照数量差异进行分组，而要通过数量分组后要体现出不同性质或类型的组别。因此，数量标志分组与品质标志分组不同，无法确定标志后就能体现出不同性质的组别，要想让数量标志分组能体现出研究总体的特征和性质，就需要考虑更多的问题，包括组数、组距、组限等问题。

3. 简单分组、复合分组和分组体系

(1)简单分组。简单分组是指对研究总体只按照一个标志进行分组。这种分组方式比较简单，只能说明社会经济现象在某一方面的分布情况和联系。例如，我国房地产销售面积和销售额按照地区标志分组情况，如表2-4所示。

表2-4 2020年1—11月我国房地产销售面积和销售额按地区标志分组情况

地区	商品房销售面积		商品房销售额	
	绝对数（万平方米）	同比增长（%）	绝对数（亿元）	同比增长（%）
东部地区	61 468	5.3	82 568	12.6
中部地区	41 021	-3.3	29 898	-1.4
西部地区	42 026	1.9	31 267	4.4
东北地区	6 319	-7.5	5 236	-3.2

(2) 复合分组。复合分组是指对统计总体按照两个或两个以上的标志进行分组。分组一般采用层叠式或交叉式。例如，2019年我国高等教育学校(机构)数，采用了交叉式的分组方式，如表2-5所示。

表2-5 2019年我国高等教育学校(机构)数

单位：个

地区	普通高校 合计	其中：中央部门办	本科院校	高职(专科)院校	成人高等学校 合计	其中：中央部门办	民办的其他高等教育机构
总计	2 663	119	1 245	1 418	277	13	786
北京	92	38	67	25	23	8	64
天津	56	3	30	26	14	0	0
河北	122	4	61	61	6	1	38
山西	83	0	33	50	10	0	45
内蒙古	53	0	17	36	2	0	0
辽宁	115	5	64	51	19	2	60
吉林	62	2	37	25	14	0	15
黑龙江	81	3	39	42	20	0	35
上海	64	10	39	25	14	0	210
江苏	167	10	77	90	8	1	0
浙江	108	2	60	48	9	0	20
安徽	119	2	45	74	6	0	7
福建	89	2	37	52	3	0	0
江西	102	0	43	59	8	0	23
山东	145	3	67	78	11	0	65
河南	139	1	55	84	10	0	50
湖北	128	8	68	60	14	0	18
湖南	124	3	51	73	12	0	27
广东	152	5	64	88	14	0	29
广西	75	0	36	39	6	0	0
海南	20	0	7	13	1	0	0
重庆	65	2	25	40	4	0	6
四川	119	6	51	68	16	1	39
贵州	72	0	29	43	3	0	0
云南	79	1	32	47	2	0	0
西藏	7	0	4	3	0	0	0
陕西	95	6	55	40	14	0	0
甘肃	49	2	22	27	5	0	35
青海	12	0	4	8	2	0	0
宁夏	19	1	8	11	1	0	0
新疆	50	0	18	32	6	0	0

(3) 分组体系。分组体系是指采用相互联系、互为补充的分组标志对总体进行分组，进而

对社会经济现象进行有针对性的研究，这些相互联系、互为补充的分组标志构成了分组体系。采用分组体系，可以从不同视角、不同方面对社会经济现象进行全面的分析和说明。例如，对工业企业总体首先按照所有制标志进行分组，然后依次按照生产规模、盈利水平等标志进行再次分组，形成复合分组体系。

2.4 分 配 数 列

2.4.1 分配数列的概念及分类

分配数列是指将统计总体中所有单位按组别进行归类整理、按照一定顺序进行排列，进而形成的各个单位在各个组间的分布。分配数列具有两个基本要素：按照某种标志进行分组的组别和各个组别所分布的单位数量。分配数列反映了统计总体在各个组别的分布情况和分布特征，是统计整理的一种重要表现形式，研究分配数列的分布特征是统计分析的一项重要工作。

根据所采用分组标志的性质，可以将分配数列分为品质数列和数量数列。品质数列是指按照品质标志对统计总体进行分组而形成的分配数列，也可以称为属性分配数列。品质数列由组别名称和分布次数组成。分布次数可以用绝对数表示，即频次，也可以用相对数形式表示，即频率。例如，表2-6是某高校招收新生性别构成情况表，其中男、女表示组别名称，学生人数体现了分布频次，比率表示分布的频率。

表2-6 某高校招收新生性别构成情况表

性　　别	学生人数(人)	比率(%)
男	1 500	37.5
女	2 500	62.6
合计	4 000	100

如果按照数量标志进行分组而得到的分配数列则称为变量数列。变量数列又可划分为单变量数列和组距变量数列。变量数列也包括两个基本要素：各个组别的变量值和各个单位在每个组别上出现的次数。与品质数列类似，次数可以是绝对数也可以是相对数。例如，表2-7所示是某高校招收新生年龄构成情况表。

表2-7 某高校招收新生年龄构成情况表

年　　龄	学生人数(人)	比率(%)
18	600	15
19	2 400	60
20	800	20
21	200	5
合计	4 000	100

2.4.2 分配数列的编制

1. 单变量数列的编制

单变量数列又称单项数列，即数列各个分组的变量值只有一个，每组都用同样的变量不同的数值进行表示，如表 2-6 所示。通常情况下，如果变量个数是有限个且能以整数进行表示时则编制单变量数列。单变量数列编制的实质是对总体的一种排列整理方式，能够比较真实地反映研究总体的分布特征。

2. 组距变量数列的编制

在变量数值较多的情况下，一般采用组距变量数列的编制方法，这种方法是将全部变量数值按顺序划分为若干个区间，同时将这个区间的变量数值范围作为组别标志。在组距变量数列的各个分组中，变量区间的最大值称为上限，变量区间的最小值称为下限。编制组距变量数列一般分为以下几个步骤。

(1) 确定组数。数据总体分为多少组比较合适与数据本身的特征及数据数量的多少有直接关系。因为分组的主要目的是为了研究数据的分布特征，所以组数的确定就要符合研究需要。如果组数过少，数据分布会过于集中；如果组数过多，数据分布会比较分散。无论组数过多还是过少，都会不利于研究数据的特征和规律。组数的确定应以利于研究数据分布特征和规律为目标，在数据分组时，也可以采用斯特奇斯的经验公式来确定数据的组数 K。$K=1+\lg n/\lg 2$（其中 n 为数据的数量），对计算结果进行四舍五入即可得到组数。斯特奇斯的经验公式只是一种参考数值，应根据研究目的和数据特征进行灵活处理，最终确定组数。

(2) 确定组距。各个分组的上限与下限的差值即为组距，一般可以将数据总体的最大值和最小值之间的差值与组数相除来确定，即组距=(最大值-最小值)÷组数。为了方便运算，组距一般取成 5 或 10 的倍数，第一组的下限值应低于最小变量值，最后一组的上限值应高于最大变量值。

(3) 整理频数分布表。根据数据分组情况整理数据的频数分布，如以学生成绩为分组标志对学生统计学成绩进行频数分布统计，如表 2-8 所示。采用组距变量数列编制方法时，应遵行"不重不漏"的原则：不重是指数据只能分到一个组别，不能同时在两个组别中同时出现；不漏是指总体中所有数据都可以分到其中某个组别，不能遗漏。对于连续型变量，当某个数值恰是相邻组别的上限和下限时，则分配到下一组内；对于离散型变量，则采用组限间断法来避免重复分组现象。

表 2-8 学生统计学成绩频数分布表

成绩(分)	频 数	频率(%)
60 以下	10	10
60~69	20	20
70~79	50	50
80~89	16	16
90 及以上	4	4
合计	100	100

2.4.3 品质分配数列的表示方法

1. 列表法

例如,为了研究广告市场,一家市场调研公司按照样本抽取要求在某城市随机抽取400人对"您最关心下列哪种形式广告"问题进行了调研。广告的形式主要有网络广告、电视广告、广播广告、杂志广告、报纸广告和其他广告。这里的广告分组标志是"广告形式",调研数据经整理后形成频数分布表,如表2-9所示。通过频数分布表可以看出,网络广告的形式最为喜闻乐见,经分类汇总后简化了数据,而且很容易看出数据分布特征。

表2-9 某城市居民关注广告形式的频数分布表

广告形式	频 数	频率(%)
网络广告	224	56.0
电视广告	102	25.5
广播广告	18	4.5
杂志广告	32	8.0
报纸广告	20	5.0
其他广告	4	1.0
合计	400	100

2. 图示法

(1)条形图。条形图是指用宽度相同、高度不同的条形来表示数据变化的图形。条形图可以横向展示,也可以纵向展示,纵向展示时又称柱形图。例如,根据表2-9数据分布绘制的条形图,如图2-1所示。

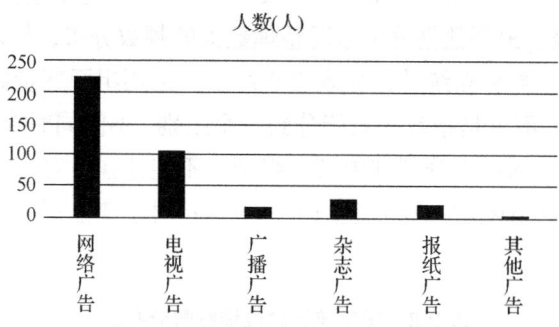

图2-1 某城市居民关注不同广告形式的人数分布

(2)饼图。饼图是用圆形及圆形面积的大小来表示数据数值大小的图形。饼图通常用来表示研究总体中各个组成部分的比例分布,对于结构性的研究问题非常实用。在绘制饼图时,各个分组所占总体的比例用各个扇形面积的大小来表示,扇形中心角的角度和圆角360的比例,与该分组数据所占总体数据的比例相同。例如,根据表2-9中数据分布绘制的饼图,如图2-2所示。

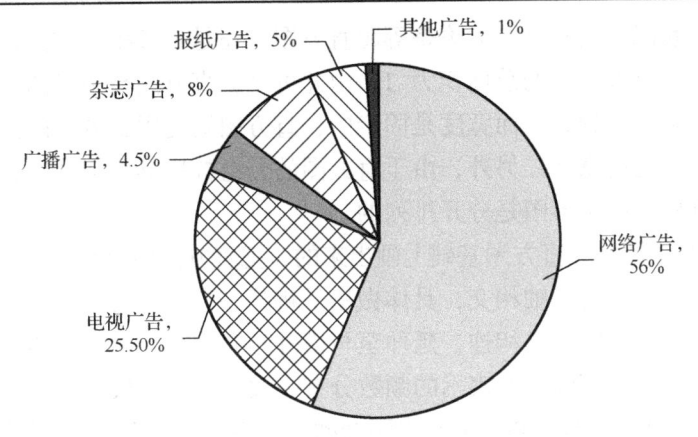

图 2-2　某城市居民关注不同广告形式的人数分布

2.4.4　数量分配数列的表示方法

1. 列表法

列表法是指用统计表的形式将分配数列的内容进行展示。为了方便问题的研究和各种指标的运算，一般会列入频数累计和频率累计，如表 2-8 所示的学生统计学成绩频数分布表。频数累计和频率累计有两种方法，一种方法是向上累计，如表 2-10 所示；还有一种方法是向下累计，也称为较大制累计，各个组别的累计频数和频率表示大于该组变量值下限的频数和频率合计为多少。

表 2-10　学生统计学成绩频数分布表

成绩(分)	学生人数(人)	学生人数累计(人)	频率(%)	频率累计(%)
60 以下	10	10	10	10
60~70	20	30	20	30
70~80	50	80	50	80
80~90	16	96	16	96
90 以上	4	100	4	100
合计	100	——	100	——

2. 图示法

(1) 直方图。直方图是用长方形的高度、宽度来展示频数或频率分布情况的图形。在坐标系中，横轴表示数据的分组情况，纵轴表示各个分组的频数或频率情况，数据分组与对应的频数或频率就构成了一个长方形，就是直方图。例如，根据表 2-8 绘制的直方图，如图 2-3 所示，通过直方图可以方便地看出学生成绩分组及各个分组的频数分布情况。

对于等距直方图，可以用长方形的高度来表示频数分布情况；如果数据分组不等距，则不能用长方形的高度来表示频数，在这种情况下，需要用长方形的面积来表示各

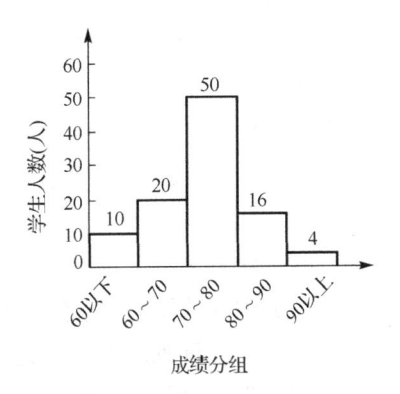

图 2-3　学生统计学成绩直方图

个分组的频数分布状况。实际上，无论是等距直方图，还是不等距直方图，都可以用长方形的面积来表示频数，直方图下的总面积为 1。由此可见，直方图与条形图不同，条形图用条形的高度表示各个类别的频数，而宽度是固定的；直方图则是用长方形的面积来表示频数，直方图的高度和宽度均有意义。另外，由于直方图的分组数据具有连续性，因此直方图中的长方形是连续排列的，而条形图是分开排列的。

(2) 折线图。折线图是在直方图基础上画出来的，把直方图各个长方形顶部的中点用直线连接起来，将折线图两边与横轴相交，具体做法是将第一个和最后一个长方形顶部中点与对应长方形左边或右边竖线的中点相连，延伸至与横轴相交为止。这样才能保证折线图与直方图的面积相等，也就是保证两者所表示的频数分布一致。例如，根据表 2-8 绘制的折线图，如图 2-4 所示，当数据分组越来越多时，组距会越来越小，这时绘制的折线图会越来越平滑，形成了频数分布曲线。

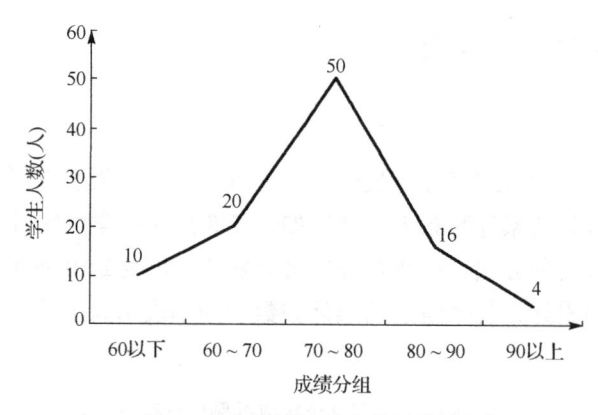

图 2-4　学生统计学成绩折线图

2.5　统　计　表

2.5.1　统计表的概念及构成

统计表是一种直观展现统计数据的最常用形式。将调研数据资料整理汇总后，将系统化的统计资料按照一定逻辑顺序列示在一个表格内，就会形成统计表。统计表是调研数据整理和分析的工具，广义上的统计表包括统计工作各个阶段形成的所有表格，如调研表、整理表、计算表等，都是用来提供统计资料的重要工具。统计表的展现形式也很多，主要根据研究目的和统计表特点去绘制各种统计表，如 2020 年某市各类教育发展情况统计表 2-11 就是一种常见的展现形式。

从表 2-11 可以看出，统计表通常由四部分构成，即表名、列标题、行标题和数据资料，必要时也可以在统计表下方靠右的位置加上附加信息。表名一般放在统计表的正上方居中的位置，说明统计表的统计内容。行标题和列标题一般列示在统计表的第一列和第一行，表示统计表研究内容的类别和指标。如果统计表是时间序列数据，行标题和列标题也可以是时间，一般情况下将时间列示在行标题的位置。统计表的其他部分就是各个分组的数据资料。表外附加信息一般包括资料来源、相关指标的说明等内容。

统计表从内容上来看，可以分为主词和宾词两部分，如表 2-11 所示，主词是统计表所要说明的主体内容，它是各个分组数据的名称，宾词包括各项指标的名称和具体的数值。

表 2-11 2020 年某市各类教育发展情况统计表

指　标	招生人数（万人）	在校生人数（万人）	毕业生人数（万人）
研究生	1.99	4.67	1.11
普通高等教育	38.35	118.40	26.30
中等职业教育	27.10	69.99	19.10
普通高中	40.87	115.10	33.70
普通初中	75.50	225.50	70.70
普通小学	85.90	507.20	74.70
特殊教育	0.75	4.20	0.51

2.5.2 统计表的分类

1. 简单表

统计表的主词没有经过任何分组的表称为简单表，简单表的主词一般按照时间顺序或各个单位名称顺序排列。简单表一般是对调研获取资料初步整理所采用的形式，如表 2-12 所示。

表 2-12 学生统计学成绩统计表

学　号	性　别	成　绩
1	男	92
2	女	85
3	男	76
4	女	66
5	男	54
6	女	77
7	男	88
8	女	96
9	男	67
10	女	58

2. 分组表

统计表的主词按照某种标志进行分组后所形成的表称为分组表，利用分组表可以展示统计总体不同现象的特征，说明各个分组之间的内部结构和相互关系，如表 2-13 所示。

3. 复合表

统计表的主词按照两个或两个以上的标志进行分组的表称为复合表，如表 2-14 所示。复合表能更深入更详细地描述社会经济现象，但复合表分组要根据研究需要进行适当的分组，分组并非越详细越好，因为增加一次分组，组数也会成倍地增加，在增加计算量的同时也会不利于统计现象的说明。

表2-13　某班级统计学成绩分组表

按成绩分组(分)	频数(人)	频率(%)
60以下	5	6.25
60~70	10	12.5
70~80	25	31.25
80~90	30	37.5
90以上	10	12.5

表2-14　某校招收新生情况统计表

		学生人数(人)	比例(%)
按性别分	男	800	40
	女	1 200	60
按城乡分	城镇	900	45
	乡村	1 100	55

2.5.3　统计表设计要求

统计表设计应力求做到简练、美观、醒目、科学、实用，便于查阅、比较和分析。具体而言，统计表设计应注意以下几点。

(1) 统计表的标题应能简明地概括统计表的内容，同时能体现出统计资料的时间和地点，纵向和横向的排列要注意能体现出统计资料的逻辑关系，能够反映出社会经济现象的内在联系。

(2) 统计表中的主词和宾词一般按照从局部到总体的顺序排列，即先列示各个项目，再列示总体。如果没有必要列出所有项目，则先列示总体后列示其他部分项目。

(3) 统计表中必须标明数据资料的统计单位。如果统计表只有一种统计单位，则将统计单位写在统计表的右上方。如果有多种统计单位，则横行的统计单位可以单设统计单位一栏，纵列的统计单位要与指标写在一起，用小字进行标示。

(4) 统计表中的数据要横向和纵向对齐，即使统计数据相同，也不能用"同上"等字样表示，需要重复相同的数据。没有数据的空格，用符号"-"表示；如果数据资料缺失时，则用符号"…"表示，以避免让人误会数据遗漏。一般统计表还应列示合计项，方便统计表的核算和使用。

(5) 统计表一般都为开口表，即表的左右两侧不绘制纵向线段，表的上下用加粗线段封口。对于栏数较多的统计表，应加以编号。主词栏和统计单位栏一般用甲、乙等文字标明；宾词栏一般用(1)(2)等标明。

(6) 为了方便统计表的引用和核实，统计表还应加上附注，说明数据资料来源、符号意义等情况，并标示在统计表下边的右侧。

2.6 Stata 软件入门、画图和制表

2.6.1 Stata 软件入门

1. 为什么使用 Stata 软件

Stata 软件因其操作简单且功能强大，成为目前在欧美国家最流行的统计与计量分析软件，拥有为数众多的用户。Stata 公司也通过定期升级软件来适应计量经济学的迅猛发展。同时，Stata 软件留有"用户接口"，允许用户自己编写命令与函数，并上传到网上实现共享。因此，对于一些最新的计量方法，可以在线查找和下载由用户编写的 Stata 命令程序。这些"非官方命令"（也称"外部命令"）的使用方法与官方命令完全相同，使得 Stata 软件的功能如虎添翼，深受用户的喜爱。与其他版本相比，Stata16 软件主要有两方面的重大升级：一方面，与大数据相关的功能突飞猛进；另一方面，继续深耕计量经济学的经典与前沿方法。因此，本书使用 Stata16 版本。对于绝大多数的命令与功能，即使用更低的 Stata 版本，也几乎没有差别。用户在没有任何基础的情况下，通常只需要半天时间，看完本章内容并亲自操作一遍，就可以达到 Stata 的入门要求。

2. Stata 软件的窗口

安装 Stata 软件后，在安装的文件夹中将出现图标 StataMP-64，双击该图标打开 Stata 软件。打开后可以看到 Stata 软件有 4 个窗口，如图 2-5 所示。其中，左边为"历史窗口"，记录启动 Stata 软件后用过的命令。中间的窗口为"结果窗口"，显示执行 Stata 命令后的输出结果。中间下方的窗口为"命令窗口"，可在此窗口输入 Stata 命令。右上方为"变量窗口"，记录内存中存放的所有 Stata 变量名字与标签。右下方为"属性窗口"，显示当前数据文件与变量的属性。在左下角显示当前路径，即文件的默认存储与调用位置，如"C：Program Files\Stata16"。

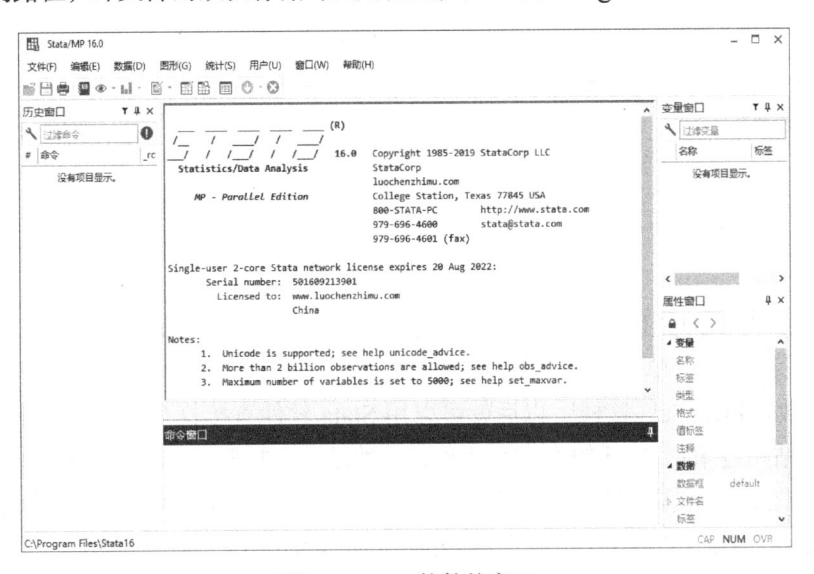

图 2-5 Stata 软件的窗口

3. Stata 软件操作实例

(1) 导入数据。

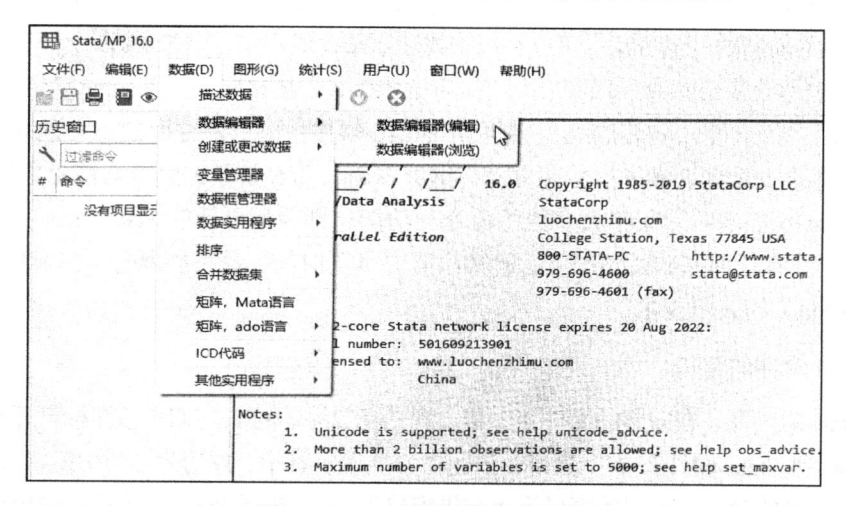

打开 Stata 软件后，Stata 软件的数据编辑器如图 2-6 所示，单击菜单"数据"→"数据编辑器"→"数据编辑器(编辑)"，即可打开一个类似 Excel 的空白表格。用 Excel 打开文件"古董座钟案例数据.xls"，复制文件中的所有数据，并粘贴到数据编辑器中。此时，Stata 软件会问用户"第一行为变量名还是数据"，单击相应的选择即可(对于此数据集，因为 Excel 表的第一行为变量名，故应选"变量名")。如图 2-7 所示，也可以单击快捷键图标 🖽 。导入数据的另一方法是(特别在数据量很大的情况下)，单击菜单"文件"→"导入"，导入各种格式的数据。但这种方法有时不如直接从 Excel 表中粘贴数据方便直观。

图 2-6　Stata 软件的数据编辑器

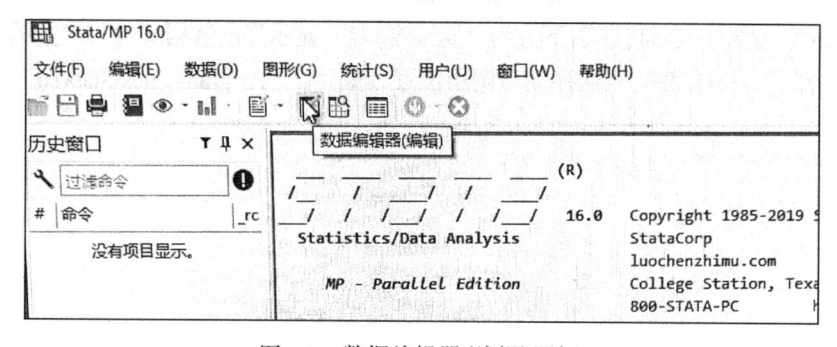

图 2-7　数据编辑器(编辑)图标

导入数据后会看到右上方的变量窗口出现了 3 个变量(year、number 和 price)，此时，可以单击保存图标(也可以单击菜单"文件"→"保存")，将数据存为 Stata 软件格式的文件(扩展名为 dta)，如 clock.dta。这样，以后就可以用 Stata 软件直接打开这个数据集了(不需要再从 Excel 表中粘贴过来)。打开的方式有两种：一种是单击打开图标(也可以单击菜单"文件"→"打开")，然后寻找要打开的 dta 文件的位置；另一种是在命令窗口输入命令"use C: \clock. dta,clear"(假设文件在 C 盘的根目录)并回车(按 Enter 键)，其中，逗号(,)之后的"clear"为"选择项"(options)，表示可以替代内存中的已有数据。

(2) 变量的取值类型。

在 Stata 软件中字母当然是字符型数据，但是数字则不一定。例如，5 当作为年龄时是数值型数据，当作为 5 street(第五大街)时就是字符。字符变量的存储格式是 str#，其中 str 表示 Stata 软件使用字符型变量的格式，而#表示 Stata 软件对该变量的存储最多可容纳的字符数。

当数据是数值型时，Stata 软件会以不同于字符型数据的方式存储，以便可以进行数字的算术运算并节约存储空间。

显然，我们可以看到采用长整数(long)、浮点(float)和双浮点(double)三种存储格式的好处在于节省存储空间，整数 123 456 789 如果采用字符型数字(ASCII)来存储需要占用 9 字节，而采用长整数(long)或浮点(float)来存储则只需要 4 字节。可以看到，对于较大的数值，这样存储可以节约很可观的空间。Stata 软件默认将数字存储为浮点(float)数据，而将计算的结果存为双浮点(double)数据。在 Stata 软件中有一种特殊的变量取值——缺失数值，一般而言，只使用"."作为缺失值就足够了。表 2-15 为 Stata 软件的数字存储格式。

表 2-15 Stata 软件的数字存储格式

保存类型	占用字节	最小值	最大值
字节(byte)	1	−127	100
整数(int)	2	−32 767	32 740
长整数(long)	4	−2 147 483 647	2 147 483 620
浮点(float)	4	$-1.70141173319*10^{38}$	$1.70141173319*10^{38}$
双浮点(double)	8	$-8.9984656743*10^{307}$	$8.9984656743*10^{307}$

(3) 变量的标签。

在变量窗口，每个变量的名字旁边都显示了其标签。单击变量窗口的标签，即可方便地编辑变量的变量名、标签及变量的存储格式。

(4) 审视数据

如果想查看数据集中的变量名称、标签等，可输入命令：

.describe

其中，describe 的下划线表示，可将该命令简写为 d。

如果想查看变量的具体数据，可输入命令：

.list

(5) 生成新变量。

在进行统计与计量分析时，常需要根据已有变量生成新变量，如取对数、平方数等。在 Stata 软件中定义新变量，可通过命令 generate 来实现。例如，输入如下命令可定义一个新变量"价格的对数"：

.generate lnprice=log(price)

如果要生成 year 和 number 的交互项，可输入命令：

.gen yearnumber=year*number

可用如下命令将变量重新命名：

.rename price pri

这样，变量 price 被重新命名为 pri。

如果想删除变量 yearnumber，可输入命令：

.drop yearnumber

(6) 计算器功能。

Stata 软件也可作为计算器使用，其命令格式为"display expression"。例如，计算 ln2，可输入如下命令：

.display log(2)

(7) Stata 软件的日志。

在进行实证研究时，有时会得到很多结果，这些结果虽然显示在屏幕上，但退出 Stata 软件后结果将丢失。如果希望在每次使用 Stata 软件时，储存其运行结果，可单击菜单"文件"→"日志"→"开始"来定义"日志文件"。

2.6.2 Stata 画图和制作统计表

1. 直方图

看数据的直观方法是画图，可使用命令：

.histogram varname [if] [in] [weight] [, [continuous_opts | discrete_opts] options]

其中，varname 表示变量名，中括号中为可选项目，具体含义可参考 Stata 软件手册。

例如，想查看变量竞拍人数(number)的分布情况，可以输入以下命令来画图：

.histogram number, width(1) frequency

其中，histogram 表示直方图，选择项 width(1) 表示将组宽设为 1(否则将使用 Stata 根据样本容量计算的默认分组数)，选择项 frequency 表示将纵坐标定为频数(默认使用密度)。命令结果如下：

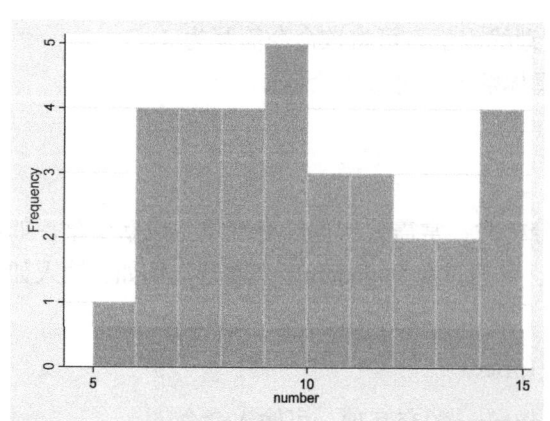

如果想知道更多有关命令 histogram 的选项与用法，可输入命令：

.help histogram

事实上，对于任何 Stata 命令，只要输入"help command_name"即可查看该命令的"帮助文件"(help file)。初学者应养成经常查看帮助文件的习惯。

2. 统计表

在 Stata 的命令操作中，使用 table 和 tabulate 命令可以实现对定性变量的频数和频率的统计。例如，

.table year

命令结果如下：

year	Freq.
108	2
111	2
113	1
115	2
117	2
126	1
127	2
132	1
137	3
143	1
150	1
153	1
156	2
159	1
162	1
168	1
170	1
175	1
179	1
182	2
184	1
187	11
194	1

.tabulate year

命令结果如下：

year	Freq.	Percent	Cum.
108	2	6.25	6.25
111	2	6.25	12.50
113	1	3.13	15.63
115	2	6.25	21.88
117	2	6.25	28.13
126	1	3.13	31.25
127	2	6.25	37.50

续表

year	Freq.	Percent	Cum.
132	1	3.13	40.63
137	3	9.38	50.00
143	1	3.13	53.13
150	1	3.13	56.25
153	1	3.13	59.38
156	2	6.25	65.63
159	1	3.13	68.75
162	1	3.13	71.88
168	1	3.13	75.00
170	1	3.13	78.13
175	1	3.13	81.25
179	1	3.13	84.38
182	2	6.25	90.63
184	1	3.13	93.73
187	1	3.13	96.88
194	1	3.13	100.00
Total	32	100.00	

tabulate 一维命令还有一个配套的方便工具——tab1，在其后可以添加多个变量，Stata 软件会对每个变量创建一维表格，相当于多次执行 tabulate 命令。tab1 的结构如下：

.tab1 varlist [if][in] [weight] [,tab1 options]

二维 tabulate 命令在生成二维表格的同时，可以计算多种独立性检验统计量和相关测量统计量，包括常用的 Pearson's chi-squared、likelihood-ratio chi-squared、Cram's V、Fisher's exact test、Goodman and Kruskal's gamma、Kendall's tau-b。下面是该命令的标准格式：

.tabulate varnamel varname2 [if][in] [weight] [,options]

其中，in 和 if 选项用于选择样本或范围，weight 用于添加权重。

与 tabulate 的一维表格一样，二维 tabulate 命令也有 tab2，可用于快速生成 varlist 中所罗列的变量所有可能的二维表格，tab2 的标准格式如下：

.tab2 varlist [if] [in] [weight] [,options]

3. 散点图

绘制散点图的命令如下：

[twoway] scatter varlist [if][in [weight][,options]

实际上，以下 3 种形式都是 Stata 软件可以识别的 scatter 语句：

.graph twoway scatter ...

.twoway scatter ...

.scatter ...

第 2 章 数据的搜集与整理

如果命令后紧跟两个变量名，则 Stata 软件会默认第一个变量为 y 轴变量，第二个为 x 轴变量；如果命令后跟着两个以上的变量，那么 Stata 软件会将除最后一个以外的变量作为 y 轴变量，而将最后一个变量当成 x 轴变量。

例如，制作古董座钟的价格和使用年限的散点图命令及结果如下：

.scatter price year

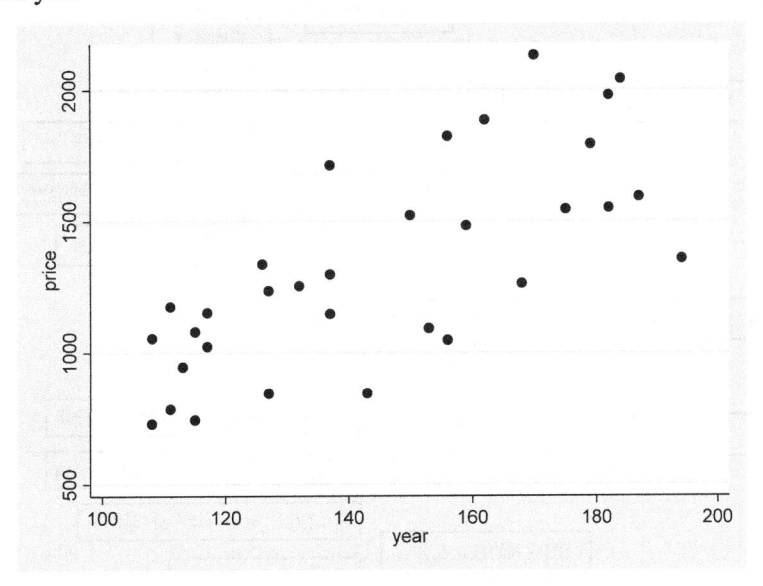

Stata 软件也可以使用菜单制作各种图形，如图 2-8 所示。

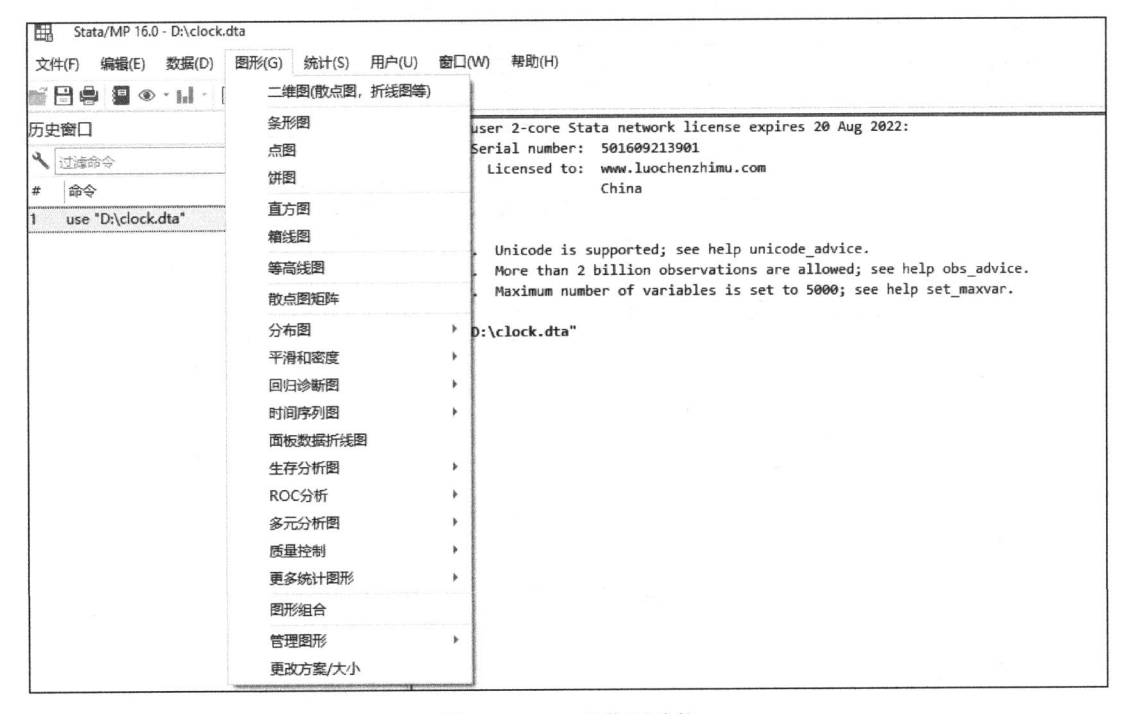

图 2-8　Stata 的作图功能

本章知识结构图

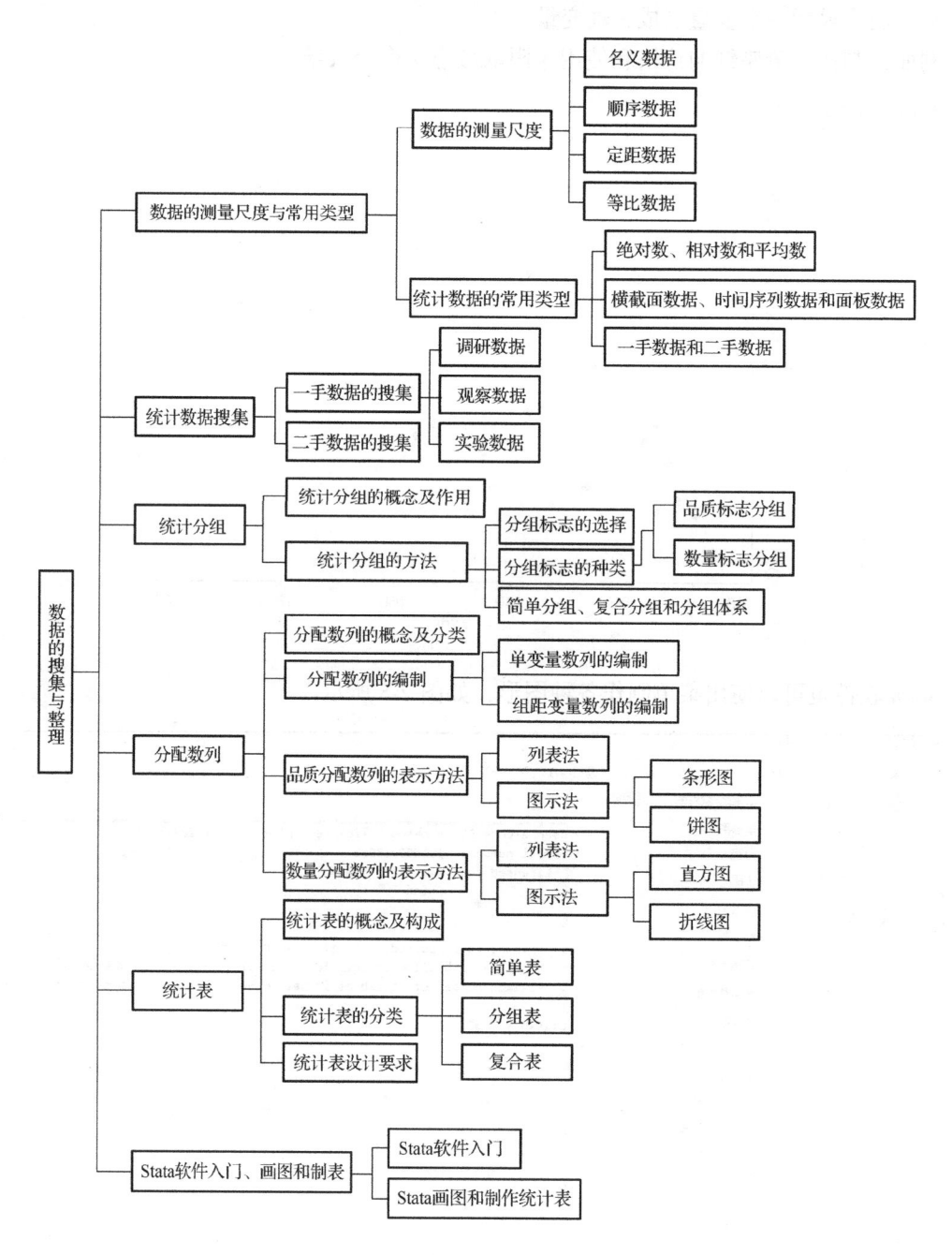

```
数据的搜集与整理
├── 数据的测量尺度与常用类型
│   ├── 数据的测量尺度
│   │   ├── 名义数据
│   │   ├── 顺序数据
│   │   ├── 定距数据
│   │   └── 等比数据
│   └── 统计数据的常用类型
│       ├── 绝对数、相对数和平均数
│       ├── 横截面数据、时间序列数据和面板数据
│       └── 一手数据和二手数据
├── 统计数据搜集
│   ├── 一手数据的搜集
│   │   ├── 调研数据
│   │   ├── 观察数据
│   │   └── 实验数据
│   └── 二手数据的搜集
├── 统计分组
│   ├── 统计分组的概念及作用
│   └── 统计分组的方法
│       ├── 分组标志的选择
│       ├── 分组标志的种类
│       │   ├── 品质标志分组
│       │   └── 数量标志分组
│       └── 简单分组、复合分组和分组体系
├── 分配数列
│   ├── 分配数列的概念及分类
│   ├── 分配数列的编制
│   │   ├── 单变量数列的编制
│   │   └── 组距变量数列的编制
│   ├── 品质分配数列的表示方法
│   │   ├── 列表法
│   │   └── 图示法
│   │       ├── 条形图
│   │       └── 饼图
│   └── 数量分配数列的表示方法
│       ├── 列表法
│       └── 图示法
│           ├── 直方图
│           └── 折线图
├── 统计表
│   ├── 统计表的概念及构成
│   ├── 统计表的分类
│   │   ├── 简单表
│   │   ├── 分组表
│   │   └── 复合表
│   └── 统计表设计要求
└── Stata软件入门、画图和制表
    ├── Stata软件入门
    └── Stata画图和制作统计表
```

思考与练习

一、单选题

1. 将某学校的所有学生作为总体，则学生的平均年龄就是（　　）。
   A．数量标志　　　B．质量指标　　　C．品质标志　　　D．数量指标

2. 某学生某门课成绩为 75 分，则其中的变量为（　　）。
   A．某学生　　　　B．某门课成绩　　　　C．75 分　　　　D．某学生的成绩
3. 统计指标（　　）。
   A．都是可量的　　B．不都是可量的　　C．不具有综合特征
   D．具有综合特征，但不可量
4. 将某地区全部商品作为总体，每一个商店为总体单位，则该地区全部商品零售额是（　　）。
   A．数量指标　　　B．品质标志　　　　C．质量指标　　　D．数量标志
5. 统计指标体系的整体性是指（　　）。
   A．统计指标体系内各具体指标不可分开使用
   B．统计指标体系内各具体指标分开无意义
   C．统计指标体系的整体功能要大于其所属各指标的具体功能
   D．统计指标体系的整体功能要不小于其所属各指标的简单加总
6. 统计指标体系内各指标之间相互关联，因此（　　）。
   A．各指标之间一定存在数量上的平衡关系
   B．各指标之间一定存在数量上的推算关系
   C．各指标之间一定存在数量上的依存关系
   D．各指标一定在逻辑上或数量上相关
7. 数量指标是反映（　　）。
   A．总体内部数量关系的统计指标
   B．总体单位内部数量关系的统计指标
   C．总体绝对数量多少的统计指标
   D．总体相对数量多少的统计指标
8. 数量指标是用（　　）表现的。
   A．相对数形式　　B．平均数形式　　　　C．相对数或平均数形式
   D．绝对数形式
9. 要了解某班 50 个学生的学习情况，则总体单位是（　　）。
   A．50 个学生　　B．50 个学生的学习成绩　　　C．每个学生
   D．每个学生的学习成绩
10. 某企业职工按工资水平分为 4 组：500 元以下；500～600 元；600～700 元；700 元以上。第一组和第四组的组中值分别是（　　）。
   A．450 元和 750 元　　　　　　　　　B．500 元和 700 元
   C．400 元和 800 元　　　　　　　　　D．500 元和 750 元

二、多选题

1. 统计数据收集是根据统计研究预定的目的和任务，运用科学的（　　），有计划、有组织地（　　）反映客观现象的统计资料的过程。
   A．调查方法　　　B．计算方法　　　　C．收集　　　　　D．汇总
2. 搜集统计数据的方法有（　　）。

A．直接观察法　　B．报告法　　C．采访法　　D．登记法

3．统计调查按搜集资料的组织方式不同，可以分为（　　）。

A．普查　　B．抽样调查　　C．重点调查　　D．统计报表制度

4．数据整理的程序包括统计资料的审核、（　　）、（　　）或绘制统计图，统计资料的积累、保管和公布。

A．调查　　　　　　B．资料的分组和汇总
C．资料的筛选　　　D．编制统计表

5．统计调查的方案一般包括如下几项内容：明确调查目的，确定调查对象和调查单位，（　　），（　　），（　　），确定调查的组织实施计划，调查报告的撰写。

A．设计调查项目　　　　　B．设计调查表格和问卷
C．确定调查时间　　　　　D．确定调查人员和费用

三、判断题

1．统计学是研究总体数量方面的规律的，所以就不需要做定性研究。（　　）
2．重点调查的误差是可以事先计算和控制的。（　　）
3．计算比较相对指标时，通常采用总量指标。（　　）
4．总体和总体单位的区分具有相对性，随着研究任务的改变而改变。（　　）
5．统计分组是统计整理的基本方法，因此它并不能分析现象之间的依存关系。（　　）
6．数量标志是用数值表示的，而质量指标是用属性（文字）表示的。（　　）
7．离散型变量既可以进行单项式分组，也可以进行组距式分组。（　　）
8．标志和指标存在着一定的变换关系。（　　）
9．连续型变量既可以进行单项式分组，也可以进行组距式分组。（　　）
10．统计分组的关键是正确选择分组标志。（　　）

四、计算题

1．某公司某年9月末有职工250人，10月上旬的人数变动情况是：4日新招聘12名大学生上岗；6日有4名老职工退休离岗；8日有3名青年工人应征入伍，同日又有3名职工辞职离岗；9日招聘7名营销人员上岗。试计算该公司10月上旬的平均在岗人数。

2．下表是某保险公司160名推销员月销售额的分组数据，计算并填写表格中各行对应的向上累计频数和向下累计频数。

按销售额分组（千元）	人数（人）	向上累计频数	向下累计频数
12以下	6		
12～14	13		
14～16	29		
16～18	36		
18～20	25		
20～22	17		
22～24	14		
24～26	9		
26～28	7		
28以上	4		
合计	160		

五、实训题

1. 根据下表中的资料,使用 Stata 软件绘制直方图和散点图。

成绩(分)	学生人数(人)	频率(%)
60 以下	10	8
60~70	30	24
70~80	40	32
80~90	30	24
90 以上	15	12
合计	125	100

2. 某班 30 名学生统计学考试成绩如下表所示。试根据表中资料分组汇总,使用 Stata 软件编制反映该班学生学习成绩的统计表,分为不及格(60 分以下)、及格(60~70 分)、中(70~80 分)、良(80~90 分)和优(90 分以上)五个组。

学号	分数(分)	学号	分数(分)	学号	分数(分)
1	54	11	96	21	87
2	66	12	90	22	98
3	70	13	73	23	76
4	66	14	55	24	76
5	79	15	75	25	97
6	78	16	78	26	58
7	63	17	69	27	74
8	99	18	68	28	83
9	65	19	66	29	84
10	76	20	63	30	86

第 3 章　数据分布特征的描述

【学习目标】

理解数据分布特征描述的基本理论；理解集中趋势和离散程度的基本概念；熟练掌握数据集中趋势和离散程度的计算方法；掌握信度和峰度的度量方法。

3.1　集中趋势的度量

集中趋势又称集中量数或数据的中心位置，是指一组数据向中心位置聚拢的倾向。度量集中趋势的目的就是计算数据一般水平的代表值或中心值。计算集中趋势代表值的方法主要有两种：一种是从统计总体中抽象出一定水平的具体量，这个量不是统计总体中的具体数值，但能反映统计总体各个单位的一般水平，这种平均值称为数值平均值。数值平均值一般有算术平均数、几何平均数、调和平均数等形式。另一种是将统计总体各个单位按照一定的顺序进行排列，然后取某一位置的数值来代表统计总体各个单位的一般水平，这样的平均数称为位置平均数。位置平均数一般有中位数、众数等形式。

3.1.1　算术平均数

算术平均数又称均值，是统计学中最基本、最常用的指标，主要分为简单算术平均数和加权算术平均数两种。算术平均数主要适用于数值型数据，不适用于品质型数据。简单算术平均数是加权算术平均数的特殊形式，在实际问题中，当各项权重相等时就采用简单算术平均数，当各项权重不相等时就采用加权算术平均数。

1. 简单算术平均数

简单算术平均数的计算方法是将观测值的总和除以观测值的个数。简单算术平均数是统计数据中心位置的度量。假设 $x_1, x_2, x_3, \cdots, x_n$ 是 n 个样本的观测值集合，则观测样本平均数的计算方法如下：

$$\bar{x} = \frac{x_1 + x_2 + x_3 + \cdots + x_n}{n} = \frac{\sum x}{n} \tag{3-1}$$

例如，将某公司 16 名销售人员年薪收入组成一个样本，如表 3-1 所示，计算该公司销售人员样本的平均年薪。

表 3-1　某公司 16 名销售人员年薪资料表

单位：元

8 900	8 530	8430	9 340	8 680	8 790	9 210	8 530
8 790	8 230	8650	9 130	9 430	8 540	9 540	9 130

根据公式计算如下：

$$\bar{x} = \frac{x_1 + x_2 + x_3 + \cdots + x_n}{n} = \frac{\sum x}{n}$$

$$= \frac{8900 + 8530 + 8430 + \cdots + 9130}{16} \approx 8866(元)$$

公式(3-1)说明了当有 n 个样本观测值时算术平均数的计算方法，总体算术平均数的计算方法与此类似，但需要使用不同的符号来表示总体的算术平均数，通常用 N 来表示总体观测值的数量，用 μ 来表示总体的算术平均数。其计算方法如下：

$$\mu = \frac{1}{N}\sum_{i=1}^{N} x_i \tag{3-2}$$

2. 加权算术平均数

加权算术平均数是根据统计总体分组整理的资料计算的算术平均数，其计算方法如下：

$$\bar{x} = \frac{x_1 f_1 + x_2 f_2 + x_3 f_3 + \cdots + x_n f_n}{f_1 + f_2 + \cdots + f_n} = \frac{\sum xf}{f} \tag{3-3}$$

式中，f 表示统计总体各组变量值出现的频次。

例如，表 3-2 是 20 名工人加工零件数量的分组表，计算人均日产量。

表 3-2 某公司 20 名工人加工零件均值计算表

按零件数分组	组中值 x	频 数 f	xf
105～110	107.5	5	537.5
110～115	112.5	7	787.5
115～120	117.5	8	940

$$平均日产均 = \frac{537.5 + 787.5 + 940}{20} = \frac{2265}{20} = 113.25(件)$$

加权平均数的大小取决于变量值和频数大小，如果某组数据的频数很大，那么该组数据对平均值的影响也很大。由此可见，各组数据出现频数对平均值的大小起着权衡轻重的作用，因此这一权衡轻重的数值就被称为权数。这里的权数并不是指权数本身数值的大小，而是指各组数据单位数占总体单位数的比重，权数系数也称频率，是一种相对数。

3. 算术平均数的特点

算术平均数在统计学中具有重要意义和地位，平均数是进行统计整理、分析、推断的基础。从统计学思想角度来看，算术平均数是统计数据的重心所在，是统计数据误差相互消除后的必然结果。例如，对同一观测对象进行测量，若所得结果不一致，有可能是测量误差所致，也有可能是其他因素引起的。利用算术平均数作为样本数据的代表则可以在一定程度上消除误差带来的影响，从而更好地反映社会经济现象必然性的数量特点。

3.1.2 几何平均数

几何平均数是统计分布数列中 n 个观测变量值连乘后再开 n 次方的计算结果，通常用字

母 G 来表示。几何平均数通常用来计算平均速度和平均比率问题。几何平均数与算术平均数相类似，分为简单几何平均数和加权几何平均数。

1. 简单几何平均数

简单几何平均数一般适用于计算还未进行分组数据的平均速度或平均比率，其计算公式为：

$$G = \sqrt[n]{x_1 x_2 \cdots x_n} = \sqrt[n]{\prod x_i} \tag{3-4}$$

式中，x_i 表示数列中第 i 个观测值；n 表示数列中观测值的数量；Π 表示连乘。

例如，某车间生产加工某零件，共四道工序，合格率分别为 98%、96%、93%、90%，试计算加工该零件的平均合格率为多少？

根据公式(3-4)可知：

$$G = \sqrt[n]{x_1 x_2 \cdots x_n} = \sqrt[n]{\prod x_i} = \sqrt[4]{98\% \times 96\% \times 93\% \times 90\%} = 94.2\%$$

根据结果可知，该车间加工该零件的平均合格率为 94.2%。

2. 加权几何平均数

加权几何平均数一般用来计算频数分布数据的平均比率或平均速度，其计算公式如下：

$$G = \sqrt[\sum f]{x_1^{f_1} x_2^{f_2} \cdots x_k^{f_k}} = \sqrt[\sum f]{\prod x^f} \tag{3-5}$$

3. 几何平均数的特点

几何平均数是由各观测值的连乘积开方计算得来的，如果数列中有一个观测值等于 0 或负数，则无法计算几何平均数；相对于算术平均数，几何平均数受到极端值的影响比较小。

3.1.3 调和平均数

1. 调和平均数的定义

在实际工作中，由于数据资料获取的限制，无法直接获取分组单位数的数据，就不能直接利用算术平均数计算平均数。在这种情况下，需要对算术平均数的公式进行转换变形才能计算出平均数，这个转换变形后的公式就是调和平均数公式。例如，某市场批发水果资料如表 3-3 所示，试计算该水果的平均批发价格。

表 3-3 某市场批发水果资料

上市时间	批发价格(元/千克) x	成交额(元) $xf=m$	计算成交量(千克) $m/x=f$
第1天	20	15 000	750
第2天	16	28 000	1 750
第3天	10	15 000	1 500
合计	——	58 000	4 000

根据表中资料计算平均批发价格时缺少权数资料，无法直接运用算术平均数方法进行计

算，需要根据批发成交额和批发价格计算出成交量，然后再利用成交额与成交量计算出平均批发价格。具体计算过程如下：

$$H = \frac{\sum x_i f_i}{\sum \frac{x_i f_i}{x_i}}$$

设 $xf = m$，则

$$H = \frac{\sum x_i f_i}{\sum \frac{x_i f_i}{x_i}} = \frac{\sum m}{\sum \frac{m}{x}} \tag{3-6}$$

公式(3-6)为加权调和平均数计算公式，代入相关数据，可以得到平均批发价格为：

$$H = \frac{\sum x_i f_i}{\sum \frac{x_i f_i}{x_i}} = \frac{\sum m}{\sum \frac{m}{x}} = \frac{58\,000}{4\,000} = 14.5 (元/千克)$$

2．调和平均数的特点

调和平均数是利用各个观测值的倒数进行计算的，如果数列中有一个观测值为 0，则无法计算调和平均数；调和平均数会受到极端值的影响，主要是受到极小值的影响；从数值大小上来看，一般情况下算术平均数会大于调和平均数。

3.1.4 中位数

1．中位数的概念

中位数是指将所有观测值按大小顺序进行排列后，处在中间位置的观测值就是中位数，一般用 M_0 表示。为了避免数据受到极端观测值的影响，中位数较其他平均数更能代表样本的一般水平。例如，人口学利用中位数观测不同时期人口年龄的变化趋势；为了了解一群人的平均身高，可以将居中位置人的身高当作样本总体的平均值。

2．中位数的计算

(1) 未分组数据的中位数计算。对于还未分组的数据，可以按照大小顺序进行排列，然后确定处于中间位置的观测值。中位数位置可以用 $\frac{n+1}{2}$ 进行计算，其中 n 为观测值的数量，当 n 为奇数时，处于中间位置的观测值即为中位数；当 n 为偶数时，处于中间位置的两个观测值的算术平均数为中位数。

(2) 分组数据的中位数计算。对于已分组的数据，首先确定中位数所在的组别，假定组内的频次呈均匀分布，然后利用中位数组内次数和其大或小的各组累计次数差的变动比例近似计算出中位数。分组数据的中位数计算公式有两种：下限公式和上限公式。

下限公式：

$$M_e = L + \frac{\frac{\sum f_i}{2} - S_{m-1}}{f_m} d \qquad (3\text{-}7)$$

上限公式：

$$M_e = U - \frac{\frac{\sum f_i}{2} - S_{m+1}}{f_m} d \qquad (3\text{-}8)$$

式中，S_{m-1} 表示比中位数所在组观测值小的各组的累计频次；S_{m+1} 表示比中位数所在组观测值大的各组的累计频次；f_m 表示中位数所在组的频次；L 表示中位数所在组的下限；U 表示中位数所在组的上限；d 表示中位数所在组的组距。

例如，某小区居民消费水平的调查资料如表 3-4 所示，计算该小区居民消费水平的中位数。

表 3-4 某小区居民消费水平的调查资料

按月消费额分组(元) x	调查户数(户) f	累计频次 向上累计	累计频次 向下累计
500 以下	40	40	500
500～800	90	130	460
800～1 100	115	245	370
1 100～1 400	100	345	255
1 400～1 700	70	415	155
1 700～2 000	50	465	85
2 000 以上	35	500	35
合计	500	——	——

根据表 3-4 中数据可知：

$$\text{中位数位次} = \frac{\sum f}{2} = \frac{500}{2} = 250(\text{户})$$

则中位数所在组为消费额 1 100～1 400 元的组别，根据下限公式(3-7)可得：

$$M_e = L + \frac{\frac{\sum f_i}{2} - S_{m-1}}{f_m} d = 1\,100 + \frac{300 \times (250 - 245)}{100} = 1\,115(\text{元})$$

3．中位数的特点

当统计资料有限，而且各个观测值的差异程度较大，或者频次分布有较大偏差时，用中位数作为代表值比较合适；当数据资料呈 U 形分布时，中位数就失去了代表意义；当数据有缺口时，中位数也没有代表意义。

3.1.5 众数

1．众数的概念

众数是根据观测值所处位置来确定的平均数，是指在频次分布中出现频次最多的观测值，所以众数也可以说是频数分布的集中趋势。众数一般用字母 M_o 来表示。

2. 众数的计算

众数的计算包括两种：单项数列的众数计算和组距数列的众数计算。

(1) 单项数列的众数计算。对于单项数列的众数计算，需要判断哪组的频次最多，频次最多组的观测值即为众数。

(2) 组距数列的众数计算。对于组距数列的众数计算，需要根据数列数最多的组确定众数所在的组别，然后利用插补法求出众数的近似值。组距数列的众数计算公式有两种：下限公式和上限公式。

下限公式：

$$M_o = L + \frac{\Delta_1}{\Delta_1 + \Delta_2} d \tag{3-9}$$

上限公式：

$$M_o = U - \frac{\Delta_2}{\Delta_1 + \Delta_2} d \tag{3-10}$$

式中，L、U 分别表示众数所在组的下限和上限；Δ_1 表示众数所在组频次与前一组频次之差；Δ_2 表示众数所在组频次与后一组频次之差；d 表示众数所在组的组距。

例如，以表 3-4 为例，频次最多的组是消费额 800~1 100 元的组，将相关数据代入公式 (3-9) 可得：

$$M_o = L + \frac{\Delta_1}{\Delta_1 + \Delta_2} d = 800 + \frac{115 - 90}{(115 - 90) + (115 - 100)} \times 30 = 818.75 (元)$$

3. 众数的特点

众数不易受到极端观测值的影响；当观测值呈 J 形或 U 形分布时，没有众数；当分配数列出现两个或两个以上的众数时，需要重新分配数列，取得一个具有明显集中趋势的分配数列，然后再确定众数。

3.2 离散程度的度量

变量数量特征除了集中趋势特征，还有一个重要特征就是离散程度。离散程度说明了数据偏离平均指标的程度，能够说明平均数代表性的大小。所以，在反映变量值集中趋势的同时，还需要说明观测变量的离散程度，两者互相配合、互为补充，这样才能对统计总体进行全面的观察。离散程度的主要度量指标有极差、平均差、方差、标准差、离散系数等。

3.2.1 极差

极差又称极距，是指总体中最大观测值与最小观测值的差值，一般用字母 R 来表示，即

$$R = x_{\max} - x_{\min} \tag{3-11}$$

掌握的统计数据资料不同，其计算方法也不同。对于未分组的数据资料，计算极差只需要将最大观测值减去最小观测值。而组距分配数列，则分为两种类型：开口组和闭口组。一般只计算闭口组分配数列的极差，其计算公式为 R=最后一组上限-第一组下限。

极差是度量离散程度最简便的方法，能够说明样本总体各单位观测值变动的最大范围。但是由于极差是根据样本总体的两个极端观测值进行计算的，没有照顾到中间观测值的变动情况，所以还不能充分反映样本总体各个单位观测值的离散程度，只是一个较为粗略的离散程度度量指标。

3.2.2 平均差

平均差是指总体中各个变量测量值与算术平均数差值绝对值的算术平均数，通常用符号 A.D 来表示。平均差的计算公式如下：

$$\text{A.D} = \frac{\sum (x_i - \bar{x})}{n} \tag{3-12}$$

或者

$$\text{A.D} = \frac{\sum (x_i - \bar{x})f}{\sum f} \tag{3-13}$$

无论是采用简单方法还是采用加权方法进行计算，平均差的计算都需要取绝对值，这是因为算术平均数具有正负离差可以相互抵消的性质，所以为了避免离差互相抵消就需要取绝对值，以此来消除公式中正负号对平均差的影响。另外，平均差的计算还需要根据资料情况去选择计算方法，对于未分组数据一般采用简单式的计算方法(式(3-12))，对于已分组数据通常采用加权计算方法(式(3-13))。

由于平均差是根据全部测量值计算出来的，所以受到极限值的影响就会较小，能较为全面地反映研究变量的离散程度。各个变量测量值之间的离散程度越大，则平均差越大；反之，各个变量测量值之间的离散程度越小，则平均差越小。由于平均差计算需要取绝对值，计算不太方便，因此可以取离差值的平方，这样就得到了方差。

3.2.3 方差和标准差

1. 方差

方差是各个测量值与算术平均数离差平方的平均数，一般用 σ^2 表示。对于未分组的数据资料，可以用如下公式进行计算：

$$\sigma^2 = \frac{\sum (x_i - \bar{x})^2}{n} \tag{3-14}$$

对于已经分组的数据资料，可以采用如下公式进行计算：

$$\sigma^2 = \frac{\sum (x_i - \bar{x})^2 f}{\sum f} \tag{3-15}$$

2. 标准差

对方差进行开方就会得到标准差，其计算公式如下：

$$\sigma = \sqrt{\frac{\sum(x_i - \bar{x})^2}{n}} \tag{3-16}$$

$$\sigma = \sqrt{\frac{\sum(x_i - \bar{x})^2 f}{\sum f}} \tag{3-17}$$

对于未分组的数据资料，标准差的计算可以采用公式(3-16)；对于已分组的数据资料，标准差的计算可以采用公式(3-17)。

标准差和方差类似，都可以较为全面地反映变量测量值的变异和离散程度，是测量变量离散趋势最常用的指标。除此以外，还可以利用标准差对研究总体的置信区间进行估算。例如，在某个正态分布中，以算术平均数为中心，有68%的总体单位在$(\bar{x}-\sigma,\bar{x}+\sigma)$区间，有95%的总体单位在$(\bar{x}-2\sigma,\bar{x}+2\sigma)$区间。另外，标准差在偏态分析、相关分析和回归分析中也有广泛的应用。

3.2.4 离散系数

极差、方差、标准差都是对测量值离散程度进行绝对或平均差异的测定，一般情况下都会带有计量单位，而且离散程度的计算结果与变量自身水平的高低相关。因此，如果想比较变量自身水平在不同数列之间的离散程度，就需要计算它们的相对离散程度，即离散系数。离散系数是将同一个研究总体中的标准差与其算术平均数相除，以测量研究总体的相对离散程度，一般用字母V_σ来表示。离散系数的计算公式如下：

$$V_\sigma = \frac{\sigma}{\bar{x}} \times 100\% \tag{3-18}$$

3.3 偏度与峰度的度量

离散程度指标主要反映了变量测量值的差异情况，如果研究变量测量值的频数分布形态和对称情况，就需要对总体的偏度和峰度指标进行度量。

3.3.1 偏度系数

研究总体的频数分布有对称和非对称两种类型，一般情况下，以正态分布或钟形曲线为比较基准。频数分布非对称分布的偏斜程度称为偏度。偏度的度量方法主要有平均数比较法、动态法和偏离众数法。

根据算术平均数、中位数和众数的数量关系可以大致判断总体分布的特征。当$\bar{x} = M_e = M_o$时，也就是当算术平均数与中位数和众数相等的时候，总体分布为正态分布，频数分布是完全对称的，同时偏度也为零，如图3-1所示；当$\bar{x} > M_e > M_o$时，也就是当算术平均数大于中位数，同时中位数大于众数的时候，频数分布呈现不对称的右偏分布特征，如图3-2所示；

当 $\bar{x} < M_e < M_o$ 时，即当算术平均数小于中位数，同时中位数小于众数的时候，总体分布呈现不对称的左偏分布特征，如图 3-3 所示。

图 3-1　$\bar{x}$、M_o、M_e 关系 1

图 3-2　$\bar{x}$、M_o、M_e 关系 2

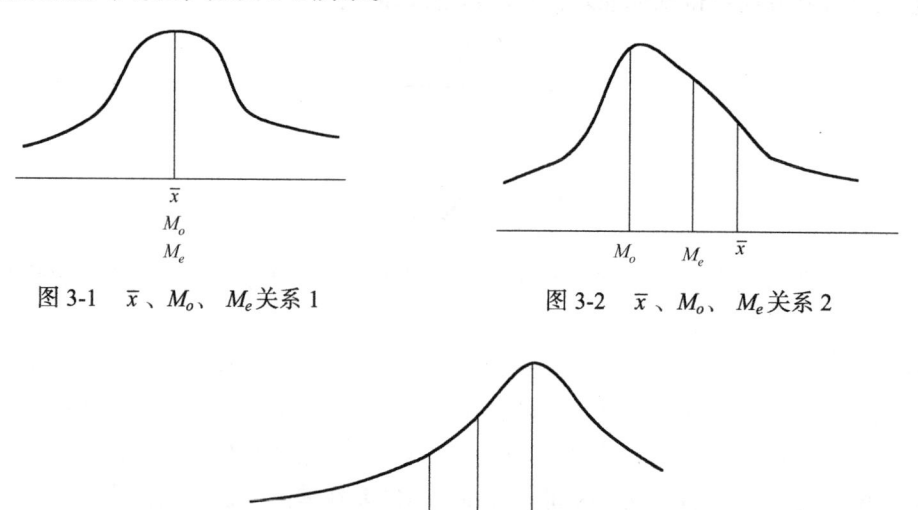

图 3-3　$\bar{x}$、M_o、M_e 关系 3

通过上述三种总体分布特征可以看出，无论总体分布是正态分布、左偏分布还是右偏分布，中位数一直处于中间的位置，同时算术平均数、中位数和众数呈现一定的数量比例关系。众数与中位数的距离大约是算术平均数与中位数距离的 2 倍，即 $M_e - M_o = 2(\bar{x} - M_e)$。由此公式可以推导出如下公式：

$$M_o = 3M_e - 2\bar{x} \tag{3-19}$$

$$M_e = \frac{M_o + 2\bar{x}}{3} \tag{3-20}$$

$$\bar{x} = \frac{3M_e - M_o}{2} \tag{3-21}$$

通过上述计算公式可以看出，无论总体分布是否呈现正态分布，中位数始终位于平均算术数和众数之间，因此可以利用算术平均数和众数的数量关系来描述频数分布的偏斜程度。当算术平均数与众数的距离为 0 时，总体分布为正态分布；当算术平均数大于众数时，总体分布呈现右偏分布，或称正偏分布；当算术平均数小于众数时，总体分布呈现左偏分布，或称负偏分布。由此可以看出，算术平均数与众数的数量关系代表了偏度的绝对量。为了方便比较分析和消除数量级别的影响，一般将算术平均数与众数的差值与标准差相除，其比值称为偏度系数。偏度系数是描述总体分布偏度相对水平的指标，一般用字母 S_k 来表示。偏度系数的计算公式如下：

$$S_k = \frac{\bar{x} - M_o}{\sigma} \tag{3-22}$$

一般情况下 $-3 \leq S_k \leq 3$，当 $S_k = -3$ 时，总体分布呈现极度左偏；当 $S_k = 3$ 时，总体分布呈现极度右偏。

3.3.2 峰度系数

频数分布除了具有偏度特征以外，还有峰度特征，它是指将频数分布与标准正态分布曲线进行比较时，曲线峰顶的陡峭程度。峰度一般分为三种，如图 3-4 所示，A 为正态峰，B 为尖顶峰，C 为平顶峰。尖顶峰分布表明频数分布比较集中，平顶峰分布则表明频数分布较为分散。一般情况下，频数分布峰度的高低用峰度系数来衡量，它是以四次中心方差与标准差的四次方的比值来计算的，峰度系数通常用字母 β 来表示，其计算公式如下：

$$\beta = \frac{M_4}{\sigma_4} = \frac{M_4}{(\sigma^2)^2} \qquad (3\text{-}23)$$

在上述公式中，$M_4 = \dfrac{\sum (x-\bar{x})^4 f}{\sum f}$。经验数据表明，当 $\beta=3$ 时，频数分布呈现正态峰分布；当 $\beta<3$ 时，频数分布呈现平顶峰分布；当 $\beta>3$ 时，频数分布呈现尖顶峰分布。

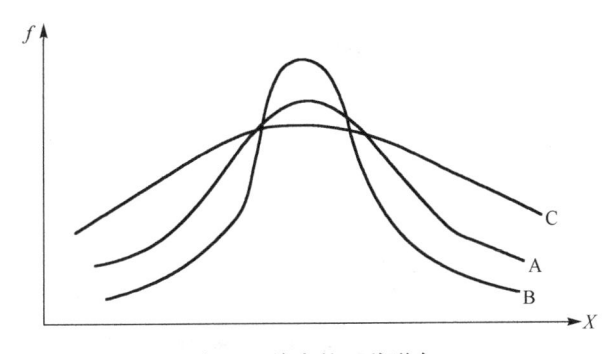

图 3-4 峰度的三种形态

3.4 用 Stata 软件计算数据的分布特征

3.4.1 用 summarize 命令计算数据的分布特征

1. 数据概要

在 Stata 的命令操作中，table 和 tabulate 命令可以实现对定性变量的频数和频率的统计，tabstat 和 summarize 命令可以实现对连续变量的统计描述。

下面首先用 use 命令导入数据文件 clock.dta，然后使用 describe 和 codebook 命令了解数据的情况。

use clock.dta, clear

.describe

describe 命令的输出结果如下：

```
Contains data from D:\clock.dta
  obs:             32
  vars:             3                              24 May 2021 09:12
─────────────────────────────────────────────────────────────────────
              storage   display    value
variable name   type    format     label    variable label
─────────────────────────────────────────────────────────────────────
year            int     %8.0g
number          byte    %8.0g
price           int     %8.0g
```

describe 命令输出的结果包含每个变量的名称、存储方式(byte、float、double 和 int)、显示格式、变量标签和变量值标签。

接着使用 codebook 命令详细地观察 clock.dta 文件中 price 这个变量的相关情况。

.codebook price

codebook 命令的执行结果如下：

```
price
─────────────────────────────────────────────────────────────────────
             type:  numeric (int)
            range:  [729,2131]              units:  1
    unique values:  31                    missing .:  0/32

             mean:  1326.88
         std. dev:  393.487

      percentiles:       10%       25%       50%       75%       90%
                         845      1051    1257.5    1571.5      1884
```

codebook 命令输出的结果表明：price 采用的是整数格式存储(int)，取值范围为[729, 2131]，没有缺失值(0/32 说明 32 个观测值中有 0 个缺失)，均值是 1 326.88，标准差是 393.487，最后一行是 5 种常用的百分位数。

2. 使用 summarize 命令计算数据的分布特征

对于任何数据分析，使用 summarize 命令进行数据的核对都是很有必要的，尤其对于缺失值、无效值、奇异值的探测都大有裨益。在 summarize 后加上想要进行计算数据分布特征的变量名称，如果未加任何变量，则默认对数据中的所有变量计算数据的分布特征。下面是 summarize 命令的格式，同所有的 Stata 命令一样，方括号为可选项目。在 summarize 命令中可以使用 if 和 in 限定范围，也可以使用 weight 添加权重。

.summarize [varlist] [if] [in] [weight] [,options]

下面用 clock.dta 文件，使用 summarize 命令对 price 做基本的统计分析。命令及其结果如下：

```
. summarize price

    Variable │      Obs        Mean    Std. Dev.       Min        Max
─────────────┼──────────────────────────────────────────────────────
       price │       32    1326.875    393.4869        729       2131
```

使用 summarize 命令对 clock.dta 文件中的所有变量做基本的统计分析。命令及其结果如下：

```
. summarize

    Variable |       Obs        Mean    Std. Dev.       Min        Max
-------------+--------------------------------------------------------
        year |        32     144.9375    27.39548        108        194
      number |        32      9.53125    2.839632          5         15
       price |        32     1326.875    393.4869        729       2131
```

输出结果从左到右每列分别显示了变量名、观测值个数、均值、标准差、最小值和最大值。

3.4.2 用 tabstat 命令计算数据的分布特征

命令 tabstat 与 summarize 相似，但 tabstat 命令提供了更加灵活的统计量组合。如果不加 by( )选项，那么 tatstat 是 summarize 的一个很好的替代，因为可以通过 stat( )添加各种所需的统计量。by( )选项允许对 by( )中变量不同的取值分别计算数据的分布特征。表 3-5 是 tabstat 命令报告中的统计量。

表 3-5　tabstat 命令报告的统计量

选项	含义
mean	平均数
count/n	观测值数目
max/min	最大值、最小值
range	极差
sd	标准差
var	方差
cv	变异系数
semean	平均标准误差
skewness	偏度
kurtosis	峰度
median	中位数
p#	#%百分位数
iqr	四分位数间距
q	等于写 p25　p50　p75

下面是 tabstat 命令的格式，与 summarize 命令的格式基本一致：

.tabstat varlist [if] [in] [weight] [,options]

下面用 clock.dta 文件，使用 tabstat 命令计算变量 price 的相关分布特征。命令及其结果如下：

```
. tabstat price

    variable |      mean
-------------+----------
       price |  1326.875


. tabstat price,stat(mean range sd var cv skewness kurtosis)

    variable |      mean     range        sd  variance        cv  skewness  kurtosis
-------------+--------------------------------------------------------------------
       price |  1326.875      1402  393.4869  154831.9  .2965516  .3774913  2.200216
```

本章知识结构图

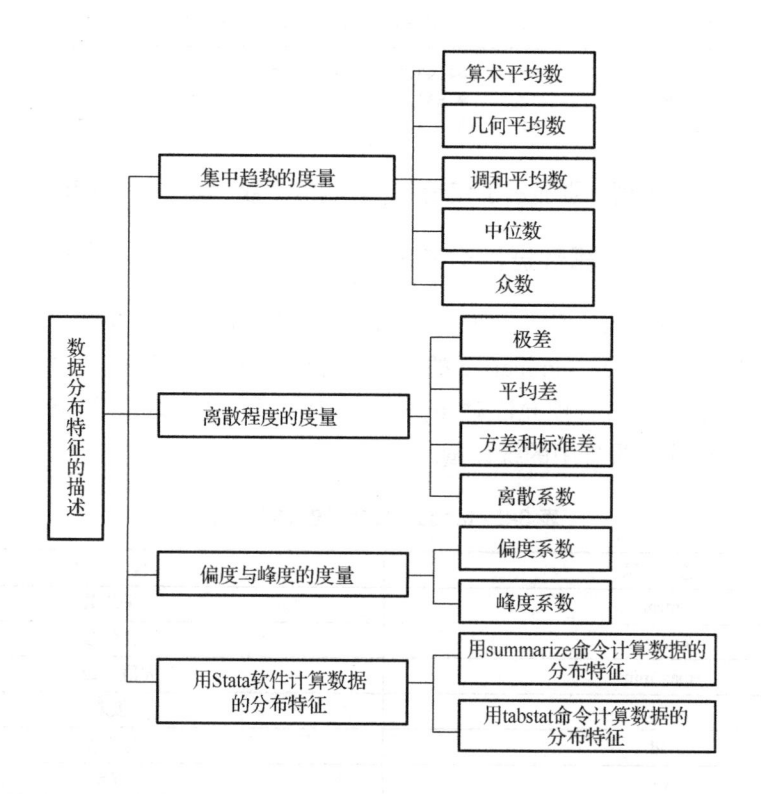

数据分布特征的描述
- 集中趋势的度量
  - 算术平均数
  - 几何平均数
  - 调和平均数
  - 中位数
  - 众数
- 离散程度的度量
  - 极差
  - 平均差
  - 方差和标准差
  - 离散系数
- 偏度与峰度的度量
  - 偏度系数
  - 峰度系数
- 用Stata软件计算数据的分布特征
  - 用summarize命令计算数据的分布特征
  - 用tabstat命令计算数据的分布特征

思考与练习

一、单选题

1. 按反应的时间状况不同，总量指标可分为（   ）。
   A．总量指标和时点总量指标   B．时点总量指标和时期总量指标
   B．时期总量指标和时间指标   D．实物量指标和价值量指标

2. 某厂1999年完成产值200万元，2000年计划增长10%，实际完成了231万元，则超额完成计划（   ）。
   A．5.5%   B．5%   C．115.5%   D．15.5%

3. 在同一变量数列中，当标志值（变量值）比较大的次数较多时，计算出来的平均数（   ）。
   A．接近标志值小的一方   B．接近标志值大的一方
   C．接近次数少的一方   D．接近哪一方无法判断

4. 在计算平均数时，权数的意义和作用是不变的，而权数的具体表现（   ）。
   A．是可变的   B．总是各组单位数
   C．总是各组标志总量   D．总是各组标志值

5. 1998年某厂甲车间工人的月平均工资为520元，乙车间工人的月平均工资为540元，1999年各车间的工资水平不变，但甲车间的工人占全部工人的比重由原来的40%提高到了60%，则1999年两车间工人的总平均工资比1998年（　　）。

　　A．提高　　　　B．不变　　　　C．降低　　　　D．不能做结论

6. 在变异指标（离散程度测度值）中，其数值越小，则（　　）。

　　A．说明变量值越分散，平均数代表性越低

　　B．说明变量值越集中，平均数代表性越高

　　C．说明变量值越分散，平均数代表性越高

　　D．说明变量值越集中，平均数代表性越低

7. 一组数据排序后处于25%和75%位置上的值称为（　　）。

　　A．众数　　　　B．中位数　　　　C．四分位数　　　　D．均值

8. 离散系数的主要用途是（　　）。

　　A．反映一组数据的离散程度　　　　B．反映一组数据的平均水平

　　C．比较多组数据的离散程度　　　　D．比较多组数据的平均水平

9. 峰态通常是与标准正态分布相比较而言的，如果一组数据服从标准正态分布，则峰态系数的值（　　）。

　　A．等于0　　　B．大于0　　　C．小于0　　　D．等于1

10. 某大学经济管理学院有1 200名学生，法学院有800名学生，医学院有320名学生，理学院有200名学生。在上面的描述中，众数是（　　）。

　　A．1200　　　B．800　　　C．200　　　D．320

二、多选题

1. 某企业计划2000年成本降低率为8%，实际降低了10%，则以下说法正确的是（　　）。

　　A．该企业的计划完成程度为10%/8%=125%

　　B．该企业的计划完成程度为110%/108%=101.85%

　　C．该企业的计划完成程度为90%/92%=97.83%

　　D．该企业未完成计划任务

　　E．该企业超额完成了计划任务

2. 下列哪些指标属于结构相对指标（　　）。

　　A．废品率　　　　B．平常函件差错率　　　　C．电话机普及率

　　D．生产工人占全部职工的比重　　　　E．产值利税率

3. 应采用算术平均数计算的有（　　）。

　　A．已知工资总额及工人数求平均工资

　　B．已知计划完成百分比和实际产值，求平均计划完成百分比

　　C．已知计划完成百分比和计划产值，求平均计划完成百分比

　　D．已知某厂1990年到1995年的产值，求平均发展速度

4. 标志变异指标（离散程度测量值）的主要作用（　　）。

　　A．衡量平均数代表性的大小

B. 可以反映总体单位的均匀性和稳定性
C. 可以反映社会经济活动过程的节奏性和均衡性
D. 科学地确定必要抽样单位的因素
E. 分析社会经济现象某总体的变动趋势

5. 加权平均数的大小受下列哪些因素的影响（　　）。
A. 受各组频数或频率的影响
B. 受各组值大小的影响
C. 受各组变量值和频数的共同影响
D. 只受各组变量值的影响

三、判断题

1. 统计指标根据作用和表现形式不同，可分为数量指标和质性指标。（　）
2. 众数和中位数均易受极端值影响，不具有稳定性。（　）
3. 定基增长速度等于环比增长速度的连加。（　）
4. 平均增长速度等于各环比增长速度的几何平均数。（　）
5. 因为综合指数是总指数的基本形式，所以实际计算总指数时通常运用综合指数。（　）
6. 样本指标的方差称为抽样平均误差。（　）
7. 样本单位数的多少与总体各单位标志值的变异程度成反比，与抽样极限误差范围的大小成正比。（　）
8. 权数对算术平均数的影响作用只表现为各组出现次数的多少，与各组次数占总次数的比重无关。（　）
9. 以组中值代替组平均数不需要前提假设。（　）
10. 在总体方差一定的条件下，样本单位数越多，则抽样平均误差越大。（　）

四、计算题

1. 某地电信局每月固定收取每部电话 16 元，用户每拨一次电话按使用时间每分钟 0.1 元收费。以下是 6 个用户使用电话的时间，计算 6 个用户本月使用电话的平均时间、使用电话的时间标准差和本月平均每户电话费的标准差。

用　户	1	2	3	4	5	6
使用时间（分钟）	50	40	80	90	100	120

2. 某企业 60 名销售代表五月份和六月份的销售资料如下，试计算五、六月份的销售率，并指出五、六月份销售率高低不等的原因。

按日销售数量分组（件）	销售代表数量（人）	
	五　月　份	六　月　份
400 以下	5	3
400～500	13	5

续表

按日销售数量分组(件)	销售代表数量(人) 五月份	销售代表数量(人) 六月份
500~600	18	12
600~700	15	20
700~800	7	15
800 以上	2	5

3. 有甲、乙两单位，甲单位的平均工资为950元，标准差为140元，乙单位工资资料如下，用尽可能简便的方法比较甲、乙两单位工人平均工资的代表性大小。

职工按工资分组(元)	职工人数(人)
700~800	100
800~900	200
900~1 000	400
1 000~1 100	200
1 100 以上	100
合计	1 000

4. 甲、乙两市场农产品价格及成交量资料如下表，试比较哪个市场的平均价格高，并分析其原因。

品种	价格(元/公斤)	甲市场成交额(万元)	乙市场成交额(万元)
甲	1.2	1.2	2
乙	1.4	2.8	1
丙	1.5	1.5	1
合计	——	5.5	4

5. 某企业工人平均月工资为1 440元，月收入少于1 280元的占一半，试估计众数，并对该企业工人工资的分布情况做一简要说明。

五、实训题

1. 百货公司6月份各天的销售额数据如下(单位：万元)：

257　276　297　252　238　310　240　236　265　278　271　292　261　281　301
274　267　280　291　258　272　284　268　303　273　263　322　249　269　295

要求：
(1) 计算该百货公司日销售额的均值、众数、中位数；
(2) 计算该百货公司日销售额的极差、标准差；
(3) 计算该百货公司日销售额分布的偏度系数和峰度系数。

2. 某城市对3 000户居民户平均月消费支出进行调查，得到下表资料。

要求：
(1) 计算居民户总平均月支出；

(2) 计算居民户月均支出标准差和变异系数；
(3) 计算居民户月均支出中位数和众数；
(4) 分析平均数、中位数和众数之间的数量联系，并阐明分布的特征。

居民户月均支出(元)	户数(户)	比重(%)
200 以下	30	1
200～300	180	6
300～400	450	15
400～500	600	20
500～600	1 050	35
600～700	300	10
700～800	180	6
800～900	120	4
900～1 000	60	2
1 000 以上	30	1
合计	3 000	100

第4章 动态数列

【学习目标】

通过学习掌握动态数列的含义、分类、编制原则；掌握发展水平、增长量、发展速度及其平均值的计算；熟悉动态数列各指标间的关系；掌握长期趋势的测定方法；了解季节变动的测定方法及预测方法；掌握利用 Stata 软件进行长期趋势测定的操作方法。

4.1 动态数列概述

4.1.1 动态数列的含义及作用

动态数列是指以时间顺序为基础，对某一对象的观测值进行有序排列，从而形成的数据集合。由于动态数列与时间这一特定指标息息相关，所以，动态数列又可以称为时间数列。动态数列包含两个基本要素，一个是取得相关数据的时间（常用 t 表示），另一个是相关数据本身的具体数值（常用 y 表示）。举例如表 4-1 所示。

表 4-1　某学校 2020 年 1—6 月各阶段毕业年级网络教学测试平均成绩

月　份	小　学　部	初　中　部	高　中　部
1	88.3	82.0	78.6
2	89.9	83.5	80.1
3	90.6	89.6	80.5
4	92.1	85.4	82.7
5	94.0	88.7	85.6
6	94.3	90.3	85.0

在表 4-1 中，2020 年 1—6 月某学校的小学部、初中部、高中部的月网络教学测试平均成绩数值，构成了三个动态数列，其中 1—6 月就是时间要素 t，而各阶段毕业生每月平均成绩的具体数值就是统计数据 y。

由此可见，动态数列的研究具有重要作用和意义。首先，通过编制相关动态数列，可以了解相关现象发展的现状和趋势；其次，通过动态数列的研究可以了解相关现象发展的趋势及速度；最后，通过动态数列的研究可以对某一现象的发展进行一定程度的预测。

4.1.2 动态数列的分类

动态数列指标根据性质或表现形式的不同可以分为总量指标（绝对数）动态数列、相对指标（相对数）动态数列和平均指标（平均数）动态数列三种。三者之间的关系是以总量指标动态数列为主，相对指标动态数列和平均指标动态数列则是在总量指标动态数列基础上的一种衍生。举例如表 4-2 所示。

表 4-2　我国 2010—2019 年国民经济主要指标数据

年　　份	国内生产总值 （亿元）	年末全国人口 （万人）	女性人口比重 （%）	城镇居民人均可支配 收入（元）
2010	412 119.3	134 091	48.73	19 109
2011	487 940.2	134 735	48.74	21 810
2012	538 580.0	135 404	48.75	24 565
2013	592 963.2	136 072	48.76	26 467
2014	643 563.1	136 782	48.77	28 844
2015	688 858.2	137 462	48.78	31 195
2016	746 395.1	138 271	48.79	33 616
2017	832 035.9	139 008	48.83	36 396
2018	919 281.1	139 538	48.87	39 251
2019	986 515.2	140 005	48.91	42 359

资料来源：国家统计局

1. 总量指标（绝对数）动态数列

总量指标动态数列又称绝对数动态数列，是指按照时间顺序将某一总量指标进行排列后所形成的动态数列。该指标反映的是某现象在各时间上达到的绝对水平及变化情况。例如，表 4-2 中国内生产总值和年末全国人口两个动态数列就属于总量指标（绝对数）动态数列。它们是计算相关相对指标（相对数）动态数列和平均指标（平均数）动态数列与动态分析的基础。在此基础上，由于时间要素的特征存在差异，总量指标（绝对数）动态数列又可以分为时期数列与时点数列两类。

（1）时期数列。

在总量指标（绝对数）动态数列中，如果时间要素以"时间段"为指标，则计算的是在这一时间段中某种现象的总量，这种总量指标（绝对数）动态数列就是时期数列。例如，在表 4-2 中，2010—2019 年国内生产总值动态数列就属于时期数列，其中每项数据对应的都是相应年份内的国内生产总值经济指标。时期数列具备以下特征。

① 时期数列各指标数值可相加，且具有经济学意义。原因在于，时期数列中的每个数值表示相应时间段的指标总量，且数列中相应时间段连续，将几个连续时间段的数值相加等于得到了相应更长时间段内的指标总量。例如，表 4-2 中的国内生产总值动态数列，将 2010—2019 年对应的国内生产总值数据相加后得到 6 848 251.3 亿元，表示从 2010—2019 年十年间的国内生产总值为 6 848 251.3 亿元，即由 10 个时期合并为 1 个时期。

② 时期数列中每个指标数值大小与对应时期的长短成正比，即时期越长，其对应的指标数值越大，个别情境下也会出现不变的情况。例如，在表 4-2 中，2010—2019 年每年的国内生产总值都远远小于十年相加之和。而具体时期长短的选择取决于研究的目的，一般常用的单位包括日、旬、月、季、年等。

③ 时期数列中的数值一般是通过连续不断的记录所取得的。这也在一定程度上决定了特征①，保证了数值相加的经济学意义。

(2) 时点数列。

在总量指标(绝对数)动态数列中，如果时间要素是以"时间点"为指标，则计算的是在某一特定时间点上某种现象的数量，这种总量指标(绝对数)动态数列就是时点数列。例如，表 4-2 中的 2010—2019 年年末全国人口动态数列就属于时点数列，其中每项数据对应的都是相应年份年底最后时刻全国人口数量指标。时点数列具备以下特征。

① 时点数列各指标数值不可相加，且相加不具有经济学意义。原因在于，时点数列中每个数值表示相应时间点的指标数量，且数列中相应时间点不连续，将几个不连续时间点的数值相加无法说明其结果具体属于哪一时间点的数值，故而相加无意义。

② 时点数列中每个指标数值大小与对应时期的长短无直接关系，即时期长短，不影响其对应的指标数值大小。例如，在表 4-2 中，2019 年年末全国人口总量为 140 005 万人，不论是只计算 2019 年当年还是从 2010 年开始计算，截止到 2019 年年末全国人口总数都为 140 005 万人，这一结果没有随着相应时间段的变化而变化。另一种解释为，由于某一时间点的数值有可能大于其之前某点的数值，也有可能小于其之前某点的数值，所以说时点指标数值的大小与时间间隔长短并无直接关系，并不会像时期数列一样，可能时期越长数值越大，具有一定的累积效果。

③ 时点数列中的数值一般是通过一定时期记录一次的方式取得的。

(3) 时期数列与时点数列的主要差异。

① 时期数列各数值可相加，且具有经济学意义，而时点数列则不能。

② 时期数列中每个指标数值大小与对应时期的长短有关，而时点数列则没有。

③ 时期数列各指标数值通过连续记录取得，而时点数列则是通过间断记录取得的。

2．相对指标(相对数)动态数列

相对指标动态数列又称相对数动态数列，是指按照时间顺序将某一相对指标进行排列后所形成的动态数列。它反映某现象在另一现象的基础上表现出的相对变化情况，说明某种社会(经济)现象的对比关系、结构形式和发展速度的变化过程。例如，在表 4-2 中，2010—2019 年全国女性人口比重就属于相对指标(相对数)动态数列。这一数列形式的特征与时点数列相似，即各指标数值不能相加，且相加无经济学意义。

3．平均指标(平均数)动态数列

平均指标动态数列又称平均数动态数列，是指按照时间顺序将某一平均指标进行排列后所形成的动态数列。它反映某现象在一定时期内的平均变化情况，说明某种社会(经济)现象的一般发展趋势。例如，在表 4-2 中，2010—2019 年城镇居民人均可支配收入就属于平均指标(相对数)动态数列。这一数列形式的特征也与时点数列相似，即各指标数值不能相加，且相加无经济学意义。但在计算序时平均数时，需要将其相加进行计算。

一般情况下，在进行相关紧急现象分析时，常将上述各动态数列组合使用，使分析结果更加全面及可信。

4.1.3 动态数列的编制原则

动态分析是以动态数列的编制为前提和基础的，其目的在于通过对动态数列中同一指标相关数据的对比来揭示社会现象发展的动态过程及规律变化。因此，可比性是编制任何动态数列的基本原则。具体表现在以下四个方面。

1．时期长短的一致性

因为作为动态数列的时期数列，其特征之一是每个指标数值大小与对应时期的长短成正比，即时期长短直接影响相应数值的大小，而一旦时期长短不一致，就会导致相应数据无法直接进行比较，所以一般情况下要求动态数列中时期长短应保持一致。而就时点数列来说，虽然其数值大小不受时期长短的影响，但为了便于比较，同时也为了便于找出现象发展的规律，原则上也要求时点数列的时间间隔保持一致。

相对指标(相对数)动态数列与平均指标(平均数)动态数列由于是在总量指标(绝对数)动态数列基础上演化而来的，因此三者也应在时期长短上保持一致。

2．总体范围的一致性

除时间要素影响动态数列相关数据以外，动态数列的取值范围也直接影响动态数列相关数据的大小。例如，研究某一城市的经济发展情况，前提是这一城市的行政区域无变化，因为行政区域一旦改变，其经济规模和形式等就会发生改变，造成前后数据的不可比，而需要通过一定的调整，统一总体范围后，才能进行对比。

3．指标内容的一致性

动态数列各指标数值，必须统一在同一含义或者内容的范畴内，才具有可比性。而不同内容及含义的指标，则不能编制在同一动态数列内。同时应注意，同一指标所处的环境和背景，在不同环境和背景下同一指标也会呈现出不同含义，致使可比性缺失。例如，私营企业与国营企业的经济内容存在一定差异，在很多时候不能单纯地将二者进行混合，进而以动态数列的形式来比较。

4．计算口径的一致性

对于同一动态数列而言，在进行比较分析时，保证计算方法、计量单位等计算口径的一致性，也是保证比较结果科学有效的前提。例如，在研究某企业产品合格率变化问题时，如果各时期的计算口径不一致，有的按合格品数量计算，有的按不合格品数量计算，有的按合格品率计算，有的按不合格品率计算。这样，各指标之间就失去了可比性，从而无法形成有效的动态数列，更无法通过比较说明该企业的产品合格率变化问题。

4.2　动态数列水平分析指标

在动态数列的分析中主要涉及两大类指标，即水平指标与速度指标。而本节所要讲述的水平指标又主要由发展水平、平均发展水平、增长量和平均增长量等指标构成。

4.2.1　发展水平

在动态数列中，以时间顺序排列的各项具体指标的数值称为发展水平，或者动态数列水平，常用 a_0，a_1，a_2，$\cdots$，a_n 表示。

发展水平既可以是总量指标，如国内生产总值、年末全国人口数等；也可以是相对指标，如女性人口比重等；还可以是平均指标，如城镇居民人均可支配收入等。在动态数列中处于首位的指标数值称为最初水平，一般用 a_0 表示，处于末位的指标数值称为最末水平，一般用 a_n 表示，而其余各指标数值称为中间水平。如果要比较动态数列中两个时间的发展水平，作为被对比时期的指标水平称为基础水平，作为对比时期的指标水平称为报告期水平或计算期水平。

如表 4-3 所示，2020 年下半年我国手机产量的最初水平为 7 月的 12 225.8 万台，而 12 月的 16 495.5 万台为最末水平，其余各数值为中间水平。如果用符号表示，则 7—12 月分别用 a_0, a_1, …, a_5 表示。如果将 12 月的手机产量与 7 月的手机产量进行对比，那么 7 月的手机产量就是基础水平，而 12 月的手机产量就是报告期水平或计算期水平。需要注意的是，在一组动态数列中虽然最初水平数值与最末水平的数值是固定的，但基础水平与报告期水平或计算期水平的数值却是不固定的，这与选取的对比时间点有关。

表 4-3 我国 2020 年下半年各月手机产量

单位：万台

月 份	7月	8月	9月	10月	11月	12月
产 量	12 225.8	13 120.1	14 877.8	13 101.3	14 966.3	16 495.5

资料来源：中商产业研究院数据库

4.2.2 平均发展水平

平均发展水平是指将动态数列中不同时期的发展水平加以平均而得到的平均数，反映的是某一现象在某一时间段内的一般发展水平。

要注意的是，平均发展水平与一般平均数存在着一定的差异，主要表现在以下方面。

① 平均发展水平是某一现象在不同时期中发展水平的平均数，是某一现象总体在不同时期上的数量表现，是从动态上说明其在某一时期内发展的一般水平；而一般平均数是同类型总体各单位同一时间的变量值的平均，用以反映总体在具体历史条件下的一般水平。

② 平均发展水平是根据动态数列计算出的某一现象在不同时间上数值差异的抽象化，而一般平均数是根据分配数列计算出的同一时间总体某一数量标志值差异的抽象化。

需要特别指出，平均发展水平在解决某些动态数列的可比性问题上具有特定优势。例如，由于各自然月的天数不同，会造成企业每月产品生产总量的差异，如果通过计算各月的平均日产量指标来进行比较，则各数值就具备了可比性，且更能反映出产品产量的发展变化情况。

平均发展水平(序时平均数)的计算既可以根据绝对指标(绝对数)动态数列来计算，也可以根据相对指标(相对数)动态数列和平均指标(平均数)动态数列来计算。

1. 总量指标动态数列平均发展水平计算

总量指标动态数列可以理解为绝对指标(绝对数)动态数列，而其平均发展水平的计算也是基于绝对指标(绝对数)动态数列来展开的。由于绝对指标动态数列又分为时期数列与时点数列两类，所以其具体计算方法也存在着一定的差别。

(1) 用时期数列计算平均发展水平(序时平均数)。

由于时期数列中各项指标数值之和等于全部时期的总量,因此,用时期数列计算序时平均数时,通过简单的加和后计算平均数即可。具体计算公式为:

$$\bar{a} = \frac{\sum a}{n} = \frac{a_1 + a_2 + \cdots + a_{n-1} + a_n}{n} \tag{4-1}$$

式中,$\bar{a}$ 表示平均发展水平;a 表示发展水平;n 表示时期数。

【例 4-1】根据表 4-3 我国 2020 年下半年各月手机产量动态数列,计算我国 2020 年下半年平均月手机产量。

解:

$$\bar{a} = \frac{\sum a}{n} = \frac{12\,225.8 + 13\,120.1 + \cdots + 16\,495.5}{6} \approx 14\,131.1(万台)$$

所以,我国 2020 年下半年平均月手机产量为 14 131.1 万台。

(2) 用时点数列计算平均发展水平。

由于时点数列本身的复杂性,需要将时点数列分为连续时点数列和间断时点数列。这里的连续时点数列意味着任意相邻两个指数的时间间隔相同,即计数的频率相同,在实际社会经济统计中一般以"一天"作为最小的时间单位。而在实际生活中,并非所有现象都能够保持相同时间间隔统计,那这些并非按照相同时间间隔统计的指标数值,称为间断时点数列。

① 用连续时点数列计算平均发展水平。

在连续时点数列中,有连续变动和非连续变动两种情况。

A. 用连续变动的连续时点数列计算平均发展水平。

如果连续时点数列每日的指标数值都有变动,则该数列被称为连续变动的连续时点数列。其计算方法与用时期数列计算平均发展水平的公式相似。具体计算公式为:

$$\bar{a} = \frac{\sum a}{n} \tag{4-2}$$

例如,某企业一个月内每日产品的生产数量已知,要计算该月的平均日产量,可以先将每日产品生产数量相加,再除以该月实际天数即可。

B. 用非连续变动的连续时点数列计算平均发展水平。

如果连续时点数列并非每日的指标数值都有变动,而是间隔几天变动一次,则该数列被称为非连续变动的连续时点数列。其计算需采用加权算术平均法来计算。具体计算公式为:

$$\bar{a} = \frac{\sum af}{\sum f} \tag{4-3}$$

例如,某企业某月(为 30 天)1 日产品的生产数量为 600,11 日开始为 618 个,16 日又下降为 610 个,则该企业该月日产品的生产数量为:

$$\bar{a} = \frac{600 \times 10 + 618 \times 5 + 610 \times 15}{10 + 5 + 15} = 608(个)$$

② 用间断时点数列计算平均发展水平。

在间断时点数列中，有间隔相等和间隔不等两种情况。

A. 用间隔相等的间断时点数列计算平均发展水平。

在实际工作中，为了简化登记手续，对具有时点性质的指标往往采取每隔一段时间登记一次的做法，如销售企业中商品的库存、流动资金占用额等，这些指标只需统计月末数字即可，这就组成了间隔相等的间断时点数列。对这类数列，采用简单算术平均法计算平均发展水平即可。

【例 4-2】根据表 4-4，计算某企业 2020 年第四季度商品平均库存量。

表 4-4　某企业 2020 年第四季度商品库存量

单位：台

月　　份	9 月	10 月	11 月	12 月
库 存 量	105	99	111	107

解：先计算 10—12 月的月平均库存量，假设任意某月月初库存量与上月月末库存相等，则计算结果为：

$$10月平均库存量 = \frac{105+99}{2} = 102(台)$$

$$11月平均库存量 = \frac{99+111}{2} = 105(台)$$

$$12月平均库存量 = \frac{111+107}{2} = 109(台)$$

再计算第二次平均数：

$$第四季度平均库存量 = \frac{102+105+109}{3} \approx 105.3(台)$$

也可将上述两步骤合并，简化为：

$$第四季度平均库存量 = \frac{\frac{105+99}{2}+\frac{99+111}{2}+\frac{111+107}{2}}{3} \approx 105.3(台)$$

所以，用间隔相等的间断时点数列计算平均发展水平的公式可以概括为：

$$\bar{a} = \frac{\frac{a_1+a_2}{2}+\frac{a_2+a_3}{2}+\cdots+\frac{a_{n-1}+a_n}{2}}{n-1} = \frac{\frac{a_1}{2}+a_2+a_3+\cdots+a_{n-1}+\frac{a_n}{2}}{n-1} \tag{4-4}$$

式中，$\bar{a}$ 表示平均发展水平；a 表示发展水平；n 表示时期数。该方法也称"首末折半法"。

B. 用间隔不等的间断时点数列计算平均发展水平。

在时点数列中，当相邻两个时间间隔不等时，计算其平均发展水平需计算各时期发展水平后乘以相应加权系数再加和，最后求总体平均数，即为总体平均发展水平。具体计算公式为：

$$\bar{a} = \frac{\frac{a_1+a_2}{2}f_1+\frac{a_2+a_3}{2}f_2+\cdots+\frac{a_{n-1}+a_n}{2}f_{n-1}}{\sum f} \tag{4-5}$$

式中，$\bar{a}$ 表示平均发展水平；a_i 表示发展水平；n 表示时期数；f_i 表示时间点间隔长度。

【例 4-3】 根据表 4-5，计算某企业 2020 年商品平均库存量。

表 4-5 某企业 2020 年商品库存量

单位：台

月　　份	1 月 1 日	3 月 1 日	8 月 1 日	10 月 1 日	12 月 31 日
库 存 量	100	110	106	112	116

解：先计算各时间段平均库存量，然后以时间间隔长度为权数计算加权算术平均数，即可得某企业 2020 年商品平均库存量，所以计算结果为：

$$\bar{a} = \frac{\dfrac{a_1+a_2}{2}f_1 + \dfrac{a_2+a_3}{2}f_2 + \cdots + \dfrac{a_{n-1}+a_n}{2}f_{n-1}}{\sum f}$$

$$= \frac{\dfrac{100+110}{2}\times 2 + \dfrac{110+106}{2}\times 5 + \dfrac{106+112}{2}\times 2 + \dfrac{112+116}{2}\times 3}{2+5+2+3}$$

$$= \frac{210+540+218+342}{12} \approx 109.2(台)$$

即该企业 2020 年商品平均库存量约为 109.2 台。

2. 相对指标或平均指标动态数列平均发展水平计算

由于相对指标或平均指标动态数列的各项指标都是由两个总量指标对比计算出来的，属于派生数列，所以对这类数列进行发展水平计算不能根据数列中各发展水平直接计算，应先分别计算分子数列与分母数列的平均发展水平，再通过对比求得最终结果。具体计算公式为：

$$\bar{c} = \frac{\bar{a}}{\bar{b}} \tag{4-6}$$

式中，$\bar{c}$ 表示相对指标或平均指标的平均发展水平；$\bar{a}$ 表示分子数列发展水平；$\bar{b}$ 表示分母数列平均发展水平。就分子与分母数列来说，既可以是时期数列，也可以是时点数列。

（1）用两个时期数列对比而成的相对数或平均数动态数列计算平均发展水平。

【例 4-4】 根据表 4-6，计算某企业 2020 年第四季度生产计划完成情况。

表 4-6 某企业 2020 年第四季度生产计划完成情况表

月　　份	10 月	11 月	12 月
生产量(台)	300	355	411
计划量(台)	300	350	400
计划完成率(%)	100	101	103

解：因为各时段相关数据相加后为整体时间所产生的总数据，所以将加和后的结果看作一个整体的话，计算结果为：

$$\bar{c} = \frac{\bar{a}}{\bar{b}} = \frac{\sum \dfrac{a}{b}\cdot b}{\sum b} = \frac{\sum a}{\sum b} \tag{4-7}$$

代入表中数据，得：

$$第四季度生产计划平均完成情况 = \frac{300+355+411}{300+350+400} = \frac{1\,066}{1\,050} \approx 101.52\%$$

即该企业 2020 年第四季度生产计划完成量约为计划量的 101.52%。

(2) 用两个时点数列对比而成的相对数或平均数动态数列计算平均发展水平。

① 间隔相等的时点数列。

其公式为：

$$\bar{c} = \frac{\bar{a}}{\bar{b}} = \frac{\dfrac{\dfrac{a_1}{2}+a_2+\cdots+\dfrac{a_n}{2}}{n-1}}{\dfrac{\dfrac{b_1}{2}+b_2+\cdots+\dfrac{b_n}{2}}{n-1}} = \frac{\dfrac{a_1}{2}+a_2+\cdots+\dfrac{a_n}{2}}{\dfrac{b_1}{2}+b_2+\cdots+\dfrac{b_n}{2}} \tag{4-8}$$

【例 4-5】根据表 4-7，计算某企业 2020 年第四季度管理者占全体员工的平均比重。

表 4-7　某企业 2020 年第四季度理者占全体员工的比重

月　　份	9月30日	10月31日	11月30日	12月31日
管理者(人)	102	108	115	120
全体员工(人)	590	600	620	635
管理者比例(%)	17.3	18.0	18.5	18.9

$$第四季度管理者占全体员工的平均比重 = \frac{\dfrac{102}{2}+108+115+\dfrac{120}{2}}{\dfrac{590}{2}+600+620+\dfrac{635}{2}}$$

$$= \frac{334}{1\,832.5} \approx 18.2\%$$

即该企业 2020 年第四季度管理者占全体员工的平均比重约为 18.2%。

② 间隔不等的时点数列。

这里需要先计算分子与分母各自的加权平均数，然后再进行比较。其公式为：

$$\bar{c} = \frac{\bar{a}}{\bar{b}} = \frac{\left(\dfrac{a_1+a_2}{2}f_1+\dfrac{a_2+a_3}{2}f_2+\cdots+\dfrac{a_{n-1}+a_n}{2}f_{n-1}\right) \div \sum f}{\left(\dfrac{b_1+b_2}{2}f_1+\dfrac{b_2+b_3}{2}f_2+\cdots+\dfrac{b_{n-1}+b_n}{2}f_{n-1}\right) \div \sum f} \tag{4-9}$$

(3) 用一个时点数列和一个时期数列对比而成的相对数或平均数动态数列计算平均发展水平。

【例 4-6】根据表 4-8，计算某企业 2020 年第四季度平均月劳动生产率。

表 4-8　某企业 2020 年第四季度月劳动生产率

月　　份	9月30日	10月31日	11月30日	12月31日
总产量(台)	5 320	5 480	5 590	5 760
月末职工人数(人)	230	234	240	242
劳动生产率(台/人)	23.1	23.4	23.3	23.8

解：由表 4-8 可知，总产量动态数列为时期数列，职工人数动态数列是间隔相等间断时点数列，则平均月劳动生产率为：

$$\bar{c}=\frac{\bar{a}}{\bar{b}}=\frac{(5\,480+5\,590+5\,760)\div 3}{\left(\dfrac{230}{2}+234+240+\dfrac{242}{2}\right)\div(4-1)}\approx 23.7(台/人)$$

即该企业的平均月劳动生产率约为 23.7 台/人。

4.2.3 增长量与平均增长量

1. 增长量

增长量是说明社会经济现象在一定时期内所增长的绝对数量，它取决于报告期水平和基期水平之差，反映的是基期水平的增长情况。其公式为：

$$增长量 = 报告期水平 - 基期水平 \tag{4-10}$$

由于基期性质的不同，增长量可分为逐期增长量和累计增长量。

逐期增长量是指报告期水平与前一期水平之差，报告期前一期水平相当于当前报告期水平的基期，它表明本期比上一期增长的绝对数量。其公式为：

$$逐期增长量：a_1-a_0,\ a_2-a_1,\cdots,\ a_n-a_{n-1} \tag{4-11}$$

累计增长量是指报告期水平与最初期水平或某一固定时期水平之差，最初期水平或某一固定时期水平相当于当前报告期水平的基期，它表明本期比最初期水平或某一固定时期水平增长的绝对数量。其公式为：

$$累计增长量：a_1-a_0,\ a_2-a_0,\cdots,\ a_n-a_0 \tag{4-12}$$

逐期增长量与累计增长量之间的关系是累计增长量等于各逐期增长量之和，即

$$(a_1-a_0)+(a_2-a_1)+\cdots+(a_n-a_{n-1})=(a_n-a_0) \tag{4-13}$$

2. 平均增长量

平均增长量是说明在一定时期内某一经济现象的平均每期增长数量，是各逐期增长量的平均数。它既可以由逐期增长量求得，也可以由累计增长量求得，其公式为：

$$平均增长量=\frac{逐期增长量之和}{逐期增长量个数}=\frac{累积增长量}{动态数列项数-1} \tag{4-14}$$

【例 4-7】根据表 4-9，计算某企业 2020 年四个季度平均生产增长量。

表 4-9　某企业 2020 年各季度产量表

单位：台

季　　度	一季度	二季度	三季度	四季度
总产量	5 320	5 480	5 590	5 760
逐季增长量	—	160	110	170
累计增长量	0	160	270	440

解：

$$四个季度平均生产增长量 = \frac{160+110+170}{3} = \frac{440}{3} \approx 146.7(台)$$

或

$$= \frac{440}{4-1} \approx 146.7(台)$$

即该企业 2020 年四个季度平均生产增长量约为 146.7 台。

4.3 动态数列速度分析指标

动态数列的速度分析指标是反应某一现象在某段时间内发展变化快慢程度的指标，主要包含发展速度、平均发展速度、增长速度与平均增长速度四种，且四者间具有高度关联性，其中以发展速度作为基本分析指标。

4.3.1 发展速度与平均发展速度

1. 发展速度

发展速度是描述现象发展程度的相对指标，其计算结果是报告期水平与基期水平的比值，一般以百分数或倍数形式表示。其公式为：

$$发展速度 = \frac{报告期水平}{基期水平} \quad 或 \quad = \frac{报告期水平}{基期水平} \times 100\% \tag{4-15}$$

而根据基期的不同，又把发展速度分为定基发展速度和环比发展速度两类。

(1) 定基发展速度。

定基发展速度指以最初时期或某一固定时期水平作为基期，以报告期水平与基期的比值来解释现象在总的观察期内的发展变化程度，因此也被称为"总速度"。其公式为：

$$定基发展速度 = \frac{a_1}{a_0}, \frac{a_2}{a_0}, \cdots, \frac{a_n}{a_0} \tag{4-16}$$

式中，a_n 表示报告期水平；a_0 表示最初(固定)时期水平。

(2) 环比发展速度。

环比发展速度指以上一时期水平作为基期，以报告期水平与基期的比值来解释现象逐期的发展变化程度。其公式为：

$$环比发展速度 = \frac{a_1}{a_0}, \frac{a_2}{a_1}, \cdots, \frac{a_n}{a_{n-1}} \tag{4-17}$$

式中，a_n 表示报告期水平；a_{n-1} 表示报告期前一时期水平。

定基发展速度与环比发展速度具有一定的关联，具体表现在以下两点。

① 定基发展速度等于该时期内环比发展速度的连乘积。即

$$\frac{a_n}{a_0} = \frac{a_1}{a_0} \times \frac{a_2}{a_1} \times \cdots \times \frac{a_n}{a_{n-1}} \tag{4-18}$$

② 两个相邻定基发展速度的比值等于这两个时期的环比发展速度。即

$$\frac{a_n}{a_0} \div \frac{a_{n-1}}{a_0} = \frac{a_n}{a_{n-1}} \qquad (4\text{-}19)$$

根据上述关系，可以进行速度的相互推算。

2. 平均发展速度

平均发展速度是各期环比发展速度的序时平均数，说明某现象在一定时期内的平均发展变化程度。就其计算方法而言，主要分为几何平均法和方程法，这里主要介绍几何平均法。

计算平均发展速度时，因为总速度不能通过各期环比发展速度求和来获得，而是通过各期环比发展速度的连乘积而获得，所以我们不能采用简单的算术平均法，而要采用几何平均法来计算。其公式为：

$$\overline{X} = \sqrt[n]{\frac{a_1}{a_0} \times \frac{a_2}{a_1} \times \cdots \times \frac{a_n}{a_{n-1}}} = \sqrt[n]{\frac{a_n}{a_0}} \qquad (4\text{-}20)$$

式中，$\overline{X}$ 表示平均发展速度；n 表示环比发展速度的个数，它由观察数据项数减 1 获得。

仍以表 4-9 某企业 2020 年各季度产量表为例，根据最初水平与最末水平计算平均发展速度。

$$\overline{X} = \sqrt[n]{\frac{a_n}{a_0}} = \sqrt[3]{\frac{5\,760}{5\,320}} \approx 102.7\%$$

即平均生产率提升速度约为 102.7%。

4.3.2 增长速度与平均增长速度

1. 增长速度

增长速度是表明现象增长程度的相对指标，是增长量与相对水平之比。它既可以根据增长量求得，也可以根据发展速度求得。其公式为：

$$增长速度 = \frac{增长量}{基期水平} \times 100\% = \frac{报告期水平 - 基期水平}{基期水平} \times 100\% = 发展速度 - 1 \qquad (4\text{-}21)$$

而根据基期的不同，仍需把增长速度分为定基增长速度和环比增长速度两类。定基增长速度是累计增长量与某一固定时期水平之比，反映现象在较长时期内总的增长程度。环比增长速度是逐期增长量与前一期水平之比，反映现象逐期的增长程度。而二者本身无法进行互相换算。如果想用环比增长速度推算定基增长速度，需要先将环比增长速度加1(此时环比增长速度变为环比发展速度)，再将结果连乘，最后将结果减1，可得到定基增长速度。其公式为：

$$定基增长速度 = 定基发展速度 - 1 或 100\% \qquad (4\text{-}22)$$

$$环比增长速度 = 环比发展速度 - 1 或 100\% \qquad (4\text{-}23)$$

由公式可以看出，增长速度的正负取决于发展速度是大于 1 还是小于 1，当发展速度大于1时，增长速度为正，说明某现象"增加了"；而当发展速度小于1时，增长速度为负，说明某现象"降低了"。

2．平均增长速度

平均增长速度是各期环比增长速度的平均发展水平，说明现象在一定时期内逐期平均增长的变化程度。而根据增长速度与发展速度之间的运算关系，其公式为：

$$\text{平均增长速度} = \text{平均发展速度} - 1\text{或}100\% \quad (4\text{-}24)$$

由公式可以看出，增长速度的正负仍取决于发展速度是大于1还是小于1，当发展速度大于1时，增长速度为正，说明某现象在一个较长时期内逐期平均递增，将该速度称为平均递增速度或平均递增率；而当发展速度小于1时，增长速度为负，说明某现象在一个较长时期内逐期平均递减，将该速度称为平均递减速度或平均递减率。

4.3.3 计算和运用速度相关指标应注意的问题

虽然在描述社会经济现象的发展特征上速度相关指标具有一定的优势，且运算与比较相对简单，但在实际应用中仍存在一些使用上的误区。因此，在使用速度指标分析和解释经济现象时，应当注意以下方面问题。

(1) 当动态数列的组成中有0或者负数出现时，不应直接计算速度。因为对这类动态数列进行速度计算，既不符合数学公理，又不具备实际意义。这种情况下采用绝对数分析是较好的方法。

(2) 单纯的速度计算结果具备一定的说明局限，需要结合与基期的绝对水平来进行判断。通常以计算增长1%的绝对值来进行补充说明。增长1%的绝对值指速度每增加1%而增加的绝对数量，其公式为：

$$\text{增长}1\%\text{绝对值} = \frac{\text{前期水平}}{100} \quad (4\text{-}25)$$

【例4-8】根据表4-10比较A、B两工厂的业绩，假设两工厂的生产条件基本相同。

表4-10 A、B两工厂生产状况表

年 份	A 厂 生产量(台)	A 厂 增长速度(%)	B 厂 生产量(台)	B 厂 增长速度(%)
2019	2 000	—	120	—
2020	2 400	20	168	40

解：就表格内数据分析，根据速度指标数据判断B厂的生产增长速度是A厂的2倍。如果就此判断B厂的生产率好于A厂就会产生偏差。原因是通过进一步计算两工厂速度增长1%所增加的产量绝对额，发现A厂增长1%的绝对产量为20台，而B厂增长1%的绝对产量仅为1.2台，可见A厂的生产率远高于B厂。

(3) 计算方法的选择要依据统计研究目的而定。当目的在于考察最末期发展水平而非各期水平总和时，应采用几何平均法，而相反情况则应选用方程法。

4.4 长期趋势的测定与预测

动态数列反映现象的发展变化受到多种因素的影响,是多种因素共同作用的结果。而各种不同因素自身的作用及重要性不同,相应的影响效果也不同,也有主次之分,进而形成不同的动态数列。根据影响因素的性质及作用不同,动态数列反映现象大致可分为四类:长期趋势(T),指各个时期普遍和长期起作用的基本因素引起的变动,是现象按一定方向不断长期发展变化所形成的趋势;周期变动(C),也称循环变动,指某现象在较长时间内反复高低变化的一种变动,是一种规律性的盛衰交替变动;季节变动(S),指由自然季节变换和社会习俗等因素引起的规律性周期波动,一般以年为周期产生变化起伏;不规则变动(I),也称偶然变动,指由社会或自然的临时或偶然因素所引发的非趋势性、非周期性变动,一般可以用来泛指除上述三种变动以外的变动。如果根据四种变动因素不同的相互关系进行假设和说明,可分为加法模式变动和乘法模式变动。

加法模式:将动态数列的总变动设为 Y,当四种变动因素之间的关系是相互独立时,动态数列总变动为各因素之和,即

$$Y = T + S + C + I \tag{4-26}$$

式中,Y、T 表示总量指标;S、C、I 表示季节变动、周期变动、不规则变动对长期趋势产生的偏差,可能为正值,也可能为负值。

乘法模式:将动态数列的总变动设为 Y,当四种变动因素之间的关系是相互影响时,动态数列总变动为各因素之积,即

$$Y = T \cdot S \cdot C \cdot I \tag{4-27}$$

式中,Y、T 表示总量指标;S、C、I 表示比率,需用百分数表示。

在实际应用中,虽然两种模式都有应用,但相对来说乘法模式的假设更能反映现象变化的性质,所以乘法模式使用得更加广泛,本章分析主要以乘法模式为例。

4.4.1 长期趋势测定与预测的意义

长期趋势本身就是针对某现象在一个相当长时间内持续变动(向上或向下)趋势的研究。而通过排除短期性的及偶然性的因素影响,来研究和分析现象变动的总趋势是动态数列分析的重要任务之一。

测定长期趋势的主要目的有以下几点:首先,可以把握现象的趋势变化;其次,通过数量研究寻找现象规律,通过生成趋势曲线为统计预测做准备;最后,长期趋势的测定可以有效消除原有动态数列中长期趋势的影响,可以更准确地显示和测定季节性变动。

长期趋势的基本形式主要分为两种,即直线趋势和非直线(曲线)趋势。当现象在一个相当长时期内呈现比较稳定的变动(上升或下降),且其变动轨迹为一条直线时,称为直线趋势。而当现象在一个相当长时期内呈现出的变动轨迹为抛物线或指数曲线等形式时,称为非直线(曲线)趋势。直线趋势的变化率或斜率基本不变,而非直线(曲线)趋势的变化率或斜率则是变化的。

研究现象的长期趋势，需要对现有动态数列进行长期趋势的测定。而测定长期趋势的主要方法有间隔扩大法、移动平均法和最小平方法。

4.4.2 间隔扩大法

间隔扩大法是一种简单的测定直线趋势的方法。间隔扩大法是指将动态数列间隔扩大，使部分项数合并，从而得到新的动态数列。这种方法常用于现有动态数列变化规律不明显时，同时这种方法可以部分抵消数据的不规则变动，包括季节变动和周期变动也适用于这种方法。

【例 4-9】 根据表 4-11，计算某企业 2020 年产品产量的长期趋势。

表 4-11　某企业 2020 年各月产量表

月　份	1	2	3	4	5	6	7	8	9	10	11	12
产量(台)	124	146	138	168	164	152	190	178	188	196	212	186

解：通过表 4-11 可以看出，该企业月产品生产量变化不明显且不均匀，研究发现通过该数列无法清晰准确地反映该企业 2020 年产品生产的变动趋势。所以现将该数列间隔扩大为以季为单位，将间隔由原来的 1 个月扩大为 3 个月，经重新整理得到表 4-12。

表 4-12　某企业 2020 年各季度产量表

季　度	一	二	三	四
产量(台)	408	484	556	594

通过表 4-12 可以看出，间隔扩大后新数列呈现出了较为明显的长期变化趋势，即 2020 年该企业的产品产量呈现增长的变化趋势。除了加和的方式扩大间隔，还可以运用平均数的方式来编制新的动态数列。根据平均数计算的话，表 4-11 还可以整理为表 4-13。

表 4-13　某企业 2020 年各季度平均产量表

季　度	一	二	三	四
产量(台)	136	161.3	185.3	198

通过表 4-13 同样可以看出，2020 年该企业的产品产量呈现增长的变化趋势。

4.4.3 移动平均法

移动平均法也是一种常见的长期趋势测定方法，该方法采用逐项递推移动法，通过计算一系列移动的平均发展水平(序时平均数)，从而生成一个新的动态数列，使长期趋势显现出来。这种方法同间隔扩大法一样，可以一定程度地抵消数据的不规则变动，包括季节变动和周期变动等。而与间隔扩大法相比，移动平均法在防止数据大量丢失上具有更大的优势。

而应用移动平均法进行长期趋势分析时，应注意以下几方面内容：首先，移动平均法修匀的项数越多，其趋势线越平滑，效果越好；其次，原有动态数列如存在循环周期，则移动平均的项数应以循环周期的长度为准，这样可以最大程度地将周期波动消除；再次，移动平均法采用移动奇数项比移动偶数项简单，原因是奇数项移动后所得新值可以与原值对应，而偶数项移动后其所得新值处在两个原值中间,所以采用偶数项移动的平均值需再次进行两项"移正平均";最后,移动平均后的数列在总项数上要少于原数列。

【例4-10】根据表4-11,用移动平均法计算某企业2020年产品产量的长期趋势。

解:将表4-11利用移动平均法重新整理后得到表4-14。

表4-14 某企业2020年各月产量移动平均法计算表

月 份	产量(台)	三项移动平均数	五项移动平均数
1	124	—	—
2	146	136	—
3	138	150.7	148
4	168	156.7	153.6
5	164	161.3	162.4
6	152	168.7	170.4
7	190	173.3	174.4
8	178	185.3	180.8
9	188	187.3	192.8
10	196	198.7	192
11	212	198	—
12	186	—	—

从上述结果可以看出,无论是三项移动平均数还是五项移动平均数,都比原来的动态数列更加清晰地表现出了现象的发展趋势,从表中的两个新动态数列可以明显看出某企业的产品生产产量呈现增长的变化趋势。

4.4.4 最小平方法

最小平方法又称最小二乘法,是通过一定的数学模型通过一条适当的趋势曲线对原有动态数列进行修匀。根据最小平方法的原理,这条趋势线必须满足最基本的要求,即原有数列的实际数值与趋势线的估计数值的离差平方之和为最小。其公式为:

$$\sum (y-y_c)^2 \rightarrow 最小值 \tag{4-28}$$

式中,y表示原数列的实际数值;y_c表示趋势线的估计数值。

由于长期趋势有直线型和曲线型的区别,而最小平方法既可以配合直线趋势,也可以配合曲线趋势,因此它是分析长期趋势十分普遍和理想的方法。

1. 直线趋势方程

如果现象的逐期增长量基本相等,则可考虑配合直线趋势方程。直线趋势方程的一般形式为:

$$y_c = a + bt \tag{4-29}$$

式中,a表示截距;b表示直线的斜率;t表示时间。

在上述直线趋势方程中,a、b为两个未定参数,依据最小平方法的要求,可用求偏导数的方法,导出以下联立方程组:

$$\begin{cases} \sum y = na + b\sum t \\ \sum ty = a\sum t + b\sum t^2 \end{cases} \quad (4\text{-}30)$$

式中，t 表示动态数列的时间；y 表示动态数列中各期水平；n 表示动态数列的项数。

为了方便计算，可以通过假设时间 t 使 a、b 两个参数的求解简化。具体方法是通过设定 t 的时间序号使 $\sum t = 0$。当动态数列为奇数项时，可假设 t 的中间项为 0，使动态数列时间依次为：$\cdots,-3,-2,-1,0,1,2,3,\cdots$；当动态数列为偶数项时，可假设 t 的中间两项中点为 0，使动态数列时间依次为：$\cdots,-5,-3,-1,0,1,3,5,\cdots$。则联立方程组简化为：

$$\begin{cases} \sum y = na \\ \sum ty = b\sum t^2 \end{cases} \text{或} \begin{cases} a = \dfrac{\sum y}{n} \\ b = \dfrac{\sum ty}{\sum t^2} \end{cases} \quad (4\text{-}31)$$

【例 4-11】根据表 4-15，用最小平方法进行长期趋势预测。

表 4-15　某商场客流量的最小平方法计算表

年　份	客流量(千人)	t	t^2	ty	y_c
2014	200	1	1	200	187.5
2015	240	2	4	480	230.7
2016	260	3	9	780	273.9
2017	300	4	16	1 200	317.1
2018	350	5	25	1 750	360.4
2019	410	6	36	2 460	403.6
2020	460	7	49	3 220	446.8
合计	2 220	28	140	10 090	2 220.0

虽然上表用最小平方法可以正常计算出长期趋势，但是过程比较烦琐，根据简化方程的方法，可以把上表进一步简化为表 4-16 的形式。

表 4-16　某商场客流量的最小平方法计算表(简化版)

年　份	客流量(千人)	t	t^2	ty	y_c
2014	200	−3	9	−600	187.5
2015	240	−2	4	−480	230.7
2016	260	−1	1	−260	273.9
2017	300	0	0	0	317.1
2018	350	1	1	350	360.4
2019	410	2	4	820	403.6
2020	460	3	9	1 380	446.8
合计	2 220	0	28	1 210	2 220.0

解： 计算过程如表 4-16 所示。

$$a = \frac{\sum y}{n} = \frac{2220}{7} \approx 317.1$$

$$b = \frac{\sum ty}{\sum t^2} = \frac{1210}{28} \approx 43.2$$

将 a、b 两个参数代入直线趋势方程，得 $y_c = 317.1 + 43.2t$。

此时，通过上述直线趋势方程可计算各年趋势值，而由表 4-15 和表 4-16 可知，两种方法的各年趋势值计算结果相同。

2. 抛物线（曲线）趋势方程

如果现象的逐期增长量的增长量（各期的二级增长量）基本相等，则可考虑配合抛物线趋势方程。抛物线趋势方程的一般形式为：

$$y_c = a + bt + ct^2 \tag{4-32}$$

在抛物线趋势方程中，有 a、b、c 三个未定参数，依据最小平方法的要求，同样可用求偏导数的方法，导出以下联立方程组：

$$\begin{cases} \sum y = na + b\sum t + c\sum t^2 \\ \sum ty = a\sum t + b\sum t^2 + c\sum t^3 \\ \sum t^2 y = a\sum t^2 + b\sum t^3 + c\sum t^4 \end{cases} \tag{4-33}$$

通过求解上述方程组，可得到 a、b、c 三个参数值，将其代入抛物线趋势方程中，即可求得趋势值与预测值。

同样，为了方便计算，通过使 $\sum t = 0, \sum t^3 = 0$，仍可得到简化的联立方程组：

$$\begin{cases} \sum y = na + c\sum t^2 \\ \sum ty = b\sum t^2 \\ \sum t^2 y = a\sum t^2 + c\sum t^4 \end{cases} \tag{4-34}$$

【例 4-12】根据表 4-17，用最小平方法进行长期趋势预测。

表 4-17　某企业近年产品产量（台）

年　份	产量（台）	逐年增长量	二级增长量
2012	988	—	—
2013	1 012	24	—
2014	1 034	22	−2
2015	1 080	46	24
2016	1 126	46	9
2017	1 179	53	7
2018	1 239	60	7
2019	1 307	68	8
2020	1 382	75	7

根据表 4-17 可以看出，该企业产品产量的二级增长量大体相等，所以该资料的趋势比较接近抛物线趋势模型，根据简化方程的方法，可以把表 4-17 进一步简化为表 4-18 的形式。

表 4-18 某企业近年产品产量的最小平方法计算表(简化版)

年 份	产量(台)	t	t^2	ty	t^2y	t^4	y_c
2012	988	−4	16	−3 952	15 808	256	988.5
2013	1 012	−3	9	−3 036	9 108	81	1 011.1
2014	1 034	−2	4	−2 086	4 136	16	1 041.3
2015	1 080	−1	1	−1 080	1 080	1	1 079.1
2016	1 126	0	0	0	0	0	1 124.5
2017	1 179	1	1	1 179	1 179	1	1 177.5
2018	1 239	2	4	2 478	4 956	16	1 238.1
2019	1 307	3	9	3 921	11 763	81	1 306.3
2020	1 382	4	16	5 528	22 112	256	1 382.1
合计	10 347	0	60	2 952	70 142	708	10 348.5

解：将相关数据带入联立方程可得：

$$\begin{cases} 10\,347 = 9a + 60c \\ 2\,952 = 60b \\ 70\,142 = 60a + 708c \end{cases}$$

解得：

$$\begin{cases} a = 1124.5 \\ b = 49.2 \\ c = 3.8 \end{cases}$$

将 a、b、c 三个参数代入抛物线趋势方程，得 $y_c = 1124.5 + 49.2t + 3.8t^2$。

此时，通过上述直线趋势方程可计算各年趋势值，假如要预测 2021 年的产量，即当 $t = 5$ 时，由公式可知

$$y_c = 1124.5 + 49.2 \times 5 + 3.8 \times 5^2 = 1\,465.5(台)$$

即预计 2021 年该企业的产品生产量为 1 465.5 台。

3. 指数曲线趋势方程

如果现象的各期增长量基本相等，即环比发展速度或环比增长速度基本相等，则可考虑配合指数曲线趋势方程。指数曲线趋势方程的一般形式为：

$$y_c = ab^t \tag{4-35}$$

式中，a 表示动态数列的基期水平；b 表示现象的一般发展速度；t 表示动态数列的时间。

通过曲线趋势方程分析长期趋势时，一般先通过指数方程取对数的方式将其转化为直线方程，然后通过直线趋势模型确定各相关参数，最后通过对直线方程查反对数表进行还原。

先对上述方程两端取对数，得

$$\lg y_c = \lg a + t \lg b \tag{4-36}$$

设 $\lg y_c = Y$，$\lg a = A$，$\lg b = B$，则 $Y = A + Bt$。

应用最小方程法求联立方程组为：

$$\begin{cases} \sum Y = nA + B\sum t \\ \sum tY = A\sum t + B\sum t^2 \end{cases} \tag{4-37}$$

同样设 $\sum t = 0$，则可将联立方程组简化为：

$$\begin{cases} \sum Y = nA \\ \sum tY = B\sum t^2 \end{cases} \tag{4-38}$$

通过求解联立方程组 A、B 的值，之后按照反对数表差得 a、b 的值，并代入曲线趋势模型公式即可得到曲线趋势方程。利用该方程即可对相关动态数列进行预测。

4.5 季节变动的测定与预测

在一个动态数列中，除具有长期趋势外，往往还具有季节变动，而季节变动是影响动态数列波动的重要因素。例如，冷饮、短袖的销量夏天就要高于其他季节，保温杯、棉衣的销量冬天就较高。而研究季节变动的意义就在于掌握现象随季节变动的规律，为劳动力、原材料等储备和使用提供一定的预测依据，从而减少季节变动对经济生产和生活的影响。

测定季节变动的方法有很多，以按照是否考虑长期趋势的影响来看可分为两种：一是忽略长期趋势影响，直接测定原动态数列的按月平均法；二是不忽略长期趋势影响，测定消除长期趋势影响后动态数列的移动平均趋势剔除法。两者都是测定季节变动的常用方法，但不管选择哪种方法计算季节变动，前提是都需要连续多年的资料作为基础，一般要求至少 3 年，这样才能更好地消除偶然因素的影响，从而更加准确和客观地描述现象的季节变动规律。

4.5.1 按月平均法

按月平均法又称按季平均法或简单平均法，这与选择的动态数列各指数周期有关，具体计算步骤如下。

(1)将各年同月(季)的数值进行列表。
(2)计算各年同月(季)的平均数。
(3)将所有月(季)数值加总，计算全期平均数。
(4)用月(季)平均数除以全期平均数，求得季节指数(或季节比率)S.I.，其公式为：

$$\text{S.I.} = \frac{\text{各月(季)平均数}}{\text{全期平均数}} \times 100\% \tag{4-39}$$

【例 4-13】根据表 4-19，用最小平方法进行长期趋势预测。

表 4-19 某企业近年产品产量情况表

年　份	产量(台)			
	一　季　度	二　季　度	三　季　度	四　季　度
2015	64	84	100	60
2016	82	98	102	78
2017	78	114	98	84
2018	72	96	112	88
2019	90	112	102	84
2020	80	106	120	76

解：根据公式(4-39)，某企业产品生产的季节指数计算结果如表 4-20 所示。

表 4-20 某企业近年产品产量情况表

年　份	产量(台)				全年合计
	一　季　度	二　季　度	三　季　度	四　季　度	
2015	64	84	100	60	308
2016	82	98	102	78	360
2017	78	114	98	84	374
2018	72	96	112	88	368
2019	90	112	102	84	388
2020	80	106	120	76	382
同季合计	466	610	634	470	2180
同季平均	77.7	101.7	105.7	78.3	90.8
季节指数(%)	85.6	112.0	116.4	86.2	400.1

由于是季节资料，季节指数之和应等于400%，本例季节指数之和为400.1%，基本接近。若相差太大，应做调整，方法是先求校正系数(校正系数= 400/4 个季度比率之和)，再以此系数乘以原来各季的季节比率。

需要注意的是，按月(季)平均法虽然计算简便，但是并没有考虑中长期趋势的影响。因此在使用此方法的过程中应注意具体情况具体分析，不应过分倚重。

4.5.2　移动平均趋势剔除法

移动平均趋势剔除法在计算季节指数前需要先用移动平均法除去长期趋势，具体计算步骤如下。

(1)根据动态数列中的月(季)数值计算移动平均数。

(2)消除趋势值。如模型为加法模型，则用动态数列中各月(季)的数值(y)减去相应的趋势值(y_c)；如模型为乘法模型，则用动态数列中各月(季)的数值(y)除以相应的趋势值(y_c)，并计算百分比数值。

(3)把上一步骤计算出的百分比数值按月(季)排列，计算各年同月(季)的总平均数，该平均数即为各月(季)的季节指数。

(4)各月的季节指数相加总数应为 1200%，如果以季为节点，则各季的季节指数相加总数应为 400%，如产生较大差异，应用校正系数进行调整。

【例 4-14】 根据表 4-21，用移动平均趋势剔除法测定某企业产品销售量的季节变动。

表 4-21 某企业近三年产品各季度销量情况表

单位：台

季 度	2018 年	2019 年	2020 年
一	216	245	288
二	63	75	99
三	18	22	26
四	255	378	399

先根据运算步骤用移动平均法计算长期趋势。因资料以季为时间段，所以再用四项移动平均移正，最后剔除趋势值，具体计算结果如表 4-22 所示。

表 4-22 某企业近三年产品各季度销量剔除长期趋势计算表

年 份	季 度	销量（台）	四项移动平均移正 y_c	剔除趋势值 y/y_c(%)
2018	一	216	—	—
	二	63	—	—
	三	18	141.6	12.7
	四	255	146.8	173.7
2019	一	245	148.8	164.7
	二	75	164.6	45.6
	三	22	185.4	11.9
	四	378	193.8	195
2020	一	288	197.3	146
	二	99	200.4	49.4
	三	26	—	—
	四	399	—	—

根据上表计算结果求季节指数。重新编排 y/y_c 数据，计算平均季节指数进行指数校正，具体结果如表 4-23 所示。

表 4-23 某企业近三年产品各季度销量情况表

单位：台

年 份	第 一 季	第 二 季	第 三 季	第 四 季	合 计
2018	—	—	12.7	173.7	
2019	164.7	45.6	11.9	195	
2020	146	49.4	—	—	
合计	310.7	95	24.6	368.7	
平均	155.35	47.5	12.3	184.35	399.5
校正系数	1.001 25	1.001 25	1.001 25	1.001 25	
季节指数(%)	155.5	47.6	12.3	184.6	400

显然，季节变动分析的两种方法各有优缺点：按月平均法计算简单，但结果没有忽略长期趋势的影响；移动平均趋势剔除法虽然计算复杂，但结果却消除了长期趋势的影响。

4.6 用 Stata 软件进行长期趋势的测定

在进行时间序列的分析之前，首先要定义变量为时间序列数据。只有定义之后，才能对变量使用时间序列运算符号，也才能使用时间序列分析的相关命令。

1. 定义时间序列

定义时间序列用 tsset 命令，其基本命令格式为：

.tsset timevar [,options]

其中，timevar 为时间变量。options 分为两类，即定义时间单位，或者定义时间周期（timevar 两个观测值之间的周期数）。options 的相关描述请查阅 Stata 手册。

2. 修匀

数据=修匀部分+粗糙部分。运用 Stata 软件进行修匀使用 tssmooth 命令，其基本命令格式如下：

.tssmooth smoother [type] newvar = exp [if] [in] [, ...]

其中 smoother[type]有一系列目录，如表 4-24 所示。

表 4-24 smoother[type]修匀类型描述

平滑的种类	smoother[type]
移动平均	
不加权	ma
加权	ma
递归	
单指数过滤器	exponential
双指数过滤器	dexponential
非季节性 Holt-Winters 修匀	hwinters
季节性 Holt-Winters 修匀	shwinters
非线性过滤器	nl

使用表 4-14 中的数据对移动平均法的 Stata 命令实现进行说明。本例的修匀方法是三项移动平均。修匀后的数据用变量 output1 来表示。

(1)对变量进行定义，生成具有时间变量格式的变量。输入命令：

.generate monthly=ym(year，month)//生成新的变量 monthly，该变量由年和月构成，形式为 ym(year, month)。

输入此命令之后，命令在 Stata 的数据中生成新的变量 monthly。部分数据如下：

	year	month	output	monthly
1	2020	1	124	2020m1
2	2020	2	146	2020m2
3	2020	3	138	2020m3
4	2020	4	168	2020m4
5	2020	5	164	2020m5
6	2020	6	152	2020m6
7	2020	7	190	2020m7
8	2020	8	178	2020m8
9	2020	9	188	2020m9
10	2020	10	196	2020m10
11	2020	11	212	2020m11
12	2020	12	186	2020m12

(2)定义时间序列。

输入命令：

.format monthly %tm

.tsset monthly，monthly //生成时间序列 monthly，其格式为 %tm。

命令及其输出结果如下：

```
. tsset monthly,monthly
        time variable:  monthly, 2020m1 to 2020m12
                delta:  1 month
```

(3)使用移动平均法修匀。

输入命令：

.tssmooth ma output1=output,window(1 1 1) //不加权的 3 项移动平均，使用 1 个过去项、1 个未来项和当前观察值。

该命令的输出结果显示在数据浏览窗口，结果如下：

	year	month	output	monthly	output1
1	2020	1	124	2020m1	135
2	2020	2	146	2020m2	136
3	2020	3	138	2020m3	150.6667
4	2020	4	168	2020m4	156.6667
5	2020	5	164	2020m5	161.3333
6	2020	6	152	2020m6	168.6667
7	2020	7	190	2020m7	173.3333
8	2020	8	178	2020m8	185.3333
9	2020	9	188	2020m9	187.3333
10	2020	10	196	2020m10	198.6667
11	2020	11	212	2020m11	198
12	2020	12	186	2020m12	199

修匀后的数据可以计算残差，可通过以下命令实现：

.gen noise=output-output1

.tssmooth ma output2 =output, weights (1/2 <3> 2/1)//使用不同权重的五项移动平均，1 和 2 为过去项的权重，3 为当前项的权重，2 和 1 为未来项的权重。

该命令的输出结果显示在数据浏览窗口，结果如下：

	year	month	output	monthly	output1	output2
1	2020	1	124	2020m1	135	133.6667
2	2020	2	146	2020m2	136	141.25
3	2020	3	138	2020m3	150.6667	147.7778
4	2020	4	168	2020m4	156.6667	156.2222
5	2020	5	164	2020m5	161.3333	162.2222
6	2020	6	152	2020m6	168.6667	167.7778
7	2020	7	190	2020m7	173.3333	175.7778
8	2020	8	178	2020m8	185.3333	182
9	2020	9	188	2020m9	187.3333	190.4444
10	2020	10	196	2020m10	198.6667	194.6667
11	2020	11	212	2020m11	198	198.5
12	2020	12	186	2020m12	199	196.3333

本章知识结构图

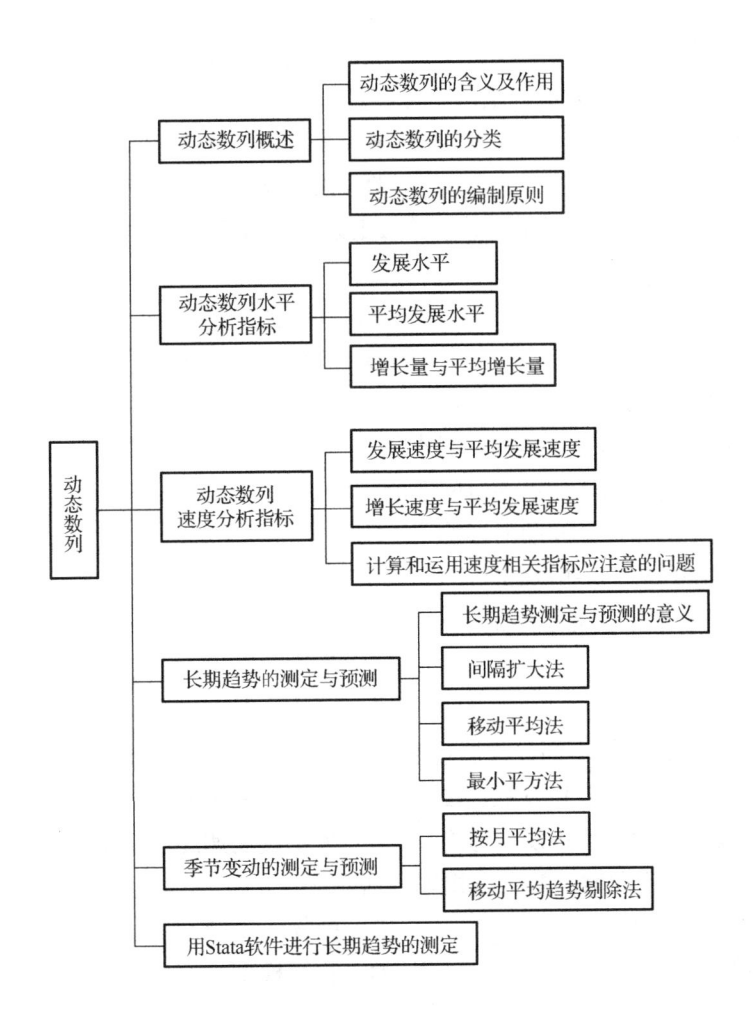

```
                    ┌─ 动态数列的含义及作用
         ┌─ 动态数列概述 ─┼─ 动态数列的分类
         │              └─ 动态数列的编制原则
         │
         │              ┌─ 发展水平
         ├─ 动态数列水平 ─┼─ 平均发展水平
         │  分析指标     └─ 增长量与平均增长量
         │
         │              ┌─ 发展速度与平均发展速度
动态     ├─ 动态数列    ─┼─ 增长速度与平均发展速度
数列     │  速度分析指标 └─ 计算和运用速度相关指标应注意的问题
         │
         │              ┌─ 长期趋势测定与预测的意义
         │              ├─ 间隔扩大法
         ├─ 长期趋势的测定与预测 ─┤
         │              ├─ 移动平均法
         │              └─ 最小平方法
         │
         │              ┌─ 按月平均法
         ├─ 季节变动的测定与预测 ─┤
         │              └─ 移动平均趋势剔除法
         │
         └─ 用Stata软件进行长期趋势的测定
```

思考与练习

一、单选题

1. 构成动态数列的两个基本要素是（　　）。
   A. 主词和宾词　　　　　　　　B. 时间和指标数值
   C. 变量和次数　　　　　　　　D. 时间和次数
2. 最基本的动态数列是（　　）。
   A. 时点数列　　　　　　　　　B. 平均数数列
   C. 相对数数列　　　　　　　　D. 绝对数数列
3. 在动态数列中，各项指标数值可以相加的是（　　）。
   A. 时期数列　　　　　　　　　B. 相对数数列
   C. 平均数数列　　　　　　　　D. 时点数列
4. 动态数列中的发展水平（　　）。
   A. 只能是总量指标　　　　　　B. 只能是相对指标
   C. 只能是平均指标　　　　　　D. 上述三种指标均可以
5. 对动态数列进行动态分析的基础指标是（　　）。
   A. 平均发展速度　　　　　　　B. 平均发展水平
   C. 发展速度　　　　　　　　　D. 发展水平
6. 由间断时点数列计算序时平均数，其假定条件是研究现象在相邻两个时点之间的变动为（　　）。
   A. 连续的　　　　　　　　　　B. 间断的
   C. 均匀的　　　　　　　　　　D. 稳定的
7. 序时平均数与一般平均数的共同点是（　　）。
   A. 两者均是反映同一总体的一般水平
   B. 共同反映同质总体在不同时间上的一般水平
   C. 两者均可消除现象波动的影响
   D. 都是反映现象的一般水平
8. 动态数列最基本的速度指标是（　　）。
   A. 增长速度　　　　　　　　　B. 平均发展速度
   C. 发展速度　　　　　　　　　D. 平均增长速度
9. 根据采用的对比基期不同，发展速度有（　　）。
   A. 环比发展速度与累积发展速度　B. 环比发展速度与定基发展速度
   C. 逐期发展速度与累积发展速度　D. 累积发展速度与定基发展速度
10. 如果动态数列逐期增长量大体相等，则宜配合（　　）。
    A. 指数曲线模型　　　　　　　B. 抛物线模型
    C. 曲线模型　　　　　　　　　D. 直线模型

11. 如果逐期增长量相等，则环比增长速度（　　）。
    A. 逐期下降   B. 逐期增加
    C. 保持不变   D. 无法做结论
12. 以1980年为基期，2007年为报告期，计算某现象的平均发展速度应开（　　）次方。
    A. 26   B. 27   C. 28   D. 29

二、多选题

1. 构成时间序列的统计指标数值，可以是（　　）。
    A. 全面调查所搜集到的统计资料   B. 非全面调查所搜集到的统计资料
    C. 抽样调查资料   D. 计算口径不一致的资料
2. 时间序列的水平指标有（　　）。
    A. 平均增长量   B. 发展水平
    C. 平均发展水平   D. 增长量
3. 时间序列按统计指标的表现形式不同，可分为（　　）。
    A. 绝对数时间数列   B. 平均数时间数列
    C. 相对数时间数列   D. 时点数列
4. 在下列时间数列中，各项指标数值不能相加的有（　　）。
    A. 强度相对数时间数列   B. 平均数时间数列
    C. 相对数时间数列   D. 时点数列
5. 以下社会经济现象属于时期数列的有（　　）。
    A. 某工厂"十五"计划期间产值
    B. 某农场"十五"计划期间生猪存栏数
    C. 某商场"十五"计划期间各年末利税额
    D. 某学校"十五"计划期间毕业生人数
6. 影响时间数列的因素主要有（　　）。
    A. 长期趋势   B. 季节变动
    C. 循环变动   D. 不规则变动
7. 将不同时期的发展水平加以平均，得到的平均数称为（　　）。
    A. 一般平均数   B. 平均发展水平
    C. 序时平均数   D. 平均发展速度
8. 时间数列的速度指标有（　　）。
    A. 定基增长速度和环比增长速度   B. 定基发展速度和环比发展速度
    C. 平均增长速度   D. 平均发展速度

三、思考题

1. 编制动态数列有何作用？
2. 时期数列与时点数列有何异同？
3. 什么是平均增长速度？它与平均发展速度存在什么关系？
4. 什么是移动平均法？应用移动平均法要解决的问题是什么？

5．在测定季节变动时为什么要剔除长期趋势的影响？

四、分析题

1．某企业 2020 年第三季度员工数及产量如下表所示。

	7月	8月	9月	10月
月初员工数(人)	30	32	34	33
产量(台)	2 000	2 100	2 250	—

要求：
(1) 编制第三季度各月劳动生产率动态数列；
(2) 计算第三季度月平均劳动生产率；
(3) 计算第三季度的劳动生产率。

2．某企业各年研发投入资料如下表所示。

年　份	投入额(万元)	年　份	投入额(万元)
2009	300	2015	500
2010	320	2016	520
2011	360	2017	535
2012	400	2018	562
2013	410	2019	580
2014	450	2020	600

要求：
(1) 分析研发投入额发展趋势接近于哪一种类型；
(2) 用最小平方方法配合适当曲线方程。

五、实训题

实训目的：掌握动态数列的编制原则，可以使用动态数列进行计算和预测。

1．某企业 2017—2020 年各季度产品销售量如下表所示。

年　份	季　度	季度顺序	销量(千条)
2017	一	1	26
	二	2	36
	三	3	10
	四	4	16
2018	一	5	28
	二	6	36
	三	7	12
	四	8	20
2019	一	9	32
	二	10	44
	三	11	16
	四	12	24

续表

年　份	季　度	季度顺序	销量(千条)
2020	一	13	38
	二	14	50
	三	15	30
	四	16	34

要求：

(1) 计算该产品的季销售量的季节指数；

(2) 销售量的趋势拟合方程为：$y_c = 7.42 + 0.85t$，式中 t 表示季度，2017年第一季度为方程原点，y_c 表示销售估计值(千条)。预测2021年剔除季节因素后各季的销售量。

2. 某企业近年来各月产品销售量(单位：千件)。

年份	1月	2月	3月	4月	5月	6月	7月	8月	9月	10月	11月	12月
2015	10	19	63	84	89	165	160	111	55	26	15	12
2016	16	21	67	100	105	167	168	139	63	28	17	17
2017	15	26	71	116	118	170	180	148	68	33	21	19
2018	16	23	75	125	129	175	189	155	72	37	24	20
2019	19	28	78	130	132	180	191	160	77	42	29	23
2020	20	30	85	140	148	185	196	168	80	45	32	28

要求：

(1) 用月平均法计算产品销售量的季节指数；

(2) 用移动平均法计算剔除趋势影响的季节指数。

第5章 统 计 指 数

【学习目标】

全面理解统计指数的概念、分类、作用；熟练掌握总指数的含义、特点、基本形式和编制的一般原则，能正确地加以应用；了解简单指数的计算方法；正确理解加权指数（尤其是拉氏指数、帕氏指数、加权平均指数），掌握它们的计算方法；深刻理解统计指数体系的意义，熟练掌握如何利用统计指数体系进行因素分析；了解现实中一些重要经济指数的意义与编制方法。

5.1 统计指数概述

5.1.1 统计指数的概念

统计学中的"指数"一词有广义和狭义之分。

广义的指数是指一切用于表明所研究事物变化方向及其程度的相对数。例如，如发展速度、计划完成相对数、比较相对数等都是广义的指数。

狭义的指数是一种特殊的相对数，是用来反映不能直接相加的复杂社会经济现象总体数量变动的相对数。这里所说的复杂现象指的是不同性质的事物，由于其性质的不同，不能直接相加，这些不能直接相加的事物整体就是复杂现象。

例如，某商店销售三种产品，其销售价格和销售量的有关资料如表 5-1 所示。表中每种商品 4 月相对 3 月的产量和价格都有所变化。如果只是反映一种商品的产量和价格变化，可以直接计算，但如果要反映三种商品的综合变化，就需要用一种特殊的方法来解决，这就是狭义的指数方法。

表 5-1 某商店销售的三种商品情况

商品名称	计量单位	销售量 3 月	销售量 4 月	价格 3 月	价格 4 月
甲	件	500	560	220	200
乙	双	320	360	200	210
丙	条	450	480	120	140
合计		-	-	-	-

5.1.2 统计指数的分类

要非常准确地概括出统计指数的分类是困难的，以下只是一些主要的分类。

1. 统计指数按指数化指标内容的不同，可以分为数量指标指数与质量指标指数

所谓指数化指标就是在指数中要反映其数量变化或对比关系的指标。例如，在居民消费价格指数中，价格就是指数化指标；在股票成交量指数中，成交量就是指数化指标。由于指标按其反映的总体内容的不同分为数量指标和质量指标两种，因此按指数化指标内容的不同，统计指数也可以分为数量指标指数与质量指标指数两种。

数量指标指数是反映总体某种数量指标变动的指数，如产品产量指数、商品销售量指数、能源消耗量指数等。

质量指标指数是反映总体某种质量指标变动的指数，如商品零售价格指数、产品单位成本指数、股票价格指数、劳动生产率指数等。

世界上没有绝对的东西，数量指标和质量指标的划分具有相对性。例如，单位产品原材料消耗量指标，相对于产品产量指标，它是质量指标；但相对于单位原材料价格指标，它又是数量指标。把指标区分为数量指标和质量指标，更多的是为了讨论问题的方便，而不是真要把指标分成不同类型。

2. 统计指数按所考察的范围不同，可以分为个体指数与总指数

个体指数是仅考察总体中单个事物或单个项目某一数量对比关系的相对数，也就是一般的相对数或广义的指数，如电视机产量指数、大米价格指数、某种产品产量计划完成指数等。

个体指数的编制较为简单，这与第 4 章里的"发展速度"吻合。

个体指数的计算公式为：

$$I = \frac{报告期发展水平}{基期发展水平} \tag{5-1}$$

【例 5-1】使用表 5-1 的数据计算三种商品的个体销量指数。

解：

$$I_q(甲) = \frac{560}{500} = 112\%$$

$$I_q(乙) = \frac{360}{320} = 112.5\%$$

$$I_q(丙) = \frac{480}{450} = 106.67\%$$

总指数是反映多种事物或复杂现象总体数量综合变动情况的相对数，也就是狭义上的指数，如商品零售价格指数、居民销售价格指数等。

当然个体指数与总指数的区分是相对的，这是由个体与总体关系的相对性所决定的。事实上，介于个体指数与总指数之间，还有组指数、类指数等。例如，在居民消费价格指数中，服务价格指数就是其中的一个类指数，类指数实际上也是总指数，其编制方法与总指数相同。

3. 按照计算形式不同，可分为简单指数和加权指数

简单指数把计入指数的各个项目的重要性视为相同；加权指数则对计入指数的各个项目依据重要程度赋予不同的权数，再进行计算。在实际应用中，有时由于缺少必要的权数资料，

或者由于指数编制的频率或时效性要求较高，会采用适当的简单指数。加权指数可分为两种，即综合形式和平均形式。采用综合形式编制的加权指数可称为加权综合指数；采用平均形式编制的加权指数可称为加权平均指数。

4．统计指数按指数化指标数值表现形式的不同，可分为总量指标指数、平均指标指数和相对指标指数

上述各种分类是从不同的角度对统计指数所做的一般分类，还可以交叉进行复合分类，如在个体指数和总指数中再区分数量指标指数和质量指标指数等。

5.1.3 统计指数的作用

统计指数在社会经济领域内广泛应用，这是由于统计指数具有独特的功能，能够发挥重要的作用。具体表现在以下几个方面。

1．综合反映事物的变动方向和变动程度

这是指数的主要作用。无论哪种指数，计算的结果，一般都是用百分比表示的相对指标。这个百分比大于或小于100%，表示上升或下降变动的方向，比100%大多少或小多少，就是升降变动的程度。例如，商品零售价格指数 110%，说明许多种商品零售价格有涨有落，总的来讲，涨了10%。在指数中，由于指数的分子项和分母项是两个总量指标，所以既可以计算经济量的变动程度，还可以计算分子项和分母项两个总量指标之差，表示绝对变动。

2．分析多因素影响经济现象的总变动中，各个因素的影响大小和影响程度

经济现象的总量指标是若干因素的乘积，例如：

商品销售额=商品销售量×单位商品价格 ⎫ 一个总量指标受
产品总成本=产品生产量×单位产品成本 ⎭ 两个因素影响

原材料费用总额=产品生产量×单位产品原材料消耗量×单位原材料价格——一个总量指标受三个因素影响。

在商品销售额变动中受商品销售量和单位商品价格影响各为多少；原材料费用总额变动中受产品生产量、单位产品原材料消耗量和单位原材料价格的影响各为多少；等等。这种影响可从绝对数和相对数两方面分析各因素的影响方向和影响程度。

3．研究事物在长时间内的变动趋势

在由连续编制的动态数列形成的指数数列中，可反映事物的发展变化趋势。这种方法特别适合于对比分析有联系而性质又不同的动态数列之间的变动关系，因为用指数的变动进行比较，可以进行长时间的发展趋势和比较分析。

4．对多指标的变动进行综合测评

许多经济现象都需要用多指标构成的指标体系进行系统的描述和多角度的分析，这是为了在数量上对多个指标的变动程度和差异程度进行综合的测定和评判。例如，编制宏观经济景气指数、综合国力指数、企业竞争力指数、技术进步指数等。

5.1.4 统计指数编制中的问题

在指数编制过程中,需要解决的问题包括选择项目、确定权数及指数计算方法等。

1. 选择项目

理论上讲,指数是反映总体数量变动的相对数,但在实际操作中将总体全部项目都计算在内往往不可能,也没必要。例如,编制消费者价格指数时不可能将消费者所消费的所有商品和服务价格全部纳入价格指数,而需要进行项目选择。在计算价格指数时,那些被选中的项目称为"代表规格品",使用代表规格品的价格变化来反映所有商品价格的变化。代表规格品需要具有良好的价格变动趋势代表性,代表规格品的数量要有保证,不能品种过少,并注意不断更新。在代表规格品的更新过程中,价格也在不断变化,这里面既有商品本身价格的变化,也包含由商品质量引起的价格变化。如何进行质价分解,是当代指数理论不断研究的课题,国外学者尝试用不同模型进行分析,取得了突破性成果。

2. 确定权数

指数是对代表项目进行加权得到的结果,如何确定权数是编制指数时必须解决的问题。确定权数的途径大体有两种:一种是利用已有的信息构造权数。例如,在计算零售价格指数时,每个代表规格品用其代表的商品零售额在全部零售额中的比重做权数。是否具有构造权数的数据,以及这些数据的质量如何是关键。另一种是主观权数,常见于社会现象的指数编制。例如,编制幸福感指数,是将反映幸福感不同侧面的类指数综合,最后得到总指数。每个类指数的权重是多少,一般由指数编制人员主观决定(尽管可能经过多次研讨,广泛征求意见),因为没有公认的确定权数的标准。对于第一种确定权数的途径,指数理论要明确选择什么样的数据做权数,以及用什么时期的数据构造权数;对于后一种确定权数的途径,实际上是将指数方法拓展到多指标的综合评价,从而形成一系列的综合评价方法。

3. 指数计算方法

总指数的计算方法有许多种,因为利用指数测定的研究对象不同,编制指数的数据来源不同,本章后面部分将介绍一些总指数的不同计算方法。每种方法都有自己的特点,适用于不同场合。指数计算方法一直备受争议,经济学家和统计学家试图从不同角度、用不同方式对这些指数进行改造和完善。学习指数并不在于掌握某种指数的具体计算方法,重要的是体会方法背后蕴藏的统计思想,以便针对具体的研究对象,依据编制指数的主要目的,选择甚至创造最恰当的计算指数的方法。

5.2 统计总指数的编制方法

总指数是对个体指数的综合。将个体指数综合有两个途径:一是对个体指数的简单汇总,不考虑权数,这类指数称为简单指数;二是编制总指数时考虑权数的作用,这类指数称为加权指数。在加权指数中,根据计算方式不同,又可以分为加权综合指数、加权平均指数和加权平均指标指数。

5.2.1 简单指数

简单指数就是不加权的指数，主要有两种计算方法：简单综合指数和简单平均指数。

1. 简单综合指数

这是将报告期的指标总和与基期的指标总和相对比的指数。该方法的特点是先综合，后对比，计算公式为：

$$I_p = \frac{\sum p_1}{\sum p_0} \tag{5-2}$$

$$I_q = \frac{\sum q_1}{\sum q_0} \tag{5-3}$$

式中，p 表示质量指标；q 表示数量指标；I_q 表示数量指标指数；I_p 表示质量指标指数；下标 1 表示报告期；下标 0 表示基期。

简单综合指数的优点在于操作简单，对数据要求少。它的一个显著缺点是，以价格指数为例，在参与计算的商品价格水平有较大差异时，价格低的商品的价格波动会被价格高的商品掩盖。

【例 5-2】现有彩电和蔬菜两种商品，基期和报告期的价格如表 5-2 所示，采用简单汇总的方法计算价格指数。

表 5-2 彩电和蔬菜价格数据

单位：元

商　品	计量单位	基　期	报　告　期
彩电	台	8 000	4 000
蔬菜	千克	1	2

解：

$$I_p = \frac{\sum p_1}{\sum p_0} = \frac{4002}{8001} \approx 0.5 = 50\%$$

结果表示，报告期与基期相比，价格下降了 50%。而事实上蔬菜的价格上升了 100%，但由于蔬菜与彩电的价格相差太大，综合指数反映不出蔬菜价格的变动。

由此看出，简单综合指数只能用于指标值相差不大的商品，在商品价格差异大，且变动幅度差异大的情况下，这种方法不能反映实际变动水平。

2. 简单平均指数

这是将个体指数进行简单平均得到的总指数。该方法的计算过程是先对比，后综合，计算公式为：

$$I_p = \frac{\sum \dfrac{p_1}{p_0}}{n} \tag{5-4}$$

$$I_q = \frac{\sum \frac{q_1}{q_0}}{n} \tag{5-5}$$

同样根据表 5-2 的数据，采用简单平均的方法计算价格指数。

解：

$$I_p = \frac{\sum \frac{p_1}{p_0}}{n} = \frac{\frac{4000}{8000} + \frac{2}{1}}{2} = 1.25 = 125\%$$

计算结果表明，报告期价格比基期价格提高了 25%。显然，这个计算结果比前面的结果更合理。在本例中，简单平均指数消除了不同商品价格水平的影响，可以反映各种商品的价格变动情况。但该指数也有欠缺，因为不同商品对市场价格总水平的影响是不同的，而简单平均指数法平等看待各种商品。

总的来说，简单综合指数和简单平均指数都存在方法上的缺陷，没有考虑到权数的影响，计算结果难以反映实际情况。另外，将使用价值不同的产品个体指数或价格（指标值）相加，既缺乏实际意义，又缺少理论依据，所以编制指数时需要考虑权数的作用。

5.2.2 加权指数

加权指数因所采用的权数不同分为加权综合指数和加权平均指数。编制加权指数首先要确定合理的权数，然后根据实际需要确定适当的计算公式。

1. 加权综合指数

用一个例子说明加权综合指数的编制原理和方法。

【例 5-3】表 5-3 是某商场甲、乙、丙三种商品 2017 年和 2018 年的销售资料。计算三种商品的销售量总指数，以综合反映商场商品销售量的变化。

表 5-3 某商场各种商品的销售量及销售价格资料

商品名称	计量单位	销售量 q_0	销售量 q_1	价格(元) p_0	价格(元) p_1	销售额(万元) p_0q_0	销售额(万元) p_1q_1	假定 p_0q_1	假定 p_1q_0
甲	件	200	300	60	60	1.2	1.8	1.8	1.2
乙	双	400	500	20	30	0.8	1.5	1.0	1.2
丙	米	500	600	70	80	3.5	4.8	4.2	4.0
合计	—	—	—	—	—	5.5	8.1	7.0	6.4

解： 在具体求解前需要做些分析。

若编制甲、乙、丙三种商品的销售量总指数，需要把各种商品报告期和基期的销售量分别加总，再将两个时期的销售量进行对比。然而，这三种商品的使用价值不同，计量单位也不一样，如果把销售量直接加总，没有实际意义。同样，若编制这三种商品的价格总指数，把各商品的价格加总也是没有意义的。

该如何处理呢？需要掌握两个要点：第一个要点，引进媒介因素。在本例中，不同商品的销售量和价格都不能直接加总，因为它们都是不同度量因素。然而每种商品的销售量和价格的乘积即销售额是可以加总的。而且从分析的角度看，销售额的变化恰好反映了销售量增减和价格涨跌两个因素的影响。因此，在编制销售量总指数时，可以通过价格这个媒介因素，将销售量转化为可以加总的销售额；而在编制价格总指数时，则可以通过销售量这个媒介因素，将价格转化为可以加总的销售额。第二个要点，要将媒介因素固定下来，以单纯反映被研究指标的变动情况。

将上述两个要点结合，得到加权综合指数的基本公式：

销售量指数：
$$I_q = \frac{\sum q_1 p}{\sum q_0 p} \tag{5-6}$$

价格指数：
$$I_p = \frac{\sum p_1 q}{\sum p_0 q} \tag{5-7}$$

显然，在销售量指数中，价格 p 是权数；在价格指数中，销售量 q 是权数。由此我们得到第一个结论：在加权综合指数中，媒介因素(也称同度量因素)同时起着权数的作用。

接下来的问题是权数固定在什么时期，拉氏指数和帕氏指数是最常用的形式，此外还有费希尔指数、马埃指数和杨格指数。

(1) 拉氏指数。

拉氏指数(Laspeyres index)是德国统计学家拉斯贝尔斯(Laspeyres)于1864年提出的一种指数计算方法。它在计算综合指数时将作为权数的同度量因素固定在基期。相应的计算公式为：

拉氏数量指标指数：
$$I_q = \frac{\sum q_1 p_0}{\sum q_0 p_0} \tag{5-8}$$

拉氏质量指标指数：
$$I_p = \frac{\sum p_1 q_0}{\sum p_0 q_0} \tag{5-9}$$

式中，p 表示质量指标；q 表示数量指标；I_q 表示数量指标指数；I_p 表示质量指标指数；下标1表示报告期；下标0表示基期。

(2) 帕氏指数。

帕氏指数(Paasche index)是由德国的另一位统计学家帕舍(H. Paasche)于1874年提出的一种指数计算方法。它在计算综合指数时将作为权数的同度量因素固定在报告期。相应的计算公式为：

帕氏数量指标指数：
$$I_q = \frac{\sum q_1 p_1}{\sum q_0 p_1} \tag{5-10}$$

帕氏质量指标指数：
$$I_p = \frac{\sum p_1 q_1}{\sum p_0 q_1} \tag{5-11}$$

现在回到前面的【例5-3】，若采用拉氏指数，得到如下计算结果：

$$I_q = \frac{\sum q_1 p_0}{\sum q_0 p_0} = \frac{7.0}{5.5} = 127.27\%$$

$$I_p = \frac{\sum p_1 q_0}{\sum p_0 q_0} = \frac{6.4}{5.5} = 116.36\%$$

若采用帕氏指数，计算结果为：

$$I_q = \frac{\sum q_1 p_1}{\sum q_0 p_1} = \frac{8.1}{6.4} = 126.56\%$$

$$I_p = \frac{\sum p_1 q_1}{\sum p_0 q_1} = \frac{8.1}{7.0} = 115.71\%$$

可以看出，权数定在不同的时期，计算结果不同。由此提出权数应该定在什么时期这个问题，指数理论的许多研究都围绕这个问题展开。

大多数的看法是，计算数量指数（如生产量指数）时，权数（价格）应该定在基期，这样才能剔除价格变动的影响，准确反映生产量的变化，按不变价计算产量指数就是出于这个原因。计算质量指数（如价格指数）时，不同时期的权数含义不同：若权数定在基期，反映的是在基期商品（产品）结构下价格的整体变动，更能揭示价格变动的内容；若权数定在报告期，反映的是在现实商品（产品）结构下价格的整体变动，商品（产品）结构变化的影响会融入价格指数，更能揭示价格变动的实际影响。编制指数的目的不同，权数确定的时期就可以不同。

由此得到第二个结论，权数时期的选择主要取决于编制指数的目的，取决于用指数要说明的问题。

(3) 费希尔理想指数。

所谓费希尔理想指数就是以拉氏指数与帕氏指数的几何平均数来编制综合指数的一种形式，由美国经济学家沃尔什（C.M.Walsh）和皮古（Pigou）先后于 1901 年和 1912 年提出，由美国统计学家费希尔（I. Fisher）于 1927 年在其名著《统计指数的编制》中提出的主张：取拉氏指数和帕氏指数的几何平均数的一种物价指数公式。其编制公式为：

数量指标指数 $$I_q = \sqrt{\frac{\sum q_1 p_0}{\sum q_0 p_0}} \times \sqrt{\frac{\sum q_1 p_1}{\sum q_0 p_1}} \qquad (5\text{-}12)$$

质量指标指数 $$I_q = \sqrt{\frac{\sum p_1 q_0}{\sum p_0 q_0}} \times \sqrt{\frac{\sum p_1 q_1}{\sum p_0 q_1}} \qquad (5\text{-}13)$$

费希尔认为，评判指数优劣的检验方法有三种：时间互换检验、因子互换检验和循环检验。并且，费希尔证明了以拉氏指数与帕氏指数的几何平均数来计算指数的优良性，因为他认为，对于同一个所要计算的指数，拉氏形式与帕氏形式的结果不一样，一个偏高，另一个偏低，而它们的几何平均数正好可以纠正这种偏差，结果最为理想。所以，费希尔把拉氏指数与帕氏指数的几何平均数称为理想指数。实际上，费希尔理想指数并不理想，在实际中也不常用。

(4) 马埃指数。

所谓马埃指数就是以同度量因素的基期数值与报告期数值的简单算术平均数作为权数的

一种综合指数形式,由英国经济学家马歇尔(A. Marshall)于1887年提出,由英国统计学家艾吉沃兹(F. Y. Edgeworth)加以推广。其编制公式为:

数量指标指数
$$I_q = \frac{\sum q_1 \left(\frac{p_0 + p_1}{2} \right)}{\sum q_0 \left(\frac{p_0 + p_1}{2} \right)} \tag{5-14}$$

质量指标指数
$$I_p = \frac{\sum p_1 \left(\frac{q_0 + q_1}{2} \right)}{\sum p_0 \left(\frac{q_0 + q_1}{2} \right)} \tag{5-15}$$

马埃指数由于同度量因素是拉氏同度量因素与帕氏同度量因素的平均数,因而很难解释其明确的现实意义,所以实际上也很少应用。

(5) 杨格指数。

所谓杨格指数就是把同度量因素固定在报告期与基期以外的某个常态时期(n),或以同度量因素的若干时期数值的平均数作为权数的一种综合指数形式,由英国学者杨格(A.Yaung)提出。其编制公式为:

数量指标指数
$$I_q = \frac{\sum q_1 p_n}{\sum q_0 p_n} \text{ 或 } I_q = \frac{\sum q_1 \bar{p}}{\sum q_0 \bar{p}} \tag{5-16}$$

质量指标指数
$$I_p = \frac{\sum p_1 q_n}{\sum p_0 q_n} \text{ 或 } I_p = \frac{\sum p \bar{q}}{\sum p_0 \bar{q}} \tag{5-17}$$

式中,$\bar{p}$、$\bar{q}$分别表示p、q若干时期的简单算术平均数。

杨格指数形式对于编制可比的指数具有重要作用,也有利于观察较长时间内现象的发展变化态势。

完美的指数是不存在的。上述几种综合指数形式各有利弊,在实际中究竟该采用何种形式,要视具体情况与条件而定。事实上,同度量因素问题是编制综合指数的首要问题,也是关于指数编制方法争论最多的问题。

2. 加权平均指数

这是以个体指数为基础,通过对个体指数进行加权平均来编制的指数。具体步骤为,先计算所研究现象各个项目的个体指数,然后将所给的价值量指标(产值或销售额)作为权数对个体指数进行加权平均。公式为:

$$A_p = \frac{\sum \frac{p_1}{p_0} qp}{\sum qp} \tag{5-18}$$

$$A_q = \frac{\sum \frac{q_1}{q_0} qp}{\sum qp} \tag{5-19}$$

将其称为加权算术平均指数。

$$H_p = \frac{\sum qp}{\sum \frac{p_0}{p_1}qp} \tag{5-20}$$

$$H_q = \frac{\sum qp}{\sum \frac{q_0}{q_1}qp} \tag{5-21}$$

将其称为加权调和平均指数。

实际上两者没有本质区别，在特定条件下形式上可以互相转换。

由于权数可以取不同时期，所以可以用做权数的就有 q_0p_0 和 q_1p_1，用基期权数 q_0p_0 类似于前面的拉氏指数，如：

$$A_q = \frac{\sum \frac{q_1}{q_0}q_0p_0}{\sum q_0p_0} = \frac{\sum q_1p_0}{\sum q_0p_0} \tag{5-22}$$

$$A_p = \frac{\sum \frac{p_1}{p_0}q_0p_0}{\sum q_0p_0} = \frac{\sum q_0p_1}{\sum q_0p_0} \tag{5-23}$$

用报告期权数 q_1p_1，则类似于前面的帕氏指数，如：

$$H_q = \frac{\sum q_1p_1}{\sum \frac{q_0}{q_1}q_1p_1} = \frac{\sum q_1p_1}{\sum q_0p_1} \tag{5-24}$$

$$H_p = \frac{\sum q_1p_1}{\sum \frac{p_0}{p_1}q_1p_1} = \frac{\sum q_1p_1}{\sum q_1p_0} \tag{5-25}$$

需要指出，加权综合指数和加权平均指数上述的相同只是形式上的，本质上还是有区别的，主要表现在是全面资料还是样本资料。如果是全面资料，可以采用加权综合指数，计算生产量指数一般属于这种情况，因为生产量指数要包含所有产品的生产情况；而计算价格指数时是无法得到全面资料的，因为市场商品的项目成千上万，全面统计做不到，只能采取选样方法，挑选代表规格品，在这种背景下，若采用加权综合指数，其结果就是仅仅计算了代表规格品的价格变化。价格指数要反映市场所有商品价格的变化，代表规格品是样本，其中的每一项都代表一类商品，每一项代表规格品要有自己的权数。在加权平均指数中，权数的本质是基期加权（$\frac{q_0p_0}{\sum q_0p_0}$）和报告期加权（$\frac{q_1p_1}{\sum q_1p_1}$）。其实就是用代表规格品所代表的那一类商品的销售额在全部销售额中的比重作为权数。在这样的背景下计算指数，只能采取加权平均指数方法。所以，加权平均指数方法主要用于价格指数的计算。

加权平均指数方法给我们进一步启示，如果权数 $\dfrac{qp}{\sum qp}$ 相对稳定，在计算指数时就不必去搜集 $\dfrac{q_0 p_0}{\sum q_0 p_0}$ 或 $\dfrac{q_1 p_1}{\sum q_1 p_1}$，可以采用固定权数的方法。固定权数多采用比重方法，计算公式为：

$$I = \dfrac{\sum iW}{\sum W} \tag{5-26}$$

式中，i 表示个体指数或类指数；W 表示权数。

目前，消费价格指数和零售价格指数都是采用这种方法编制的。

【例 5-4】试根据表 5-4 所示资料计算某市居民消费价格总指数。

表 5-4　某市某年居民消费价格统计资料

商品类别	类指数 i(%)	固定权数 W(%)	iW(%)
一、食品类	104.15	42	43.743
二、衣着类	95.46	15	14.319
三、家庭设备用品及服务	102.70	11	11.297
四、医疗保健和个人用品	110.43	3	3.313
五、交通和通信工具类	98.53	4	3.941
六、娱乐教育用品及服务	101.26	5	5.063
七、烟酒及用品类	103.50	14	14.490
八、居住类	108.74	6	6.524
合计	—	100	102.69

解： 居民消费价格总指数采用固定加权平均指数公式，即

$$I = \dfrac{\sum iW}{\sum W} = \dfrac{102.69}{100} = 102.69\%$$

计算结果表明，该市居民消费价格总指数报告期比基期平均上涨了 2.69%。

5.2.3　指数的主要应用

1. 居民消费价格指数

居民消费价格指数（Consumer Price Index，简称 CPI）是度量居民消费品和服务项目价格水平随时间变动的相对数，反映居民家庭购买的消费品和服务价格水平的变动情况。该指数是分析经济形势、检测物价水平、进行国民经济核算的重要指标，也常用于测定通货膨胀，在国民经济生活中有着十分重要的作用。

目前，居民消费价格指数按城乡分别编制，分为 8 大类别，每个大类中又分为中类和小类，指数中共有 251 个小类近千种代表品，权数的确定分别依据城市样本的约 40 000 个家庭和农村样本的约 60 000 个家庭的实际消费构成。指数编制的过程包括以下几个步骤。

(1) 选择代表规格品。

代表规格品的选择是在商品分类基础上进行的，选择的原则是：①销售数量(金额)大；②价格变动趋势和变动程度有代表性，即中选规格品的价格变动与未中选商品的价格变动高度相关；③所选的代表规格品之间性质相隔要远，价格变动特征的相关性低；④选中的工业消费品必须是合格品，有注册商标、产地、规格等级等标识。

代表规格品每年可适当更换，但更换数量的比例有限制，以保证代表规格品的稳定性。

(2) 选择调查市县和调查点。

选择的方法是划类选点。地区的选择既要考虑其代表性，也要注意类型上的多样性及地区分布上的合理性和稳定性。例如，1992 年全国共选取 146 个市 80 个县作为取得数据的基层填报单位，在此基础上选定经营规模大、商品种类多的商场(包括集市)作为调查点。调查市县和调查点都是采用按有关标志排队、等距抽取的方法确定的。

(3) 价格的调查与计算。

对代表规格品的采价原则是：①同一规格品的价格必须同质可比；②如挂牌价与成交价不同，按成交价计；③与居民生活密切相关，价格变动频繁的商品至少每 5 天调查一次，一般商品每月调查 2~3 次。

代表规格品的平均价采用简单算术平均法计算。

(4) 权数的确定。

居民消费价格指数的权数由全国样本的 10 万多个城乡居民家庭消费支出构成确定。其中省(自治区、直辖市)城市和农村权数分别根据全省(自治区、直辖市)城镇居民家庭生活消费支出和农村居民家庭生活消费支出的现金支出资料整理计算。全国权数根据各省(自治区、直辖市)的权数按各地人均消费支出金额和人口数加权平均计算。大类、中类和小类的权数依次分层计算。

(5) 指数计算。

总指数的计算采用加权平均方法，计算公式为：

$$I_p = \frac{\sum iW}{\sum W}$$

式中，i 表示代表规格品个体指数或各层的类指数；W 表示相应的消费支出比重。

具体计算过程是，先分别计算出各代表规格品基期和报告期的全社会综合平均价，并计算出相应的价格指数，然后分层逐级计算小类、中类、大类和总指数。

【例 5-5】现以部分资料(如表 5-5 所示)说明消费品部分价格总指数的编制和计算过程。

表 5-5 零售价格总指数计算表

商品类别及名称	代表规格品	计量单位	平均价格(元) p_0	平均价格(元) p_1	权数 W (%)	指数 i (%)	iW
总指数					100	111.6	11 159.8
一、食品类					38	116.2	4 415.6
1. 粮食					35	105.3	3 685.5
细粮					65	105.6	6 864.0

商品类别及名称	代表规格品	计量单位	平均价格（元） p_0	平均价格（元） p_1	权数 W (%)	指数 i (%)	iW
面粉	标准	kg	2.4	2.52	40	105.0	4 200.0
大米	粳米标一*	kg	3.5	3.71	60	106.0	6 360.0
粗粮					35	104.8	3 668.0
2. 副食品					45	125.4	5 643.0
3. 其他食品					20	114.8	2 296.0
二、饮料、烟酒					5	126.0	630.0
三、服装、鞋帽					10	115.2	1 152.0
四、纺织品					3	99.3	297.9
五、家用电器及音像器材					8	94.2	753.6
六、文化办公用品					2	110.4	220.8
七、日用品					11	109.5	1 204.5
八、体育娱乐用品					2	98.1	196.2
九、交通、通信用品					1	91.1	91.1
十、家具					2	97.8	195.6
十一、化妆品					1	98.9	98.9
十二、金银珠宝					3	108.6	325.8
十三、中西药品及医疗保健用品					7	116.4	814.8
十四、书报杂志及电子出版物					2	108.6	217.2
十五、燃料					3	105.6	316.8
十六、建筑材料及五金电料					2	114.5	229.0

解：① 计算出各代表规格品的价格指数。例如，面粉价格指数为：

$$i = \frac{p_1}{p_0} = \frac{2.52}{2.40} = 105.0\%$$

② 根据各代表规格品的价格指数及给出的相应权数，采用加权算术平均法计算小类指数。例如，细粮类价格指数为：

$$i_p = \frac{\sum iW}{\sum W} = \frac{105 \times 40 + 106 \times 60}{100} = 105.6\%$$

③ 根据各小类指数及相应的权数，采用加权算术平均法计算中类指数。例如，粮食类价格指数为：

$$i_p = \frac{\sum iW}{\sum W} = \frac{105.6 \times 65 + 104.8 \times 35}{100} \approx 105.3\%$$

④ 根据各中类指数及相应的权数，采用加权算术平均法计算大类指数。例如，食品类价格指数为：

$$i_p = \frac{\sum iW}{\sum W} = \frac{105.3 \times 35 + 125.4 \times 45 + 114.8 \times 20}{100} \approx 116.2\%$$

⑤ 根据各大类指数及相应的权数，采用加权算术平均法计算总指数。即

$$I_p = \frac{\sum iW}{\sum W} = \frac{(116.28 \times 38 + 126 \times 5 + 115.2 \times 10 + 99.3 \times 3 + \cdots + 114.5 \times 2)}{100}$$

$$= \frac{11\,159.8}{100} \approx 111.6\%$$

居民消费价格指数除了能反映城乡居民所购买的生活消费品和服务项目价格的变动趋势和程度，还有以下几个方面的作用。

第一，反映通货膨胀状况。通货膨胀的严重程度是用通货膨胀率来反映的，它说明了一定时期内商品价格持续上升的幅度。通货膨胀率一般以居民消费价格指数来表示。计算公式为：

$$通货膨胀率 = \frac{报告期居民消费价格指数 - 基期居民消费价格指数}{基期居民消费价格指数} \times 100\%$$

第二，反映居民购买力水平。货币购买力是指单位货币购买到的消费品和服务的数量。居民消费价格指数上涨，则货币购买力下降，反之则上升，因此，居民消费价格指数的倒数就是货币购买力指数。计算公式为：

$$货币购买力指数 = \frac{1}{居民消费价格指数} \times 100\%$$

第三，测定职工实际工资水平。居民消费价格指数提高意味着实际工资的减少，居民消费价格指数下降则意味着实际工资的提高。因此，利用居民消费价格指数可以将名义工资转化为实际工资。计算公式为：

$$实际工资 = \frac{名义工资}{居民消费价格指数} \times 100\%$$

2. 工业生产指数

前面已经提到，我国 1995 年以后采用加权算数平均指数形式来编制工业生产指数。具体步骤是在产品分类的基础上逐层计算各相应指数，即先计算产品个体指数，再由个体指数计算类指数，最后由类指数或大类指数计算出反映整个工业发展速度的总指数。权数是各相应的基期增加值。

编制公式为：

$$I_q = \frac{\sum k_q q_0 p_0}{\sum q_0 p_0} \tag{5-27}$$

式中，k_q 表示工业产品的个体指数或类指数；$q_0 p_0$ 表示各产品或各类产品的基期增加值。

为了可比性和简便性，实际中通常把权数相对加以固定（如 5 年不变），即

$$I_q = \sum k_q W$$

式中，W 表示固定权数，$\sum W = 1$。

3. 股票价格指数

股票价格指数是反映某一股票市场上多种股票价格变动程度的指数，通常简称为股价指

数,其单位一般用"点"表示,即将基期指数作为100,每上升或下降一个单位(通常就是1%)成为"1点"。

虽然股票价格指数的编制方法很多,但常用的是以股票发行量为同度量的综合指数形式,编制公式为:

$$I_p = \frac{\sum p_1 q}{\sum p_0 q} \tag{5-28}$$

公式中发行量 q 的时期有的固定在基期,有的固定在报告期。例如,美国标准普尔指数包括500只股票,采用拉氏综合指数公式(即把发行量固定在基期);香港恒生指数则包括33只股票,采用帕氏综合指数公式(即把发行量固定在报告期);我国的上证综合指数和深证综合指数都包括全部上市股票,采用帕氏综合指数公式。

4. 空间价格指数

空间价格指数概括反映同一时间、不同国家或不同地区各种商品价格水平的差异,也称区域价格指数。不同地区之间价格水平的比较,是经济领域最敏感的现象。因此空间价格指数也是进行国际对比或地区对比的重要指标。与动态指标不同,空间价格指数是一种静态指数,而对它的编制和分析也有一些特殊的要求。

假定对A、B两个地区进行价格比较,如果以B地区为比较标准,采用拉氏形式编制,则指数形式为:

$$I_p^{\frac{A}{B}} = \frac{\sum p_A q_B}{\sum p_B q_B} \tag{5-29}$$

如果反过来以A地区为对比基准,同样采用拉氏形式编制,则指数形式为:

$$I_p^{\frac{B}{A}} = \frac{\sum p_B q_A}{\sum p_A q_A} \tag{5-30}$$

下面,举一例,用空间价格指数来比较A、B两个地区的价格水平,看会得到什么结果。

【例5-6】比较A、B两地的水果价格,以两地李子和桃子为代表商品,收集到的数据资料如表5-6所示,试计算两地水果的空间价格指数。

表5-6 A、B两地水果销售资料表

商 品	计量单位	销 售 量		销售价格(元/千克)	
		q_A	q_B	p_A	p_B
李子	万千克	20	5	1.4	2.0
桃子	万千克	10	15	2.0	1.2

根据公式(5-29),计算结果如下:

$$I_p^{\frac{A}{B}} = \frac{\sum p_A q_B}{\sum p_B q_B} = \frac{1.4 \times 50\,000 + 2.0 \times 150\,000}{2.0 \times 50\,000 + 1.2 \times 150\,000} = 132.14\%$$

这说明A地的水果价格比B地的水果价格高25.79%。

根据公式(5-30)，计算结果如下：

$$I_p^{\frac{B}{A}} = \frac{\sum p_B q_A}{\sum p_A q_A} = \frac{2.0 \times 200000 + 1.2 \times 100000}{1.4 \times 200000 + 2.0 \times 100000} = 108.33\%$$

这说明 B 地的水果价格比 A 地的水果价格高 8.33%。

不难发现，上面两式的计算结果是相互矛盾的。

这表明计算空间价格指数既不能用拉氏形式来计算，也不能用帕氏形式来计算，因为它们在互换基准后指数计算结果不能保持一致。空间价格指数编制和分析的特殊要求就是互换基准后指数的结论应保持一致。用公式表示，即

$$I_p^{\frac{A}{B}} = \frac{1}{I_p^{\frac{B}{A}}}$$

或

$$I_p^{\frac{A}{B}} \cdot I_p^{\frac{B}{A}} = 1$$

要达到这个要求，编制空间价格指数应采用马埃公式或费希尔理想公式。因为：

$$I_p^{\frac{A}{B}} \cdot I_p^{\frac{B}{A}} = \frac{\sum p_A(q_A+q_B)}{\sum p_B(q_A+q_B)} \times \frac{\sum p_B(q_A+q_B)}{\sum p_A(q_A+q_B)} = 1$$

$$I_p^{\frac{A}{B}} \cdot I_p^{\frac{B}{A}} = \sqrt{\frac{\sum p_A q_B}{\sum p_B q_B} \times \frac{\sum p_A q_A}{\sum p_B q_A}} \sqrt{\frac{\sum p_B q_A}{\sum p_A q_A} \times \frac{\sum p_B q_B}{\sum p_A q_B}} = 1$$

它们在互换基准后，计算结果能保持一致。

以 B 地区为比较基准，用马埃公式计算，A、B 两地的空间价格指数为：

$$I_p^{\frac{A}{B}} = \frac{\sum p_A(q_A+q_B)}{\sum p_B(q_A+q_B)} = 106.25\%$$

5.3 指数体系与因素分析

5.3.1 指数体系

我们知道，现象之间是相互联系的。这种联系同时存在于静态和动态中。现象之间的联系在动态中的表现形式之一就是指数体系。

例如，在静态上：

商品销售额=商品销售量×商品价格

产品总成本=产品生产量×单位成本

在动态上：

商品销售额指数=商品销售量指数×商品价格指数

产品总成本指数=产品生产量指数×单位成本指数

在统计分析中，指数体系就是由三个或三个以上具有内在本质联系的统计指数所组成的有机整体。指数体系中各个指数在数量上有着密切的联系。

我们研究指数体系，主要目的有两个：一是利用指数体系对复杂现象总体的数量变化，从相对数和绝对数两方面进行因素分析，说明现象总变动中各个影响因素的变动方向和影响程度；二是利用指数体系中各个指数之间的数量关系，由已知的指数去推算未知的指数。

5.3.2 因素分析

所谓因素分析，就是利用统计指数体系中各个指数之间的数量联系关系，对现象总体总变动的各个影响因素进行分解，分析各因素变动对现象总体总变动的影响程度和绝对效果。

例如，商品销售额=商品销售量×商品价格，在商品销售额的变动中，分析受商品销售量和商品价格的影响程度，这样的分析就是因素分析。

按照影响因素的多少，可分为两因素分析和多因素分析。

按照分析指标的表现形式不同，可分为总量指标变动的因素分析和平均指标变动的因素分析。

5.3.3 总量指标变动的因素分析

1. 两因素分析

如果总量指标的变动只受两个相关因素变动的影响，那么就可以进行两因素分析。下面仍以商品销售额为例加以说明。

如果以 $I_{qp} = \dfrac{\sum q_1 p_1}{\sum q_0 p_0}$ 来表示反映商品销售总额这个总量指标变动程度的指数，那么根据"商品销售额=商品销售量×商品销售价格"这一关系，以及上述构建统计指数体系的基本原则，很容易得到如下两个可用以进行因素分析的等式关系。

综合指数因素分析的相对数体系：

$$I_{qp} = I_q \cdot I_p$$

$$\frac{\sum q_1 p_1}{\sum q_0 p_0} = \frac{\sum q_1 p_0}{\sum q_0 p_0} \times \frac{\sum q_1 p_1}{\sum q_1 p_0} \tag{5-31}$$

综合指数因素分析的绝对数体系：

$$\sum q_1 p_1 - \sum q_0 p_0 = \left(\sum q_1 p_0 - \sum q_0 p_0\right) + \left(\sum p_1 q_1 - \sum p_1 q_0\right) \tag{5-32}$$

【例 5-7】根据表 5-3 的数据，对该商场三种商品销售额的变动进行因素分析。

根据表 5-3 的数据，计算该商场三种商品的销售额总指数为：

$$I_{qp} = \frac{\sum q_1 p_1}{\sum q_0 p_0} = \frac{8.1}{5.5} = 147.27\%$$

报告期与基期销售总额之差为：

$$\sum q_1p_1 - \sum q_0p_0 = 8.1 - 5.5 = 2.6(万元)$$

结果表明，该商场三种商品的销售总额报告期比基期上升了 47.27%，增加了 2.6 万元。这一结果是受销售量和销售价格两个因素变动的影响造成的。

商品销售量总指数为：

$$I_q = \frac{\sum q_1p_0}{\sum q_0p_0} = \frac{7.0}{5.5} = 127.27\%$$

分子与分母之差为：

$$\sum q_1p_0 - \sum q_0p_0 = 7.0 - 5.5 = 1.5(万元)$$

结果表明，在价格不变(固定在基期)的情况下，由于商品销售量增加使商品销售总额上升了 27.27%，增加了 1.5 万元。

商品销售价格总指数为：

$$I_q = \frac{\sum p_1q_1}{\sum p_0q_1} = \frac{8.1}{7.0} = 115.71\%$$

分子与分母之差为：

$$\sum p_1q_1 - \sum p_0q_1 = 8.1 - 7.0 = 1.1(万元)$$

结果表明，在假定销售量不变(固定在报告期)的情况下，由于商品销售价格上涨使商品销售总额上升了 15.71%，增加了 1.1 万元。容易验证

$$147.27\% = 127.27\% \times 115.71\%$$
$$2.6(万元) = 1.5(万元) + 1.1(万元)$$

综上所述，该商场三种商品的销售总额之所以上升了 47.27%、增加了 2.6 万元，是由于商品销售量上升了 27.27%，使销售总额增加了 1.5 万元，以及由于商品销售价格上升了 15.71%，使销售总额增加了 1.1 万元的共同结果。

2. 多因素分析

如果总量指标的变动受三个或三个以上相关因素变动的影响，那么就可以进行多因素分析。

在进行多因素分析时要注意以下方面。

(1)各因素的排列顺序。

在具体分析时应根据现象的内在联系关系对若干因素进行合理的排序，使之符合经济内容和经济逻辑，一般按数量指标在前，质量指标在后的顺序排列。

(2)同度量因素时期的固定。

多因素分析和两因素分析的原理相同，当对其中一个因素进行分析时，需将其他因素作为同度量因素，并分别固定在不同时期。分析的顺序要与经济关系式中的顺序一致。

对于同度量因素的固定问题，需遵循：将各因素排列好顺序后，位于分析因素之前的同度量因素固定在报告期，位于分析因素之后的同度量因素固定在基期。其中，分析因素是指正在分析

的那个因素。(分析第一个因素的影响时，没有分析的因素作为同度量因素固定在基期；分析第二个因素时，已经分析过的因素固定在报告期，没有分析过的因素固定在基期，依次类推。)

以工业企业生产原材料费用总额为例来加以说明。

工业企业生产的原材料费用总额取决于产品的数量及单位产品原材料消耗额，而单位产品原材料消耗额又取决于单位产品原材料消耗量和单位原材料价格，即

原材料费用总额=产品数量×单位产品原材料消耗量×单位原材料价格

用 q 表示产品数量，m 表示单位产品原材料消耗量，p 表示单位原材料价格，则原材料费用总额就是 qmp，即

$$qmp = q \cdot m \cdot p \tag{5-33}$$

根据综合指数编制的一般原则和统计指数体系的要求，可以有：

原材料费用总额指数=产品数量指数×单位产品原材料消耗量指数×单位原材料价格指数，即

$$I_{qmp} = I_q \cdot I_m \cdot I_p \tag{5-34}$$

也就是

$$\frac{\sum q_1 m_1 p_1}{\sum q_0 m_0 p_0} = \frac{\sum q_1 m_0 p_0}{\sum q_0 m_0 p_0} \times \frac{\sum q_1 m_1 p_0}{\sum q_1 m_0 p_0} \times \frac{\sum q_1 m_1 p_1}{\sum q_1 m_1 p_0} \tag{5-35}$$

绝对数体系则为

$$\begin{aligned}\sum q_1 m_1 p_1 - \sum q_0 m_0 p_0 = &\left(\sum q_1 m_0 p_0 - \sum q_0 m_0 p_0\right) \\ &+ \left(\sum q_1 m_1 p_0 - \sum q_1 m_0 p_0\right) + \left(\sum q_1 m_1 p_1 - \sum q_1 m_1 p_0\right)\end{aligned} \tag{5-36}$$

【例 5-8】某工业企业报告期与基期的产品数量、单位产品原材料消耗量和单位原材料价格的资料如表 5-7 所示，要求对该企业原材料费用总额的变动进行因素分析。

表 5-7 某工业企业原材料消耗的有关资料

产品名称	产品数量 q（件）		单位产品原材料单耗量 m（千克/件）		单位原材料价格 p（元/千克）	
	基期 q_0	报告期 q_1	基期 m_0	报告期 m_1	基期 p_0	报告期 p_1
甲	100	900	20	25	50	55
乙	800	1 000	18	16	20	30
丙	450	500	8	10	18	20

根据表 5-7 可得到计算表 5-8。

表 5-8 某工业企业原材料费用计算表

产品名称	$q_0 m_0 p_0$	$q_1 m_1 p_1$	$q_1 m_0 p_0$	$q_1 m_1 p_0$
甲	100 000	1 237 500	900 000	1 125 000
乙	288 000	480 000	360 000	320 000
丙	64 800	100 000	72 000	90 000
合计	452 800	1 817 500	1 332 000	1 535 000

由表 5-8 可计算得到

原材料费用额指数：

$$I_{qmp} = \frac{\sum q_1 m_1 p_1}{\sum q_0 m_0 p_0} = \frac{1\,817\,500}{452\,800} \approx 401\%$$

产量指数：

$$I_q = \frac{\sum q_1 m_0 p_0}{\sum q_0 m_0 p_0} = \frac{1\,332\,000}{452\,800} \approx 294\%$$

单位产品消耗量指数：

$$I_m = \frac{\sum q_1 m_1 p_0}{\sum q_1 m_0 p_0} = \frac{1\,535\,000}{1\,332\,000} \approx 115\%$$

单位价格指数：

$$I_p = \frac{\sum q_1 m_1 p_1}{\sum q_1 m_1 p_0} = \frac{1\,817\,500}{1\,535\,000} \approx 118\%$$

可以验证：401% ≈ 294%×115%×118%。

从绝对数上看，该企业报告期的原材料费用总额比基期增加了：1 817 500–452 800 = 1 364 700（元）。其中

由于产量增加而增加的费用为：

$$\sum q_1 m_0 p_0 - \sum q_0 m_0 p_0 = 1\,332\,000 - 452\,800 = 879\,200(元)$$

由于单位产品消耗量增加而增加的费用为：

$$\sum q_1 m_1 p_0 - \sum q_1 m_0 p_0 = 1\,535\,000 - 1\,332\,000 = 203\,000(元)$$

由于单耗价格上涨而增加的费用为：

$$\sum q_1 m_1 p_1 - \sum q_1 m_1 p_0 = 1\,817\,500 - 1\,535\,000 = 282\,500(元)$$

同样可以验证：1 364 700（元）=879 200+203 000+ 282 500。

结果表明，该企业原材料费用总额报告期比基期增长了401%、增加了 1 364 700 元。其中由于产量增长了294%，使原材料费用总额增加了 879 200 元；由于单位产品消耗量增长了115%，使原材料费用总额增加了 203 000 元；由于单耗价格增长了118%，使原材料费用总额增加了 282 500 元。

5.3.4 平均指标变动的因素分析

总量指标因素分解的思想同样可以应用到平均指标的变动分析中来。

在分组数据的情况下，平均指标的计算公式为：

$$\bar{x} = \frac{\sum x_i f_i}{\sum f_i} = \sum \left(x_i \frac{f_i}{\sum f_i} \right) \tag{5-37}$$

可以看出平均指标的变动受两个因素的影响：各组的变量水平(x_i)；各组单位数在总体中的比重($\dfrac{f_i}{\sum f_i}$)。

在平均指标变动的因素分析中将各组变量水平视为质量因素，将各组单位数在总体中的比重视为数量因素。

如果仍然以"1"表示报告期，以"0"表示基期，那么，报告期和基期平均指标的水平分别为：

$$\bar{x}_1 = \frac{\sum x_1 f_1}{\sum f_1}, \quad \bar{x}_0 = \frac{\sum x_0 f_0}{\sum f_0} \tag{5-38}$$

指数体系在这里依然存在。

1. 总平均指标指数

总平均指标指数用于分析平均指标的总变动。

$$总平均指标指数\ I_{\bar{x}} = \frac{\bar{x}_1}{\bar{x}_0} = \frac{\dfrac{\sum x_1 f_1}{\sum f_1}}{\dfrac{\sum x_0 f_0}{\sum f_0}} \tag{5-39}$$

$$变动绝对额 = \frac{\sum x_1 f_1}{\sum f_1} - \frac{\sum x_0 f_0}{\sum f_0} \tag{5-40}$$

2. 固定构成指数

固定构成指数用于分析各组变量水平变动对总平均指标变动的影响。

固定构成指数的计算方式是假定各组单位数在总体中比重($\dfrac{f_i}{\sum f_i}$)固定的情况下，观察各组变量值x_i水平的变动对总平均指标的影响。

根据指数计算的一般原则，x_i属于质量化指标，$\dfrac{f_i}{\sum f_i}$属于数量化指标，因此固定构成指数属于质量指标指数，一般要把同度量因素的时间固定在报告期，即采用帕氏指数形式。

$$固定构成指数\ I_x = \frac{\dfrac{\sum x_1 f_1}{\sum f_1}}{\dfrac{\sum x_0 f_1}{\sum f_1}} = \frac{\sum x_1 f_1}{\sum x_0 f_1} \tag{5-41}$$

$$变动绝对额 = \frac{\sum x_1 f_1}{\sum f_1} - \frac{\sum x_0 f_1}{\sum f_1} \tag{5-42}$$

3. 结构影响指数

结构影响指数用于分析各组单位数在总体单位数中的结构变动对总平均指标变动的影响。

结构影响指数的计算方法是假定从基期到报告期的各组变量值水平 x_i 保持不变,观察各组单位数在总体中的比重($\frac{f_i}{\sum f_i}$)的变动对总平均指标的影响。

根据指数计算的一般原则,结构变动影响指数属于数量指标指数,一般要把同度量因素 x 的时间固定在基期,即采用拉氏指数形式。

$$结构影响指数\ I_f = \frac{\dfrac{\sum x_0 f_1}{\sum f_1}}{\dfrac{\sum x_0 f_0}{\sum f_0}} \tag{5-43}$$

$$变动绝对额 = \frac{\sum x_0 f_1}{\sum f_1} - \frac{\sum x_0 f_0}{\sum f_0} \tag{5-44}$$

4. 综合分析

不难发现,总平均指标指数、固定构成指数和结构影响指数三者之间具有如下关系:

$$I_{\bar{x}} = I_x \cdot I_f$$

即

$$\frac{\dfrac{\sum x_1 f_1}{\sum f_1}}{\dfrac{\sum x_0 f_0}{\sum f_0}} = \frac{\dfrac{\sum x_1 f_1}{\sum f_1}}{\dfrac{\sum x_0 f_1}{\sum f_1}} \times \frac{\dfrac{\sum x_0 f_1}{\sum f_1}}{\dfrac{\sum x_0 f_0}{\sum f_0}} \tag{5-45}$$

总变动绝对额等于各因素变动影响绝对额的代数和:

$$\frac{\sum x_1 f_1}{\sum f_1} - \frac{\sum x_0 f_0}{\sum f_0} = \left(\frac{\sum x_1 f_1}{\sum f_1} - \frac{\sum x_0 f_1}{\sum f_1}\right) + \left(\frac{\sum x_0 f_1}{\sum f_1} - \frac{\sum x_0 f_0}{\sum f_0}\right) \tag{5-46}$$

【例 5-9】某企业职工有关工资资料如表 5-9 所示,要求对职工平均工资水平变动进行因素分析。

表 5-9 某企业报告期与基期各组职工工资水平与人数

组 别	职工人数 基期 f_0	职工人数 报告期 f_1	月平均工资(元) 基期 x_0	月平均工资(元) 报告期 x_1	工资总额(元) 基期 $x_0 f_0$	工资总额(元) 报告期 $x_1 f_1$	工资总额(元) 假定的 $x_0 f_1$	工资总额(元) 假定的 $x_1 f_0$
技术人员	70	66	8 000	8 600	560 000	567 600	528 000	602 000
管理人员	30	74	5 000	5 500	150 000	407 000	370 000	165 000
合计	100	140	13 000	14 100	710 000	974 600	898 000	767 000

解：

(1) 计算平均工资总变动指标。

$$I_{\bar{x}} = \frac{\bar{x}_1}{\bar{x}_0} = \frac{\dfrac{\sum x_1 f_1}{\sum f_1}}{\dfrac{\sum x_0 f_0}{\sum f_0}} \approx \frac{6\,961}{7\,100} \approx 98.04\%$$

$$变动绝对额 = \frac{\sum x_1 f_1}{\sum f_1} - \frac{\sum x_0 f_0}{\sum f_0} \approx 6\,961 - 7\,100 = -139(元)$$

(2) 计算固定构成指数。

$$I_x = \frac{\bar{x}_1}{\bar{x}_0} = \frac{\dfrac{\sum x_1 f_1}{\sum f_1}}{\dfrac{\sum x_0 f_1}{\sum f_1}} \approx \frac{6\,961}{6\,414} \approx 108.5\%$$

$$变动绝对额 = \frac{\sum x_1 f_1}{\sum f_1} - \frac{\sum x_0 f_1}{\sum f_1} \approx 6\,961 - 6\,414 = -547(元)$$

(3) 计算结构影响指数。

$$I_f = \frac{\dfrac{\sum x_0 f_1}{\sum f_1}}{\dfrac{\sum x_0 f_0}{\sum f_0}} \approx \frac{6\,414}{7\,100} \approx 90.3\%$$

$$变动绝对额 = \frac{\sum x_0 f_1}{\sum f_1} - \frac{\sum x_0 f_0}{\sum f_0} \approx 6\,414 - 7\,100 = -686(元)$$

(4) 综合分析。

$$I_{\bar{x}} = I_x \times I_f$$

即

$$\frac{\dfrac{\sum x_1 f_1}{\sum f_1}}{\dfrac{\sum x_0 f_0}{\sum f_0}} = \frac{\dfrac{\sum x_1 f_1}{\sum f_1}}{\dfrac{\sum x_0 f_1}{\sum f_1}} \times \frac{\dfrac{\sum x_0 f_1}{\sum f_1}}{\dfrac{\sum x_0 f_0}{\sum f_0}}$$

$$98.04\% \approx 108.5\% \times 90.3\%$$

总变动绝对额等于各因素变动影响绝对额的代数和：

$$\frac{\sum x_1 f_1}{\sum f_1} - \frac{\sum x_0 f_0}{\sum f_0} = \left(\frac{\sum x_1 f_1}{\sum f_1} - \frac{\sum x_0 f_1}{\sum f_1}\right) + \left(\frac{\sum x_0 f_1}{\sum f_1} - \frac{\sum x_0 f_0}{\sum f_0}\right)$$

$$6961-7100=(6961-6414)+(6414-7100)$$
$$=547-686$$
$$=-139$$

计算结果表明，从相对数方面看：该企业总平均工资报告期比基期减少了1.96%，这是各组职工工资水平变动使总平均工资增加8.5%，以及职工结构变动影响使总平均工资减少9.7%的结果。从绝对数方面看：该企业总平均工资报告期比基期减少了139元，这是各组职工工资水平变动使总平均工资增加547元，以及职工结构变动影响使总平均工资减少686元的结果。

本章知识结构图

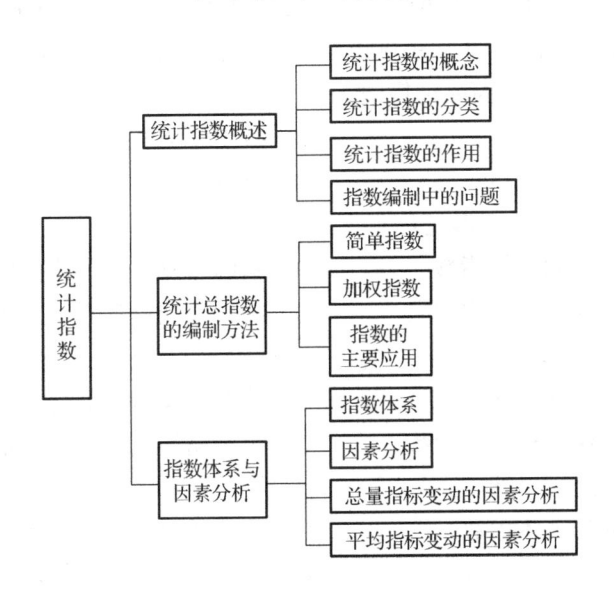

统计指数
- 统计指数概述
  - 统计指数的概念
  - 统计指数的分类
  - 统计指数的作用
  - 指数编制中的问题
- 统计总指数的编制方法
  - 简单指数
  - 加权指数
  - 指数的主要应用
- 指数体系与因素分析
  - 指数体系
  - 因素分析
  - 总量指标变动的因素分析
  - 平均指标变动的因素分析

思考与练习

一、单选题

1. 数量指标指数一般采用（　　）形式。
   A．帕氏指数　　B．费希尔指数　　C．拉氏指数　　D．杨格指数
2. 若产品产量指数上升2%，出厂价格指数下降2%，则产品产值指数会（　　）。
   A．上升　　B．下降　　C．持平　　D．难以判断
3. 某企业生产多种产品，下列指数中属于狭义指数的是（　　）。
   A．企业职工工资总额指数　　B．企业用水量指数
   C．企业用电价格指数　　D．企业产品出厂价格指数
4. 为了单纯反映产品成本变化而不受产品产量结构变化的影响，计算产品成本总指数时应该选择的指数形式是（　　）。
   A．帕氏指数　　B．费希尔指数　　C．拉氏指数　　D．马埃指数
5. 为了比较不同区域居民消费价格水平之间的差异，指数的计算应该采用（　　）。
   A．帕氏指数　　B．费希尔指数　　C．拉氏指数　　D．马埃指数

6. 同样多的货币支出少购买 5%的商品,那么商品价格指数是( )。
   A. 5.26%   B. 105%   C. 105.26%   D. 5%
7. 某公司报告期增加了很多新员工,为了准确反映全公司职工劳动效率的真实变化,需要编制劳动生产率的( )。
   A. 总平均指标指数   B. 固定构成指数
   C. 结构变动影响指数   D. 职工人数指数
8. 某企业今年三种产品的出厂价格分别比去年上涨了 5%、7%和 12%,今年三种产品的销售额分别为 2 000 万元、2 600 万元和 400 万元,则出厂价格总水平上涨了( )。
   A. 8%   B. 6.57%   C. 7.96%   D. 6.6%
9. 某商场报告期商品销售额为 9 000 万元,比基期增加 400 万元,商品销售量指数为 110%,那么价格变动所引起的商品销售额( )。
   A. 增加了 400 万元   B. 减少了 400 元
   C. 增加了 0 元   D. 减少了 460 万元
10. 拉氏综合数量指数的变形是( )。
    A. 基期加权调和平均指数   B. 基期加权算数平均指数
    C. 报告期加权调和平均指数 D. 报告期加权算数平均指数
11. 帕氏综合质量指数的变形是( )。
    A. 基期加权调和平均指数   B. 基期加权算术平均指数
    C. 报告期加权调和平均指数 D. 报告期加权算术平均指数
12. 编制总指数的方法主要是( )。
    A. 综合指数与个体指数   B. 算术平均指数与调和平均指数
    C. 数量指数与质量指数   D. 综合指数与平均指数
13. 利用统计指数进行因素分析的依据是( )。
    A. 综合指数与平均指数   B. 平均指标指数
    C. 同度量因素   D. 指数体系
14. 下列指数中属于数量指数的是( )。
    A. 产品成本指数   B. 商品销售量指数
    C. 销售价格指数   D. 平均工资指数
15. 下列指数中属于质量指数的是( )。
    A. 劳动生产率指数   B. 商品销售量指数
    C. 工业生产指数   D. 产品产量指数

二、多选题

1. 统计指数具有哪些性质( )。
   A. 综合性   B. 相对性   C. 代表性
   D. 平均性   E. 无偏性
2. 总指数的编制方法有( )。
   A. 帕氏综合指数法   B. 基期加权算术平均法

C. 报告期加权调和平均法　　　　　　D. 拉氏综合指数法
E. 其他综合指数法

3. 对于综合指数的同度量因素，其要点有（　　）。
   A. 相关因素互为同度量因素　　　　B. 指数化因素与同度量因素一成不变
   C. 其时间或空间需要加以固定　　　D. 其性质要根据相关因素的关系而定
   E. 具有权数作用

4. 某年甲地区按不变价计算的工业总产值是乙地区的115%，该相对数属于（　　）。
   A. 质量指数　　　B. 数量指数　　　C. 静态指数
   D. 杨格指数　　　E. 综合指数

5. 若某商场某月的综合价格指数为116%，绝对影响额为66万元，说明（　　）。
   A. 商品价格平均上涨了16%
   B. 价格变动使销售额增长了16%
   C. 价格变动使销售额增加了66万元
   D. 居民购买同样多的商品多支付了66万元
   E. 商品价格上涨了66万元

6. 平均指数是（　　）。
   A. 个体指数的加权平均数　　　　　B. 计算总指数的一种方法
   C. 一定条件下的综合指数的变形　　D. 先平均、后对比
   E. 先对比、后综合

7. 下列指数中属于质量指数的有（　　）。
   A. 产品成本指数　　　　　　　　　B. 商品销售量指数
   C. 销售价格指数　　　　　　　　　D. 结构变动影响指数
   E. 劳动生产率指数

8. 运用指数体系进行因素分析的前提包括（　　）。
   A. 各因素指数之乘积等于总变动指数
   B. 各因素影响差额之和等于实际发生的总差额
   C. 各因素指数与总指数之间存在因果关系
   D. 各因素之间存在内在经济联系
   E. 各因素互为同度量因素

三、简答题

1. 什么是统计指数？它有什么作用？
2. 什么是数量指标指数和质量指标指数？请举例说明。
3. 拉氏指数和帕氏指数的根本区别是什么？请举例说明。
4. 平均指数和平均指标有什么区别？请举例说明。
5. 什么是指数体系？有什么作用？

四、计算分析题

1. 某商场三种商品报告期、基期的价格与销售量数据如下表所示。

商品名称	计量单位	价格(元) 基期	价格(元) 报告期	销售量 基期	销售量 报告期
皮鞋	双	220	200	390	420
茶叶	千克	250	300	80	90
棉布	米	50	65	700	600

要求：

(1) 分别计算三种商品的价格和销售量的个体指数；

(2) 编制该商场商品销售价格总指数，并说明其意义；

(3) 编制该商场商品销售量指数，并说明其意义。

2．某企业生产两种产品的有关资料如下表所示。

产品名称	生产总费用(万元) 基期	生产总费用(万元) 报告期	第二季度生产成本比第一季度增减(%)
甲	1 600	1 710	−5
乙	2 400	2 400	−4

要求：

(1) 计算该企业生产成本变化情况，以及所增减的生产总费用；

(2) 对该企业生产总费用变动进行因素分析。

3．某企业报告期、基期三种产品的销售产值，以及各种产品的出厂价格变化情况如下表所示。

产品名称	计量单位	销售产值(万元) 基期	销售产值(万元) 报告期	报告期出厂价格比基期增减幅度(%)
甲	米	200	250	+6
乙	千克	400	460	+12
丙	只	550	510	−8

要求：

(1) 编制该企业产品出厂价格总指数；

(2) 编制该企业产品产量总指数。

4．某商场报告期、基期三种商品的销售额，以及各种商品的销售量个体指数如下表所示。

商品名称	计量单位	基期销售额(万元)	报告期销售额(万元)	个体销售量指数(%)
甲	米	800	960	105
乙	千克	1 000	990	110
丙	只	400	500	98

要求：

(1) 编制该商场商品销售价格总指数；

(2) 编制该商场商品销售量总指数；

(3)计算该商场商品销售总额指数,分析商品销售总额变动的原因。

5．已知某企业报告期三种产品的产值分别是100万元、200万元和260万元,总产值比基期增长了8%,产品价格与基期相比分别为+5%、保持不变和-3%。试计算该企业的产量总指数、价格总指数,以及对企业总产值变化的影响。

6．某商场报告期销售额为5 000万元,比基期增加了200万元,销售量整体上升了2%。问销售价格总指数是多少？销售量和销售价格变化所引起的销售额分别是多少？

五、实训题

实训一

(1)实训目的：掌握利用指标体系对平均指标的变动进行因素分析的方法。

(2)实训资料：某企业利润净额的变动资料如下表所示。

指　标	单　位	符　号	基　期	报　告　期
利润净额	万元	Y	150	200
职工平均人数	人	N	1 000	1 200
全员劳动生产率	万元/人·年	T	3.2	3.5
产销比率	%	R	80	100
销售收入利润率	%	η	6	5

(3)根据你所学过的知识,分析各因素变动对企业利润净额的影响。

实训二

(1)实训目的：掌握利用指标体系对总量指标的变动进行因素分析的方法。

(2)实训资料：某企业报告期、基期的职工人数和劳动生产率数据如下表所示。

车　间	职 工 人 数		劳动生产率(万元/人·年)	
	基　期	报　告　期	基　期	报　告　期
甲	200	190	30	35
乙	180	200	40	42
丙	120	160	45	48

根据你所学过的知识,分析该企业劳动生产率变动的原因。

(提示：总产值=职工人数×劳动生产率)

第 6 章 抽样分布与参数估计

> 【学习目标】
> 区分不同的抽样方法；掌握抽样分布的概念；会计算与样本均值和样本比例相关的概率；理解中心极限定理；理解点估计与置信区间估计；能够计算均值和比例的置信区间；根据所要得到的置信区间确定样本容量。

6.1 抽样理由和抽样方法

6.1.1 抽样理由

抽样是从总体中选择个体的一个过程，目的是利用样本信息对总体进行推断。例如，关于新出厂的产品质量的检验，质检员不需要对所有产品进行逐一检测，往往只抽查其中几箱即可大致判断整批产品的情况。从总体抽取出来的个体，称为样本。之所以要选择样本，有以下四个原因。

(1) 研究整个总体耗费时间较长。

从总体抽取一部分进行测验可能只需要花费几天或几周的时间，而研究整个总体可能要花费几个月甚至几年的时间，对于有时间限制的研究项目，研究整个总体是不可行的。

(2) 研究整个总体的费用较高。

2 000 个家庭样本相比 5 000 万个家庭总体，调查和分析成本要低得多。

(3) 研究整个总体是不可行的。

对于某些项目，总体是无限的，不可能获取总体中所有个体的信息，只能抽取一部分个体进行观察。

(4) 有破坏性的测试。

某些研究会破坏个体的性能或寿命，如对新车安全性能的检测、灯泡使用寿命的检测等。在这些情况下，只能抽取一部分进行分析。

6.1.2 抽样方法

当选择样本数据时，需要从抽样框里选择个体组成样本。抽样框，即抽样的范围，是对组成总体的所有抽样项目的列举。如果抽样框没有将总体中的所有个体都包括在内，就可能产生不准确或有偏差的结果。

选择抽样框之后，再采用合适的抽样方法从中抽取样本。抽样方法可分为非概率抽样和概率抽样。非概率抽样不考虑个体或条目被选择的概率。常用的非概率抽样有判断抽样和便利抽样两种。判断抽样根据选择好的专家的意见进行抽取。抽样结果受专家的主观意见影响较大,很难将结果推广到一般公众。在便利抽样中,个体或条目的选择简单、便宜且方便抽取。例如,对堆放在仓库中的产品进行质量检查,抽取顶层的产品比抽取底层的产品要容易得多。在广场选择对来往的行人进行调查比选择固定住户的人员进行调查要简单得多。尽管非概率方法抽取样本便利、快速且成本低,但是,由于选择性偏差导致缺少准确性,因此此类样本往往不能用于统计推断。

在概率样本中,我们基于已知的概率来选择条目。常用的概率抽样方法有简单随机抽样、系统抽样、分层抽样和整群抽样四种。

1. 简单随机抽样

简单随机抽样是指总体中所有个体或条目以相同的概率被选中构成样本。简单随机抽样是最基本的抽样方法,是其他几类随机抽样技术的基础。

采用简单随机抽样,用 n 代表样本容量,N 代表总体数(容量),对总体中的每个个体进行编号(从 1 到 N)。在第一次选择中,从总体中抽取某个特定个体的概率是 $1/N$。

为了说明简单随机抽样,假设总体包括 M 公司的 850 名员工,需要从中选择 50 名。一种保证每个员工被抽中机会相等的做法是把每个员工的名字分别写在不同的字条上并放进盒子里,充分混合后,在不看盒子的情况下,随机选取第一个,并重复上述操作,直至取出 50 个为止。

另一种更方便的随机抽样方法是使用随机数表。随机数表通过一个随机的过程产生(比如计算机)。每个 0,1,2,…,9 的数字选择概率是一样的。因此,员工号码 012 和号码 347 或者号码 729 被选中的概率是一样的。利用随机数表来选择员工,随机过程避免了偏差。

表格的一部分如表 6-1 所示。要选出简单随机样本,首先从随机数表中任意选择一个起始点。

表 6-1 使用随机数表

97340	03364	88472	04334	63919	36394	11095
70543	29776	10087	10072	55980	64688	68239
89382	93809	00796	95945	34101	81277	66090
37818	72142	67140	50785	22380	16703	53362
60430	22834	14130	96593	23298	56203	92671
82975	66158	84731	19436	55790	69229	28661

起始点

例如,选择第三行、第三列,这个数字为 00796,可以选择前三个数字。因此,007 号码对应的员工被选中。接着,可以沿着任意方向移动继续选择下去。在本例中,按照从左到右三位数的顺序逐一读数。

第 2 个个体号码为 969,由于只有 850 名员工,所以要舍弃这个数字。可以继续选择右边的 594、534、101 等,直到选到所要求的 50 名员工作为样本。如果在抽样过程中出现任何三位数字重复,则舍弃这个重复的三位数,因为该实验操作的是无放回抽样。

2. 系统抽样

系统抽样又称等距抽样，是依据一定的抽样距离从总体中抽取样本的抽样方法。

要从容量为 N 的总体中抽取容量为 n 的样本，可以先将总体分成 n 组，每组 k 个个体，其中：

$$k = \frac{N}{n}$$

将 k 四舍五入取整。从第一组 k 个个体中随机选取一个作为样本里的第一个个体。接下来，每隔 k 个个体依次选取作为剩下的样本。

例如，上述选取员工的例子，$k = \frac{850}{50} = 17$，从第一组 1 到 17 个数中随机选取一个，比如 15，那么从这个数字开始，每隔 17 个员工（15，32，49 等）被依次选中。

简单随机抽样和系统抽样使用起来都相对简单，但效率也相对低一些。与简单随机抽样相比，系统抽样要求物理顺序和总体性质不能相关，否则会出现选择性偏差。例如，员工是按照收入高低进行排序的，所以系统抽样不能保证随机抽样，因此需要使用其他的抽样方法。

3. 分层抽样

将总体根据某些性质分成几组（即层），在每 1 个层中选择简单随机样本，然后加以合并形成样本，该种抽样方法被称为分层抽样。

分层抽样比简单随机抽样和系统抽样更为有效，因为其保证了样本对整个总体的代表性。例如，大学生根据年级可以分为四层，即大一、大二、大三和大四，然后在每个年级中选取随机样本。

4. 整群抽样

整群抽样是将总体按照标准划分为群，再随机选取若干群作为总体的样本。

整群抽样常用于降低在巨大地理区域内分布的总体中抽样的成本。例如，调查某地区（共 50 个村）农村家庭的年收入水平，可随机抽取某 5 个村的所有家庭进行调查。

显然，整群抽样比简单随机抽样更加节约成本。但是，整群抽样也有局限性。由于，整群抽样适用于总体分布在一个很广的地理区域的情况，因此，需要更大的样本容量以保证其精确性。

6.2 抽样误差

理解抽样误差，先要掌握两个术语：参数和统计量。参数是描述总体特征的值，如总体均值或中位数。一般情况下，参数是未知的。统计量是由样本计算得出的值，如样本均值或中位数。统计量用来估计应对参数的值，如用样本均值估计总体均值。

利用简单随机抽样、系统抽样、分层抽样和整群抽样采集的样本可以无偏地代表总体，进而用样本来估计总体性质。然而，样本是总体的一部分，样本均值不可能严格地等于总体均值，样本比例也不可能严格地等于总体比例。因此，样本统计量和对应的总体参数间往往存在着差异，我们称之为抽样误差。

例如，样本均值的抽样误差：

$$抽样误差 = \bar{x} - \mu$$

式中，$\bar{x}$ 表示样本均值；μ 表示总体均值。

总体的均值等于总体的所有数值之和除以总体容量 N，计算公式为：

$$\mu = \frac{\sum_{i=1}^{N} x_i}{N} \tag{6-1}$$

为了说明抽样误差的含义及它们的典型表现，考虑下面的例子。

假设 A 工厂某班组共 4 人，他们的年龄如下：

$$24 \quad 28 \quad 32 \quad 36$$

考虑这个班组为总体，则他们的平均年龄为 30，即总体均值，用希腊字母 μ 记录这个数值。

$$\mu = \frac{24 + 28 + 32 + 36}{4} = 30$$

接下来，随机选取两个人的样本（$n=2$）来估计这个总体参数（多数情况下，总体参数是未知的），如随机样本包含前面列表中的前两个工人，年龄是 24 和 28。用 $\bar{x}_1$ 表示样本均值，则有：

$$\bar{x}_1 = \frac{24 + 28}{2} = 26$$

$$抽样误差为 \bar{x}_1 - \mu = -4$$

负的抽样误差说明样本统计量比总体参数少 4，负抽样误差是样本均值大于总体均值的结果。假设抽取的第二组样本为列表中的后两个工人，年龄是 32 和 36。用 $\bar{x}_2$ 表示样本均值，则有：

$$\bar{x}_2 = \frac{32 + 36}{2} = 34$$

$$抽样误差为 \bar{x}_2 - \mu = 4$$

这个抽样误差为正值，说明样本统计量比总体参数大 4 岁。上述两个样本的抽样误差结果表明：抽样误差会随着样本不同而改变；抽样误差既可以为正，也可以为负，这取决于它们比总体均值大或小。

一般来说，抽样误差的产生是由于抽样的非全面性和随机性所引起的，是偶然性误差，即抽样估计值随样本不同所造成的误差。除了抽样误差，在调查过程中还可能存在非抽样误差。非抽样误差是由随机抽样的偶然性因素以外的原因所引起的误差，如抽样框误差、系统性误差、测量误差、登记误差等。

抽样框误差是因为不准确或不完整的抽样框而引起的误差。当总体中的有些条目没有被包括在抽样框里时，此时选取的随机概率样本只会提供对抽样框特征的描述，而不是对实际的总体的描述。

系统性误差是指在抽取样本时，加入了主观意愿，进而破坏了随机抽样的原则，使样本不足以代表总体而造成的误差。

测量误差是指所获得的原始信息与经测量处理的信息之间的差异。在信息收集和处理过程中，由于问题定义的不恰当、调查者对被调查者的影响、数据的不正确处理等都会产生测量误差。

登记误差是指在调查过程中，由于工作出现失误而造成的误差。

本章的讨论以只存在抽样误差为前提。偶然性误差的前提是，它随着样本容量的增大而趋于零，或者说各样本统计值的平均值与总体参数值的差为零。

6.3 抽样分布

在很多应用中，我们需要基于从样本计算出的统计量做出推断来估计总体的参数值。例如，牛奶生产商关心盒装牛奶的重量是否符合标准？然而，检验从生产线下来的每盒牛奶的重量是不切实际的。比较好的做法是从生产线上随机地选择一个具有代表性的小样本进行检测。如何根据这个小样本的检测结果推断出所有盒装牛奶是否符合标准？要解决这个问题，首先要了解什么是抽样分布。

在实际操作中，按照一个预定的大小从总体中抽取单一的简单随机样本。抽样分布就是选出所有可能的样本情况下结果的分布。本节将介绍两种抽样分布：样本均值的抽样分布和比例的抽样分布。

6.3.1 样本均值的抽样分布

样本均值的抽样分布是对于给定样本容量的所有可能样本的均值的概率分布。

1. 样本均值的均值

为说明均值的抽样分布的生成，我们回到调查 A 工厂某班组工人平均年龄的问题。如果是有放回地抽取 2 名工人生成样本，那么共有 16 种可能的样本。用 1、2、3、4 对工人进行编号，其结果如表 6-2 所示。如果将 16 个样本均值取平均值 $\mu_{\bar{x}}=30$，就等于总体的平均值 μ。

表 6-2 从 $N=4$ 的工人总体中有放回地抽取所有 16 个 $n=2$ 样本

样 本	工 人	样 本 结 果	样 本 均 值
1	1, 1	24, 24	24
2	1, 2	24, 28	26
3	1, 3	24, 32	28
4	1, 4	24, 36	30
5	2, 1	28, 24	26
6	2, 2	28, 28	28
7	2, 3	28, 32	30
8	2, 4	28, 36	32
9	3, 1	32, 24	28
10	3, 2	32, 28	30
11	3, 3	32, 32	32

续表

样　本	工　人	样本结果	样本均值
12	3, 4	32, 36	34
13	4, 1	36, 24	30
14	4, 2	36, 28	32
15	4, 3	36, 32	34
16	4, 4	36, 36	36
			$\mu_{\bar{x}}=30$

在本例中，样本均值的抽样分布如图 6-1 所示。

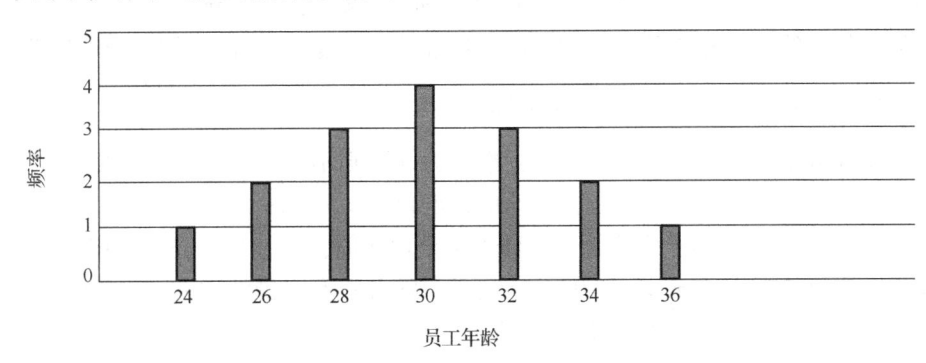

图 6-1　均值的抽样分布：员工平均年龄

由于 16 个样本均值的平均数等于总体均值，所以样本均值是总体均值的一个无偏估计量。虽然我们不知道某个特定的样本均值和总体均值有多近，但是至少能保证所有有可能被选出的样本的均值的平均值等于总体均值。

2．样本均值的标准差

图 6-1 给出了选择所有 16 个样本时样本均值的变动情况。在这个小样本中，选择不同的工人样本均值也各不相同。由于样本均值是样本值的平均值，因而样本均值的波动比总体本身的波动小。即使样本中包含极端数据，它对样本均值的影响也会被其他数据平均分摊，从而使极端值对样本均值的影响被削弱。随着样本容量的增大，单个极端数据的影响就会变得越来越小，因为它被越来越多的数据平均分摊了。

均值的标准差是指所有可能的样本均值的标准差。当总体很大（一般大于 30）或无穷时，样本均值的标准差可用公式(6-2)计算得到：

$$\sigma_{\bar{x}} = \frac{\sigma}{\sqrt{n}} \tag{6-2}$$

式中，$\sigma_{\bar{x}}$ 表示均值的标准差；σ 表示总体标准差；n 表示样本容量。

当样本包含少于 5% 的总体情形下进行无放回抽样时，仍然可以用公式(6-2)计算样本均值的标准误差。

总体的标准差用公式(6-3)计算：

$$\sigma = \sqrt{\frac{\sum_{i=1}^{N}(x_i - \mu)^2}{N}} \tag{6-3}$$

式中，x_i 表示第 i 个个体的观察值；μ 表示总体均值；N 表示总体容量。

由公式(6-2)可知，随着样本容量 n 的增大，均值的标准差就会变小。用公式(6-2)和公式(6-3)计算可得员工年龄总体标准差及样本均值的标准差分别为：

$$\sigma = \sqrt{\frac{(24-30)^2 + (28-30)^2 + (32-30)^2 + (36-30)^2}{4}} = \sqrt{20} \approx 4.47$$

$$\sigma_{\bar{x}} = \frac{\sigma}{\sqrt{n}} = \frac{4.47}{\sqrt{2}} \approx 3.16$$

在本例中，由于随机抽取两名员工(如表6-1所示)来构造抽样分布，所以故 $n=2$。比较员工年龄的总体标准差和样本均值的标准差，显然，均值的平均变异性比总体要小。

3. 正态分布总体的样本均值的抽样分布

如果总体服从正态分布，均值为 μ，标准差为 σ，则不管样本容量 n 为多大，均值的抽样分布也服从正态分布，均值 $\mu_{\bar{x}} = \mu$，均值的标准差 $\sigma_{\bar{x}} = \sigma/\sqrt{n}$。

当样本容量 $n=1$ 时，样本均值就是总体中单个观察值，其抽样分布一定服从正态分布，均值 $\mu_{\bar{x}} = \mu$，均值的标准差 $\sigma_{\bar{x}} = \sigma/\sqrt{1} = \sigma$。另外，随着样本容量的增大，均值的抽样分布总是服从均值为 $\mu_{\bar{x}} = \mu$ 的正态分布。但是，均值的标准差会变小。所以，随着样本容量的增大，样本均值就越来越接近总体均值。

下面，举例说明均值的抽样分布的概念及应用。假设某品牌乒乓球的直径近似服从正态分布，均值为 1.30 英寸，标准差 0.04 英寸。如果随机抽取 16 个乒乓球作为样本，试计算样本的均值。样本均值会是 1.30 英寸吗？还是 1.29 英寸？1.25 英寸？

因为样本是从总体中抽取的，如果总体是正态分布，那么样本中的数值也应该接近正态分布。所以，如果总体的均值是 1.30 英寸，那么样本的均值也很有可能是 1.30 英寸。

如何确定样本均值低于 1.28 英寸的可能性是多少呢？由正态分布可知，正态分布曲线下小于任何值的那部分面积可以通过转化为标准化的 Z 值得到，如公式(6-4)所示。

$$Z = \frac{x - \mu}{\sigma} \tag{6-4}$$

用 $\bar{x}$ 替代上式中的 x，$\sigma_{\bar{x}}$ 替代 σ，即可得到样本均值的抽样分布的 Z 值，如公式(6-5)所示。

$$Z = \frac{\bar{x} - \mu_{\bar{x}}}{\sigma_{\bar{x}}} = \frac{\bar{x} - \mu}{\frac{\sigma}{\sqrt{n}}} \tag{6-5}$$

要计算 1.28 英寸以下的那部分面积，由公式(6-5)可得：

$$Z = \frac{\bar{x} - \mu_{\bar{x}}}{\sigma_{\bar{x}}} = \frac{1.28 - 1.30}{\frac{0.04}{\sqrt{16}}} = \frac{-0.02}{0.01} = -2$$

查标准正态分布表可知，$Z = -2.00$ 对应的面积是 0.0228，即所有容量为 16 的样本的均值有 2.28% 的概率低于 1.28 英寸。

但这不代表每个乒乓球直径低于 1.28 英寸的概率为 2.28%。应用公式(6-4)计算可知：

$$Z = \frac{x - \mu}{\sigma} = \frac{1.28 - 1.30}{0.04} = -0.5$$

查标准正态分布表，$Z = -0.5$ 对应的面积是 0.3085，即有 30.85% 的乒乓球，其直径低于 1.28 英寸。将这个结果和样本均值的结果相比，更多的乒乓球直径小于 1.28 英寸。这是因为每个样本都有 16 个不同的数值，它们有大有小，在平均的过程中，个体值的重要性被稀释了，尤其在样本容量很大的时候。所以，样本容量为 16 的样本均值偏离总体均值的概率要小于单个乒乓球偏离的概率。

上述例子说明了总体分布和样本均值的抽样分布有着密切的关系：
(1) 样本均值的均值严格地等于总体均值；
(3) 样本均值抽样分布的离差量低于总体分布；
(3) 样本均值的抽样分布趋于正态分布，逼近近似的整体概率分布。

6.3.2 中心极限定理

上一节讲述了样本均值的抽样分布，利用正态分布可以得到总体均值的置信区间，同时做假设检验（第 7 章讲述）。但是，到目前为止，讲的都是正态分布总体的样本均值的分布。在很多情况下，要么总体并不服从正态分布，要么就是不能不切实际地假设它为正态分布。但是，中心极限定理帮助我们解决了这类问题。

中心极限定理（central limit theorem）就是说当样本容量（样本中的观察值数量）足够大的时候，不管总体的分布形状如何，样本均值的抽样分布都近似正态分布。

中心极限定理告诉我们，无论总体分布情况如何，大样本的样本均值都是正态分布。然而，多大的样本容量是足够大呢？作为一般的准则，统计学发现，当总体分布样本容量至少为 30 的时候，均值的样本分布近似正态分布。但是，如果事先知道总体呈正态分布，则更小的样本容量也可以保证均值分布的正态性。如果总体分布极端偏斜或者有多种模式的时候，为保证正态性，样本容量要大于 30。图 6-2 显示了不同总体分布形态下均值的抽样分布的结果，可以看出正态分布的收敛性与总体分布无关。

在每个分布里，由于样本均值具有无偏性，所以任何抽样分布的均值总是等于总体的均值。

图 6-2(A) 为取自正态分布总体的样本均值的抽样分布。可以看出，当总体为正态分布时，不管样本容量大小，样本均值的抽样分布都服从正态分布。

图 6-2(B) 为取自均匀分布总体的样本均值的抽样分布。当 $n = 2$ 时，曲线呈中间突起的山峰形，此时，中心极限定理开始起作用。当 $n = 5$ 时，样本均值的抽样分布曲线呈钟形，接近正态分布。当 $n = 30$ 时，样本均值的抽样分布非常接近正态分布。显然，两种情形下，样本均值抽样分布的均值都等于总体的均值，但是，当 $n = 30$ 时样本均值的抽样分布的波动程度更小。

图 6-2(C) 给出了指数分布，总体分布严重右偏。当 $n = 2$ 时，样本均值的抽样分布高度右偏，但是情况比总体稍好。当 $n = 5$ 时，样本均值的抽样分布曲线轻微右偏。当 $n = 30$ 时，样本均值的抽样分布几乎呈正态分布。同样，每个样本均值的抽样分布的均值都等于总体的均值。随着容量的增大，分布的波动程度逐渐减小。

由此我们可以知道：
(1) 无论样本容量多大，总体为正态分布的样本均值也呈正态分布；

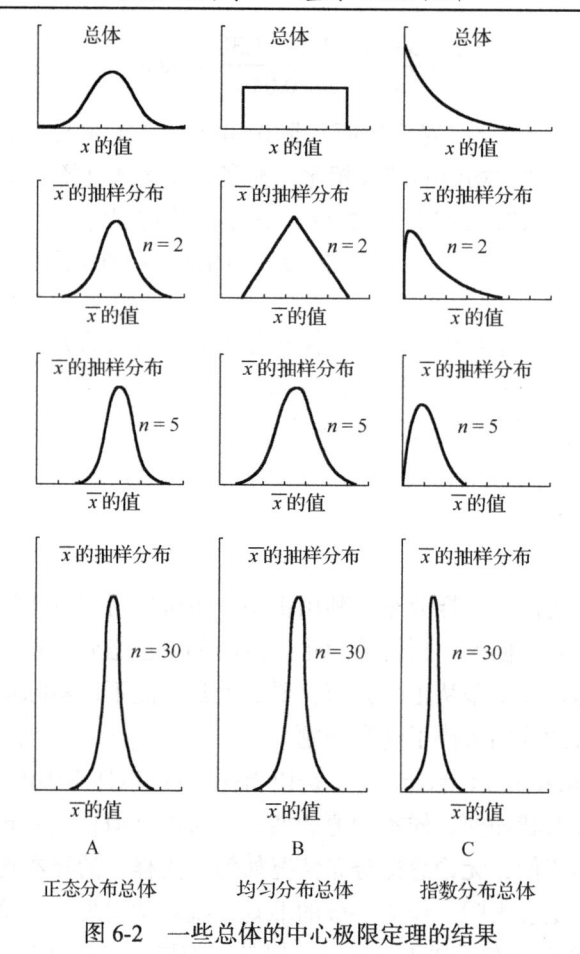

图 6-2　一些总体的中心极限定理的结果

(2)若总体不是正态分布,中心极限定理告诉我们样本容量足够大的样本均值服从正态分布。通常,无论总体分布情况如何,样本容量大于等于30的样本均值服从正态分布。

6.3.3　比例的抽样分布

如果我们研究的是属性变量,感兴趣的可能是属于某类条目的比例。例如,顾客要么偏好你的品牌,要么偏好竞争者的品牌,我们想知道偏好你的品牌的顾客比例。总体比例(用 π 表示),是总体里面具备我们所感兴趣特征的条目的比例。样本比例(用 p 表示),是样本里面具备我们感兴趣特征的条目的比例。样本比例(统计量)用来估计总体比例(参数)。

样本比例可由公式(6-6)计算得到。

$$p = \frac{x}{n} = \frac{\text{具有感兴趣特征的条目数}}{\text{样本容量}} \tag{6-6}$$

样本比例 p 取 0~1 之间的值。例如,调查 100 名顾客,如果这 100 名顾客全都偏好你的品牌,则 p 取 1。如果有 50 名顾客偏好你的品牌,另外 50 名偏好竞争者的品牌,则 p 取 0.5。如果 100 名顾客全都偏好竞争者的品牌,则 p 等于 0。

我们已经知道样本均值 $\bar{x}$ 是总体均值 μ 的无偏估计量。类似的,统计量 p 是总体比例 π 的一个无偏估计量。

比例的标准误差 σ_p 由公式(6-7)给出。

$$\sigma_p = \sqrt{\frac{\pi(1-\pi)}{n}} \qquad (6\text{-}7)$$

比例的抽样分布服从二项分布。但是，当 $n\pi$ 和 $n(1-\pi)$ 都至少等于 5 的时候，可以用正态分布去近似二项分布。因此，在很多时候，可以用正态分布估计比例的抽样分布。用 p 代替 $\bar{x}$，π 代替 μ，以及用 $\sqrt{\frac{\pi(1-\pi)}{n}}$ 代替公式(6-5)中的 $\frac{\sigma}{\sqrt{n}}$，就得到了公式(6-8)。

$$Z = \frac{p-\pi}{\sqrt{\frac{\pi(1-\pi)}{n}}} \qquad (6\text{-}8)$$

为了说明比例的抽样分布，假定顾客偏好你的品牌的比例为 60%。如果随机抽取 100 名顾客作为样本，则该样本中至少有一半的顾客偏好你的品牌的概率是多少？

由于 $n\pi = 100 \times 0.6 = 60 > 5$ 且 $n(1-\pi) = 100 \times (1-0.6) = 100 \times 0.4 = 40 > 5$，说明样本容量足够大，所以可以假定比例的抽样分布近似满足正态分布。应用公式(6-8)可得：

$$Z = \frac{p-\pi}{\sqrt{\frac{\pi(1-\pi)}{n}}} = \frac{0.5-0.6}{\sqrt{\frac{0.6 \times (1-0.6)}{100}}} = \frac{-0.1}{\sqrt{\frac{0.24}{100}}} = \frac{-0.1}{0.04899} = -2.041$$

查正态分布表可知，正态曲线下方比 -2.041 小的面积是 0.0207。因此，在容量为 100 的样本中，至少有一半的顾客偏好你的品牌的概率为 $1-0.0207 = 0.9793$。

6.4 参 数 估 计

前面我们学习了抽样分布及中心极限定理，能够确定多大的样本均值比例落在总体均值的特定区间中。但实际情况是，总体均值(参数)往往是未知的。因此，需要基于样本观测数据对总体(参数)均值进行估计。参数估计的方法有两种：点估计与置信区间估计。

6.4.1 点估计

点估计就是根据样本观测值的数据对总体参数做出确定值的估计，也就是用一个样本的具体统计值去估计总体的未知参数。例如，你希望估计某城市居民的人均年收入。假定无法调查该城市的所有居民，于是，从该城市中选取了部分居民，并且计算得出该样本人均年收入为 30 000 元。这里，$\bar{x} = 30\,000$，是对总体人均年收入 μ 的一个点估计。

点估计对总体参数给出了一个明确的估计值，但无法指出这种估计的允许波动范围及精确的程度。因此，在实际中，往往需要构建置信区间估计。

6.4.2 置信区间估计

置信区间估计是在点估计左右构造一个具有一定可靠程度的区间范围来估计总体参数，即对于未知参数 θ，找到两个数值 θ_1 和 θ_2（$\theta_1 < \theta_2$），使参数 θ 位于区间 (θ_1, θ_2) 内的概率为

$1-\alpha$，即

$$P(\theta_1 < \theta < \theta_2) = 1-\alpha \tag{6-9}$$

式中，区间 (θ_1, θ_2) 表示总体参数的区间估计或置信区间；θ_1 表示估计下限或置信下限；θ_2 表示估计上限或置信上限。

例如，基于样本信息得到关于某城市居民人均年收入的95%的置信区间是 $2.9 < \mu < 3.1$（单位：万元），这意味着有95%的概率使你相信，该城市居民人均年收入水平在2.9万元到3.1万元之间。

区间估计的特点是，它不指出待估参数的具体数值，而是在一定的概率保证下给出待估参数的可能范围。区间估计有两个基本要求：置信度和精确度。一方面，我们希望估计区间 (θ_1, θ_2) 包含 θ 的概率 $1-\alpha$ 越大越好；另一方面，我们希望估计区间 (θ_1, θ_2) 的长度越短越好。概率 $1-\alpha$ 越大，即置信水平越高，表示参数估计的可靠性越好；而估计区间 (θ_1, θ_2) 的长度越短，则表示参数估计的精确度越高。然而，在样本容量一定的条件下，这两个基本要求往往是相互矛盾的，即如果概率 $1-\alpha$ 增大，则估计区间也会拉长，估计精度下降；相反，若提高估计精度，即缩短估计区间，则概率 $1-\alpha$ 必然会减小。因此，我们一般在给定的概率保证下，尽可能提高估计的精度。

对于给定的样本容量 n，存在多个可能的样本，每个可能的样本都可以有一个估计区间，这个估计区间可能包含 θ，也可能不包含 θ。但对于所有可能的样本而言，会有 $(1-\alpha) \times 100\%$ 的估计区间包含 θ。因此，概率 $1-\alpha$ 就是所有可能样本所给出的估计区间中包含总体参数 θ 的估计区间出现的频率。

6.4.3 总体均值的置信区间估计（已知 σ 时）

为计算总体均值的置信区间，首先需要确定估计区间的置信水平，即总体均值落在估计区间里的确定性程度。一般来说，置信水平或置信度（level of confidence）可以用 $(1-\alpha) \times 100\%$ 表示，其中 α 为分布中置信区间外的两个尾部的比例。分布中上限临界值以上部分的比例为 $\alpha/2$，下限临界值以下部分的比例也为 $\alpha/2$。当总体标准差 σ 已知时，$(1-\alpha) \times 100\%$ 的置信区间估计可用公式 (6-10) 计算。

$$\bar{x} \pm Z_{\alpha/2} \frac{\sigma}{\sqrt{n}}$$

或者

$$\bar{x} - Z_{\alpha/2} \frac{\sigma}{\sqrt{n}} \leq \mu \leq \bar{x} + Z_{\alpha/2} \frac{\sigma}{\sqrt{n}} \tag{6-10}$$

式中，$Z_{\alpha/2}$ 表示标准正态分布曲线上上限临界值以上的比例为 $\alpha/2$ 对应的数值，也就是累积面积为 $1-\alpha/2$ 的部分所对应的数值。

构造一个置信度为95%均值的区间估计，应当选择 $\alpha = 0.05$。标准正态分布曲线上距离中心 $0.95/2 = 0.4750$ 的部分所对应的 Z 值为1.96，因为分布中右尾部面积为0.025，比 Z 值小的累积面积为0.975。这个构建置信区间的 Z 值被称作分布的临界值（the critical value）。

不同的置信度 α 有不同的临界值。查标准正态分布表可知，95%置信度的 Z 值是 ± 1.96（如图6-3所示）。如果选择99%的置信度，则 $\alpha = 0.01$，Z 值大约为 ± 2.58（如图6-4所示）。

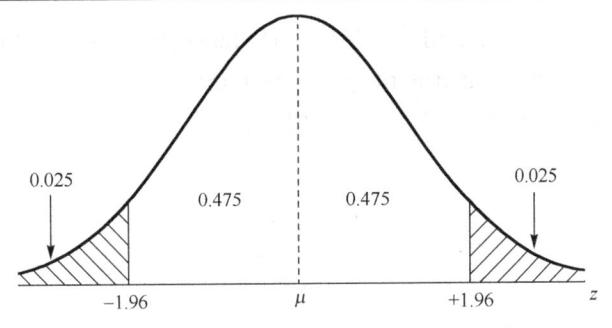

图 6-3　正态分曲线中 95%置信度的 Z 值

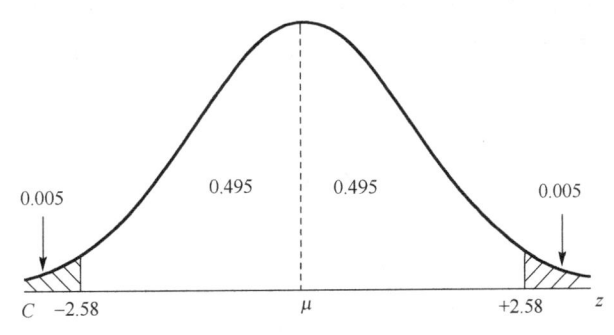

图 6-4　正态分布曲线中 99%置信度的 Z 值

【例 6-1】一个文具商店想要估计库存中贺卡的平均销售额。随机选择 100 张贺卡，均值为 3.65 元，标准差为 0.4 元。假设服从正态分布，计算该店库存中所有贺卡的均值的 95%置信区间估计。

解：95%的置信度对应的临界值 $Z_{\alpha/2}=1.96$，应用公式(6-10)可得：

$$\bar{x} \pm Z_{\alpha/2}\frac{\sigma}{\sqrt{n}} = 3.65 \pm (1.96)\frac{0.4}{\sqrt{100}} = 3.65 \pm 0.0784$$

$$3.5716 \leqslant \mu \leqslant 3.7284$$

即库存中所有贺卡的平均销售额的 95%置信区间估计为 3.5716 ~ 3.7284 元。

6.4.4　总体均值的置信区间估计（未知 σ 时）

上节讨论了置信区间估计的概念，以及如何计算给定置信度下总体均值的置信区间。但是，所有讨论都局限在总体标准差 σ 已知的情况下。然而，在实际中总体标准差 σ 往往是未知的。如果在一种特定的情况下，知道了总体标准差，则同样可以知道总体均值（或者可以计算得出）。这是因为只有获得所有总体的数据，才能知道总体标准差。如果已经获得所有的总体数据，那么自然可以计算得出总体均值，从而没有必要再使用置信区间估计等归纳推理方法来估计总体均值。学习 σ 已知条件下的置信区间估计方法是为了更好地了解置信区间的概念，也是后续章节学习的基础。

1. 学生 t 分布

20 世纪初，统计学家威廉·S·戈塞特（William S. Gosset）对未知 σ 时的总体均值推断做了大量研究。由于发表的论文使用了"学生"(Student)这一笔名,他研究出来的分布也因此被称作学生 t 分布(Student's t distribution),简称 t 分布。

如果随机变量 x 服从正态分布,那么下面的统计量服从自由度(degree of freedom)为 $n-1$ 的 t 分布:

$$t = \frac{\bar{x} - \mu}{\frac{S}{\sqrt{n}}} \tag{6-11}$$

2. t 分布的特性

从图形上看,t 分布与标准正态分布非常接近,两者都呈对称的钟形。但是,t 分布曲线在两个尾部的面积大于标准正态分布曲线全部的面积,而中心部分的面积又小于标准正态分布曲线中心部分的面积(如图 6-5 所示)。

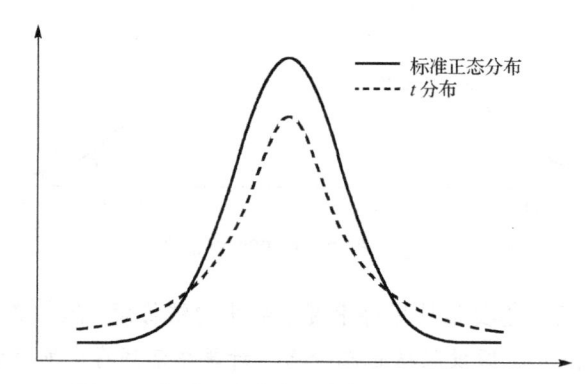

图 6-5 标准正态分布和自由度为 5 的 t 分布

自由度,$n-1$,与样本容量 n 直接相关。随着自由度的上升,t 分布就会逐渐接近标准正态分布,最终两个分布会一模一样。随着样本容量 n 的增加,σ 的估计值 S 会越来越准确。一般来说,在样本容量大于等于 120 时,S 就足够精确,t 值和 Z 值也没太大的差别。所以,当样本容量足够大时,大部分统计学家都会使用 Z 值,而不是 t 值。

t 分布的前提假设是所研究的随机变量 x 服从正态分布。不过,在实践中只要样本容量足够大,而且总体分布不是过于偏斜,那么在 σ 未知时,也可以采用 t 分布来估计总体均值。所以,实践中,只有在处理小样本容量和偏斜分布的总体时,需要注意置信区间估计的有效性。

3. 自由度的概念

样本方差 S^2 的计算公式为:

$$S^2 = \frac{\sum_{i=1}^{n}(x_i - \bar{x})^2}{n-1} \tag{6-12}$$

所以,要计算 S^2,首先要知道 $\bar{x}$,而且样本中只有 $n-1$ 个观测值是可以自由变动的。也就是说,有 $n-1$ 个自由度。举例说明,样本中有 5 个观测值,它们的均值是 20,那么在计算余项前需要知道哪些数值呢?

因为

$$\frac{\sum_{i=1}^{n} x_i}{n} = \bar{x} \ (n=5、\bar{x}=20)$$

因此有

$$\sum_{i=1}^{5} x_i = 100$$

也就是说，确定其中 4 个观测值的时候，第 5 个观测值就确定了。因为总数 100 是不变的，如果 4 个观测值分别为 16，18，20 和 22，那么第 5 个观测值就只能是 24，否则总数就不是 100 了。

4．置信区间的表达式

当 σ 未知时，均值的 $(1-\alpha) \times 100\%$ 置信区间估计可以用公式(6-13)定义。

$$\bar{x} \pm t_{\alpha/2} \frac{S}{\sqrt{n}}$$

或者

$$\bar{x} - t_{\alpha/2} \frac{S}{\sqrt{n}} \leqslant \mu \leqslant \bar{x} + t_{\alpha/2} \frac{S}{\sqrt{n}} \tag{6-13}$$

式中，$t_{\alpha/2}$ 表示自由度为 $n-1$，右尾部面积为 $\alpha/2$ 的 t 分布临界值（即累积面积为 $1-\alpha/2$）。

各自由度下的 t 临界值可以查 t 分布表得到。表 6-3 为 t 分布表的一部分。表中第一行是 t 分布的右尾部面积（因为表中提供的是单侧的数值，所以 t 值所对应的数值也就是右尾部的面积）；下面的各行则是对应于不同自由度和置信度的 t 值。比如，查找自由度为 5，置信度为 95% 的 t 值。首先，95% 的置信度意味着分布曲线中两个尾部的面积各为 2.5%，然后查找表中尾部面积为 0.025 的列和自由度为 5 的行，就可以得到 t 值 2.570 6。因为 t 分布是一个均值为 0 的对称分布，所以如果右尾部的 t 值为 +2.570 6，那么左尾部（面积为 0.025 的左尾部部分）的 t 值就是 -2.570 6。2.570 6 的 t 临界值说明 t 超过 +2.570 6 的可能性是 0.025，或者 25%（如图 6-6 所示）。

表 6-3 t 分布表（部分）

自由度	右尾部面积					
	0.25	0.10	0.05	0.025	0.01	0.005
1	1.000 0	3.077 7	6.313 8	12.706 2	31.802 7	63.657 4
2	0.816 5	1.885 6	2.920 0	4.302 7	6.964 6	9.924 8
3	0.764 9	1.637 7	2.353 4	3.182 4	4.540 7	5.840 9
4	0.740 7	1.533 2	2.131 8	2.776 4	3.746 9	4.604 1
5	0.726 7	1.475 9	2.015 0	2.570 6	3.364 9	4.032 2
⋮	⋮	⋮	⋮	⋮	⋮	⋮
99	0.677 0	1.290 2	1.660 4	1.984 2	2.364 6	2.626 4
100	0.677 0	1.290 1	1.660 2	1.984 0	2.364 2	2.625 9

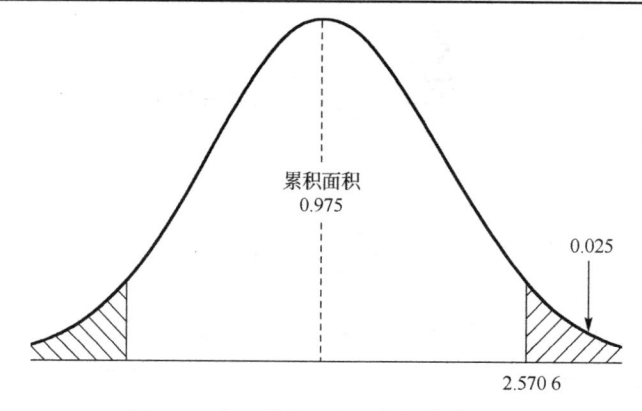

图 6-6 自由度为 5 的 t 分布曲线

【例 6-2】 某医院想估计其急诊室服务的病人的平均等候时间。随机抽取 33 名急诊室病人进行调查，经计算样本均值为 222 分钟，样本标准差为 76 分钟。在 95% 的置信水平下估计平均等候时间的置信区间。

解： 由题意知，$\bar{x}=222$，$S=76$，$n=33$。95% 的置信度，自由度为 32 时，对应的 t 分布的临界值为 $t_{\alpha/2}=2.037$，应用公式 (6-13) 可得：

$$\bar{x} \pm t_{\alpha/2}\frac{S}{\sqrt{n}}=222 \pm 2.037 \times \frac{76}{\sqrt{33}}=222 \pm 26.97$$

即

$$195.03 \leqslant \mu \leqslant 248.97$$

6.4.5 比例的置信区间估计

本节考虑总体中具有特定性质的部分的比例估计。无法观测的总体比例用希腊字母 π 来表示。总体比例 π 的点估计为 $p=X/n$，其中 n 为样本容量，X 为具有特定属性的项目观测值的数量。公式 (6-14) 为总体比例的置信区间估计计算公式。

$$p \pm Z_{\alpha/2}\sqrt{\frac{p(1-p)}{n}}$$

或者

$$p - Z_{\alpha/2}\sqrt{\frac{p(1-p)}{n}} \leqslant \mu \leqslant p + Z_{\alpha/2}\sqrt{\frac{p(1-p)}{n}} \tag{6-14}$$

式中，p 表示样本比例 $=\dfrac{X}{n}=\dfrac{\text{"成功"的样本数}}{\text{样本容量}}$；$\pi$ 表示总体比例；$Z_{\alpha/2}$ 表示标准正态分布的临界值；n 表示样本容量。

注意：在使用上述估计区间时，样本容量 n 必须足够大以保证 X 和 $n-X$ 均大于 5。

公式 (6-14) 包含了 Z 统计量，因为如果样本容量足够大，可以使正态分布近似二项分布。但是，如果样本容量不够大或者"成功"的比例太高或太低，那么就采用二项分布，而不用正态分布。

【例 6-3】 某网站对 1 120 名全职妈妈进行了调查，其中 280 位表明她们对工作-生活的平衡并不满意。计算全职妈妈中对工作-生活的平衡并不满意的总体比例的 90% 置信区间估计。

解：置信区间估计可以计算如下：

$$p = \frac{X}{n} = \frac{280}{1120} = 0.25$$

90%的置信度对应的关键值 $Z_{\alpha/2} = 1.645$，应用公式(6-14)可得：

$$\begin{aligned} p \pm Z_{\alpha/2}\sqrt{\frac{p(1-p)}{n}} &= 0.25 \pm (1.645) \times \sqrt{\frac{0.25 \times 0.75}{1120}} \\ &= 0.25 \pm (1.645) \times (0.0129) \\ &= 0.25 \pm 0.0212 \end{aligned}$$

即

$$0.2288 \leqslant \pi \leqslant 0.2712$$

6.5 样本容量的确定

到目前为止，我们对置信区间的计算都是在样本容量已知的条件下进行的。然而现实中，我们需要解决的第一个问题就是选择样本容量。由于抽样是费用很高的过程，所以采用大于所需的样本是非常浪费的。在估计相应的参数之前，首先需要确定可以容忍多大程度的抽样误差及所需要的置信概率，以此确定所需的样本容量。

6.5.1 估计总体均值时样本容量的确定

为了得到样本容量的确定公式，首先回忆公式(6-10)：

$$\bar{x} \pm Z_{\alpha/2} \frac{\sigma}{\sqrt{n}}$$

从 $\bar{x}$ 减去的或者加上的部分等于置信区间的宽度的一半。这部分表明了由于抽样误差导致的估计的不精确程度。边际误差用 ME 表示，则构造总体均值的置信区间时的边际误差为：

$$\text{ME}_{\bar{X}} = Z_{\alpha/2} \frac{\sigma}{\sqrt{n}}$$

将上式作代数变换，即可得到估计总体均值所需的样本容量公式，即公式(6-15)：

$$n = \frac{Z_{\alpha/2}^2 \sigma^2}{\text{ME}_{\bar{X}}^2} \tag{6-15}$$

从公式(6-15)可知，为了确定样本容量，必须已知三个因素：
(1) 目标置信度，因为它决定标准正态分布关键值 $Z_{\alpha/2}$ 的大小；
(2) 可接受的边际误差 $\text{ME}_{\bar{X}}$；
(3) 总体标准差 σ。

这里所说的边际误差的选择，不是说想要多大的边际误差，而是说可以容忍多大程度的边际误差，才可以从数据中得出足够的结论。

另外，总体标准差通常都是未知的，我们可以从以往的数据中估计标准差，也可以通过变量的全距和分布来预测其标准差。比如正态分布的变量，其全距接近 6σ，所以 σ 估计可以用全距除以 6 来估计。如果不能用这种方法估计 σ，那么可以先做一个初步的研究，然后用初步研究的结果估计标准差。

【例 6-4】 样本的边际误差为 ± 5，并且假定标准差等于 15，如果希望对总体均值估计有 95% 的置信度，那么需要多大的样本容量？

解：使用公式 (6-15)，可用 $\mathrm{ME}_{\bar{X}} = 5$，$\sigma = 15$ 和 95% 的置信度的 $Z_{\alpha/2} = 1.96$，确定样本容量，即

$$n = \frac{Z_{\alpha/2}^2 \sigma^2}{\mathrm{ME}_{\bar{X}}^2} = \frac{1.96^2 \times 15^2}{5^2} \approx 35$$

即所需样本容量至少为 35。

6.5.2 估计总体比例时样本容量的确定

估计总体比例 π 和估计总体均值时的样本容量的确定方法是类似的。根据比例的置信区间估计公式，边际误差被定义为：

$$\mathrm{ME}_{\bar{x}} = Z_{\alpha/2} \frac{\sigma}{\sqrt{n}}$$

在估计总体比例时，需要用 $\sqrt{\pi(1-\pi)}$ 代替 σ，所以边际误差的计算公式为：

$$\mathrm{ME}_{\bar{x}} = Z_{\alpha/2} \sqrt{\frac{\pi(1-\pi)}{n}}$$

所以，估计总体比例所需的样本容量公式可用公式 (6-16) 计算。

$$n = \frac{Z_{\alpha/2}^2 \pi(1-\pi)}{\mathrm{ME}_p^2} \tag{6-16}$$

从公式 (6-16) 可知，为了确定样本容量，必须已知三个因素：
(1) 决定 $Z_{\alpha/2}$ 值的目标置信度；
(2) 可接受的边际误差 ME_p；
(3) 总体比例 π。

在上式中，真实的总体比例 π 是我们想要估计的总体参数。这里有两种解决方案替代公式中的 π。一种方法是根据过去的信息或者相关的经验获得有根据的 π 的估计值。另一种方法是令公式中的 $\pi = 0.5$。因为可以证明，当 $\pi = 0.5$ 时 $\pi(1-\pi)$ 最大，所以在没有真实总体比例 π 的先验知识或者估计值时，应该使 $\pi = 0.5$，从而得到最保守的样本容量估计。

【例 6-5】 如果希望对总体比例的估计有 99% 的置信度，边际误差为 ± 0.04，那么需要多大的样本容量？

解：因为没有历史数据，所以选择 $\pi = 0.5$，即 $\mathrm{ME}_p = 0.04$，$\pi = 0.5$，99% 的置信度的 $Z_{\alpha/2} = 2.58$，即

$$n = \frac{Z_{\alpha/2}^2 \pi(1-\pi)}{\mathrm{ME}_p^2} = \frac{2.58^2 \times 0.5 \times 0.5}{0.04^2} \approx 1\,041$$

即所需样本容量为 1 041。

第6章 抽样分布与参数估计

本章知识结构图

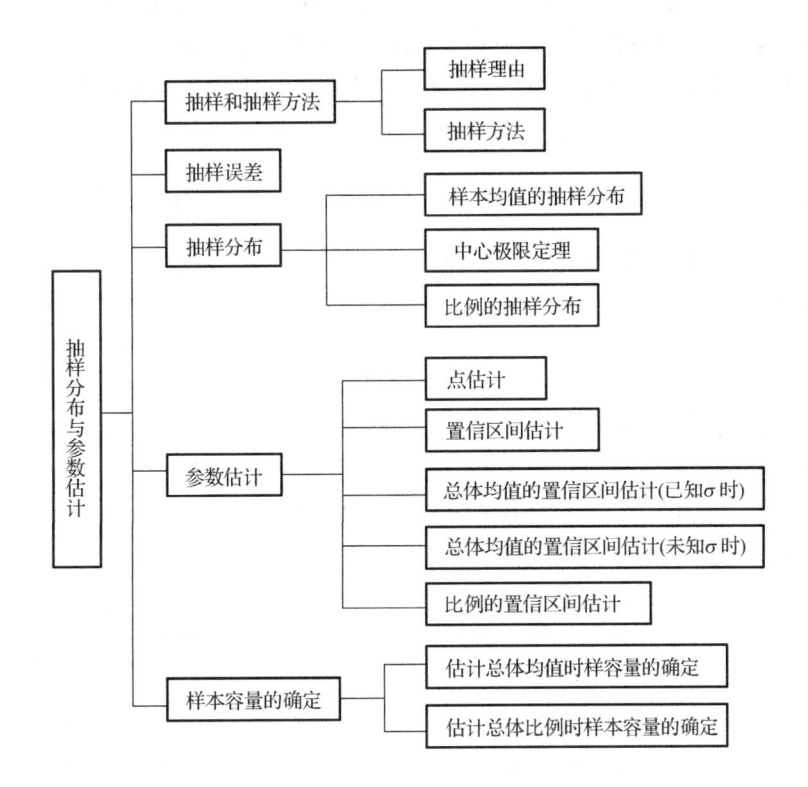

```
                          ┌─ 抽样和抽样方法 ─┬─ 抽样理由
                          │                  └─ 抽样方法
                          │
                          ├─ 抽样误差
                          │
                          │                  ┌─ 样本均值的抽样分布
                          ├─ 抽样分布 ───────┼─ 中心极限定理
                          │                  └─ 比例的抽样分布
抽样分布与参数估计 ───────┤
                          │                  ┌─ 点估计
                          │                  ├─ 置信区间估计
                          ├─ 参数估计 ───────┼─ 总体均值的置信区间估计(已知σ时)
                          │                  ├─ 总体均值的置信区间估计(未知σ时)
                          │                  └─ 比例的置信区间估计
                          │
                          └─ 样本容量的确定 ─┬─ 估计总体均值时样本容量的确定
                                             └─ 估计总体比例时样本容量的确定
```

思考与练习

一、单选题

1. 关于样本平均数和总体平均数的说法,下列正确的是(　　)。
   A. 前者是一个确定值,后者是随机变量
   B. 前者是随机变量,后者是一个确定值
   C. 两者都是随机变量
   D. 两者都是确定值

2. 当总体内部差异比较大时,比较适用的抽样方法是(　　)。
   A. 简单随机抽样　B. 整群抽样　　C. 分层抽样　　D. 系统抽样

3. 在抽样过程中,无法避免和消除的是(　　)。
   A. 登记误差　　B. 系统性误差　C. 抽样框误差　D. 随机误差

4. 通常所说的大样本是指样本容量(　　)。
   A. 大于30　　　B. 小于30　　　C. 大于等于10　D. 小于10

5. 某工厂连续生产,为了检查产品质量,在24小时中每隔30分钟,取2分钟的产品进行全部检查,这种抽样方式是(　　)。

　　　　A．简单随机抽样　B．整群抽样　　　C．分层抽样　　　D．系统抽样
6．抽样分布是指（　　）。
　　　　A．一个样本观测值的分布　　　　B．总体中各观测值的分布
　　　　C．样本统计量的分布　　　　　　D．样本数量的分布
7．根据中心极限定理可知，当样本容量充分大时，样本均值的抽样分布服从正态分布，其分布的均值为（　　）。

　　　　A．μ　　　　B．$\bar{x}$　　　　C．σ^2　　　　D．$\dfrac{\sigma^2}{n}$

8．根据中心极限定理可知，当样本容量充分大时，样本均值的抽样分布服从正态分布，其分布的方差为（　　）。

　　　　A．μ　　　　B．$\bar{x}$　　　　C．σ^2　　　　D．$\dfrac{\sigma^2}{n}$

9．从均值为μ，方差为σ^2的任意一个总体中抽取大小为n的样本，则（　　）。
　　　　A．当n充分大时，样本均值$\bar{x}$的分布近似服从正态分布
　　　　B．只有当$n<30$时，样本均值$\bar{x}$的分布近似服从正态分布
　　　　C．样本均值$\bar{x}$的分布与n无关
　　　　D．无论n多大，样本均值$\bar{x}$的分布都是非正态分布
10．从服从正态分布的无限总体中分别抽取容量为 4，16，36 的样本，则当样本容量增大时，样本均值的标准差（　　）。
　　　　A．保持不变　　B．增加　　　　C．减小　　　　D．无法确定
11．在一个饭店门口等待出租车的时间是左偏的，均值为 12 分钟，标准差为 3 分钟。如果从饭店门口随机抽取 81 名顾客并记录他们等待出租车的时间，则样本均值的抽样分布是（　　）。
　　　　A．正态分布，均值为 12 分钟，标准差为 0.33 分钟
　　　　B．正态分布，均值为 12 分钟，标准差为 3 分钟
　　　　C．左偏分布，均值为 12 分钟，标准差为 3 分钟
　　　　D．左偏分布，均值为 12 分钟，标准差为 0.33 分钟
12．当样本量一定时，置信区间的长度（　　）。
　　　　A．随着显著性水平α的提高而变短
　　　　B．随着置信水平$1-\alpha$的降低而变长
　　　　C．与置信水平$1-\alpha$无关
　　　　D．随着置信水平$1-\alpha$的降低而变短
13．置信水平$1-\alpha$表达了置信区间的（　　）。
　　　　A．准确性　　　B．精确性　　　C．显著性　　　D．可靠性
14．设(θ_1,θ_2)为参数θ的置信水平为$1-\alpha$的区间估计，则下列结论正确的是（　　）。
　　　　A．参数θ落在区间(θ_1,θ_2)之内的概率为$1-\alpha$
　　　　B．参数θ落在区间(θ_1,θ_2)之外的概率为α
　　　　C．区间(θ_1,θ_2)包含参数θ的概率为$1-\alpha$

D. 对不同的样本观测值，区间(θ_1, θ_2)的长度相同

15. 现有容量为$n=25$的样本来自正态分布总体，样本均值$\bar{x}=2$，总体方差$\sigma^2=4$，则在显著性水平$\alpha=0.05$时，总体均值μ的置信区间为（　　）。

　　A.（1.216, 2.784）　　　　　　B.（1.342, 2.658）
　　C.（1.487 2, 2.512 8）　　　　D.（−1.843 2, 2.156 8）

二、思考题

1. 总体和抽样分布的区别是什么？
2. 概率抽样和非概率抽样的区别是什么？
3. 简单随机抽样和分层抽样的区别是什么？
4. 什么时候用t分布来对均值进行置信区间估计？
5. 为什么给定样本容量n，置信度越高，置信区间就越宽（且估计值越不精确）？

三、分析题

1. 软饮料瓶的装填数量服从正态分布，均值为2升，标准差为0.05升。试问选取25个瓶子的一个随机样本，样本均值大于2.01升的概率是多少？

2. 随机选取50名学生进行调查。询问的关键问题是："你有购买股票吗？"在50名受访者里，15人回答了是，35人回答了否。

要求：
(1) 确定购买股票的大学生的样本比例；
(2) 如果总体的比例是0.4，确定比例的标准误差。

3. 某家电公司市场研究员想要研究某个城市居民看电视的习惯。随机抽取40名观众，并要求他们记录某一周的所有看电视的时间。结果每周收看时间：样本均值为$\bar{x}=15.3$小时，样本标准差$S=3.8$。另有，27个人至少3个晚上看晚间新闻。

要求：
(1) 计算这个城市居民每周看电视时间的均值的95%置信区间估计；
(2) 计算调查对象中每周至少有3个晚上看晚间新闻的比例来的95%置信区间估计。

第 7 章 假设检验

【学习目标】

正确理解假设检验的含义与种类；熟知如何建立原假设和备择假设，以及两者的意义；掌握假设检验的判断规则和基本步骤；掌握一些常见的假设检验；正确理解假设检验的两类错误及其关系。

7.1 假设检验的概念及分类

假设检验(hypothesis testing)也称显著性检验，是统计推断的基本内容之一。在第 6 章中，我们学习了如何抽取一个随机样本，以及如何根据这个样本来估计总体参数。本章，我们不再关心如何建立一个可能包含总体参数的取值范围，而是如何检验一个关于总体参数的论断的可靠性。

下面举例说明什么是假设检验。

【例 7-1】 某餐饮连锁店声称，顾客等待的平均时间是 3 分钟。质量保证部门随机抽取了 50 名顾客作为样本，其平均等待时间是 3.25 分钟。质量保证部门的主管是否可以相信顾客的平均等待时间与 3 分钟无异？

显然，单从样本数据看，顾客的平均等待时间大于 3 分钟，但事实是否如此？顾客平均等待时间与连锁店的说法之间的不一致是必然存在的还是偶然因素造成的？为了能够判断连锁店说法的准确性，避免选择和决策失误，我们需要借助科学的方法，这就是统计学的假设检验方法。这里，样本均值即总体均值的估计值为 3.25 分钟，而总体均值为 3 分钟。如果所有顾客的平均等待时间是 3 分钟，则抽取的顾客的平均等待时间应该和 3 分钟基本一致；如果样本均值与 3 分钟相差甚远，则所有顾客的平均等待时间不等于 3 分钟。

由此可知，假设检验需要事先对总体参数或总体分布形态做出一个规定或假设，然后利用样本信息以一定的概率来检验假设是否成立，或者说判断总体的真实情况是否与原假设存在显著的系统性差异。因此，假设检验是用来判断样本与样本、样本与总体的差异是由抽样误差引起的还是本质差别造成的一种统计推断方法。

根据检验的目的不同，假设检验可以分为双侧检验和单侧检验两类。双侧检验是指同时注意总体参数估计值与其假设值相比的偏高和偏低倾向的检验(或同时注意某一总体的参数估计值与另一总体的参数估计值相比的偏高和偏低倾向的检验)。这时，总体参数估计值与其假设值之间的差异不分正负，因为检验目的只是判断总体参数值是否与某一假设值有显著差异所以不管这种差异是正的还是负的。【例 7-1】给出的就是双侧检验的例子——我们只关心顾客的平均等待时间与 3 分钟是否存在显著差异，而不区分是大于 3 分钟还是小于 3 分钟。单侧检验是指只注意总体参数估计值比其假设值偏高或偏低的检验(或只注意某一总体的参数估计值与另一总体的参数估计值相比的偏高或偏低倾向的检验），是单方向的检验。这时，总体参数估计值与其假设值之间的差异就要分正负，因为检验的目的是判断总体参数值是否大于或小于某一假设的值。单侧检验又分为左单侧检验和右单侧检验。若所要检验的是总体参数估计值是否小于某假设值，就要关心其负差，要采用左单侧检验；若所要检验的是总体参数估计值是否大于某假设值，就要关心其正差，要采用右单侧检验。在【例 7-1】中，若质量保证部门的主管关心的是顾客平均等待时间是否大于 3 分钟，那么就属于右单侧检验的问题了。

7.2 假设检验的五个步骤

假设检验的 5 个步骤如图 7-1 所示。遵循这 5 个步骤，就可以决定是否拒绝原假设了。

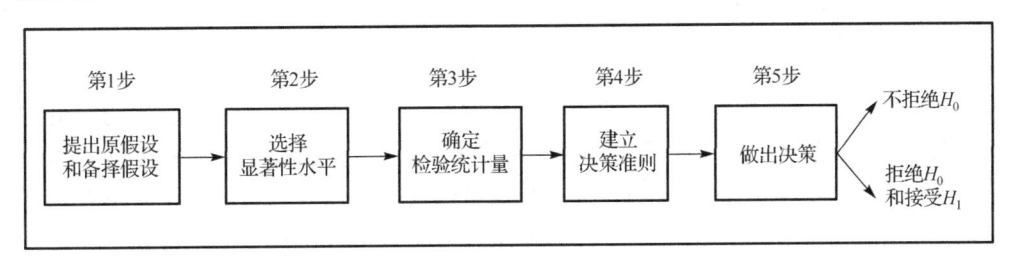

图 7-1 假设检验的 5 个步骤

7.2.1 第 1 步：提出原假设和备择假设

要进行假设检验，必须首先设立原假设（或零假设）和备择假设。原假设是研究者对总体参数值事先提出的假设，总是表示现状或无差别，用 H_0 表示。在【例 7-1】中，原假设可表述为：

$$H_0: \mu = 3$$

它表示总体参数值 μ 与其假设值（3 分钟）之间没有显著差异。注意，尽管我们所依据的信息来源于样本，但是原假设仍然是关于总体的假设。这是因为我们关心的参数是关于餐饮连锁店的所有顾客（总体）的，样本统计量将被用来对所有顾客的平均等待时间做出推断。如果通过样本数据所观察到的结果，表明原假设为假，则一定有别的某一假设为真。因此，在给出原假设的同时，必须给出备择假设。

备择假设也称对立假设，是研究者通过检验希望能够成立的假设，用 H_1 表示。当原假设被证明为假时，备择假设则一定为真。在【例 7-1】中，备择假设可表述为：

$$H_1: \mu \neq 3$$

备择假设表述了在原假设被拒绝的情况下得到的结果。如果从样本信息中得到的证据足以证明原假设不太可能为真，那么就可以拒绝原假设，从而得到备择假设所代表的结论。但倘若没有足够充分的证据证明原假设是错误的，就不能轻易推翻原假设。这就要求我们在一定的概率保证下，根据样本得到的信息（统计值）和样本统计量的分布规律来考虑接受或是拒绝原假设。

在假设检验中，如果从样本中得到的信息可以拒绝原假设，那么备择假设极有可能为真。

但是，不能被拒绝的原假设并不能证明是真的。我们永远不可能证明原假设是真的，因为我们的判断仅仅基于样本信息，而不是整个总体信息。因此，如果不能拒绝原假设，只能得出结论：不存在足够的证据来拒绝原假设。

关于原假设和备择假设需要注意以下几点。

① 原假设 H_0 是对现时状况的描述，备择假设 H_1 则是需要证明的研究论断或者特定的推断。

② 如果你拒绝了原假设，则在统计意义上能够说明备择假设是准确的；如果你无法拒绝原假设，并不意味着原假设是真的。

③ 原假设 H_0 总是关于总体参数的假定，而不是样本统计量的。

④ 原假设 H_0 表达式中总包含等号；备择假设 H_1 表达式中从不包含等号。

7.2.2 第 2 步：选择显著性水平

建立原假设和备择假设后，下一步应确定显著性水平。

假设检验依据的是小概率原理，即小概率事件在一次试验中是不可能发生的。由抽样分布理论可知，若原假设 H_0 成立，则样本统计量的值与总体参数假设值偏差很大的事件就是一个小概率事件。倘若在一次抽样中，样本统计量的值与总体参数假设值相差很大，那么在原假设成立的条件下，就是出现了一个小概率事件。一旦出现小概率事件，就要怀疑原假设的正确性，从而否定原假设。若一次抽样的样本统计量的值与总体参数假设值相差不大，那么就没有理由拒绝原假设，也就只好接受原假设。

现在的问题是，概率小到多少的事件为小概率事件？显著性水平给出了小概率事件的判别标准。显著性水平是原假设为真时拒绝原假设的概率，通常用希腊字母 α 表示。显著性水平有时也被称为风险水平，因为它反映了当原假设为真时拒绝原假设所冒的风险。把概率小于 α 的事件称为小概率事件。α 越大，样本统计量的值与总体参数假设值之间的差异成为显著性差异的可能性越大；α 越小，这种差异成为显著性差异的可能性越小。

做决策时，可以将显著性水平设定为 0.05（通常表示为 5%），或 0.01，或 0.10，或介于 0 与 1 之间的任意其他数值。α 究竟取多大为宜，应视具体情况而定。习惯上，0.05 被用于消费研究项目，0.01 被用于质量保证研究项目，0.10 被用于政治民意调查研究项目。在建立决策规则和收集样本数据之前，必须确定显著性水平。

7.2.3 第 3 步：确定检验统计量

检验统计量是由样本信息确定的用于决定是否拒绝原假设的一个数值。检验统计量有很多，常用的有 Z 统计量、t 统计量、F 统计量和 χ^2（卡方）统计量，需要根据具体问题和样本情况选择合适的统计量。

在关于均值的假设检验中，当 σ 为已知时，检验统计量 Z 的计算公式如下：

$$Z = \frac{\bar{x} - \mu}{\sigma / \sqrt{n}} \tag{7-1}$$

式中，$\bar{x}$ 表示样本均值；μ 表示假设的总体均值；σ 表示样本标准差；n 表示样本容量。

统计量 Z 的值取决于 $\bar{x}$ 的抽样分布。$\bar{x}$ 服从正态分布，其均值 $\mu_{\bar{x}}$ 等于 μ，标准差 $\sigma_{\bar{x}}$ 等

于 $\sigma/\sqrt{n}$。因此，可以通过公式(7-1)计算 $\bar{x}$ 与 μ 相距了几个 $\bar{x}$ 的标准差，从而判断 $\bar{x}$ 与 μ 的差异是否具有统计显著性。

7.2.4 第 4 步：建立决策准则

决策准则是原假设被拒绝或原假设不被拒绝的具体条件。接受或拒绝原假设，最终要以显著性水平为依据确定决策准则。决策准则的制定有两种方法：临界值方法和 P 值方法。

1. 临界值方法

临界值方法，是先把 α 值转化为一定分布下的临界值(将拒绝原假设和不拒绝原假设的区域的分界点称为临界值)，然后计算检验统计量的值，最后把检验统计值与临界值相比较来判断是否拒绝原假设。临界值将样本统计量的概率分布区域分成了两部分(把检验统计量的取值分成了两个区域)：不超过临界值的区域和超过临界值的区域。我们把不超过临界值的区域称为接受域，把超过临界值的区域称为拒绝域。拒绝域定义了一个取值范围，这个范围内的值要么过大要么过小，使得当原假设为真时，在该范围内取值发生的概率非常小。在双侧检验时，α 平分在两侧，其临界值表示为 $\pm Z_{\alpha/2}$(正态分布)或 $\pm t_{(\alpha/2,n-1)}$(t 分布)。在单侧检验时，α 处于分布的某一侧，左单侧检验时处于左侧，其临界值表示为 $-Z_\alpha$ 或 $-t_{(\alpha,n-1)}$；右单侧检验时处于右侧，其临界值表示为 Z_α 或 $t_{(\alpha,n-1)}$。标准正态分布的接受域与拒绝域如图 7-2 和图 7-3 所示。

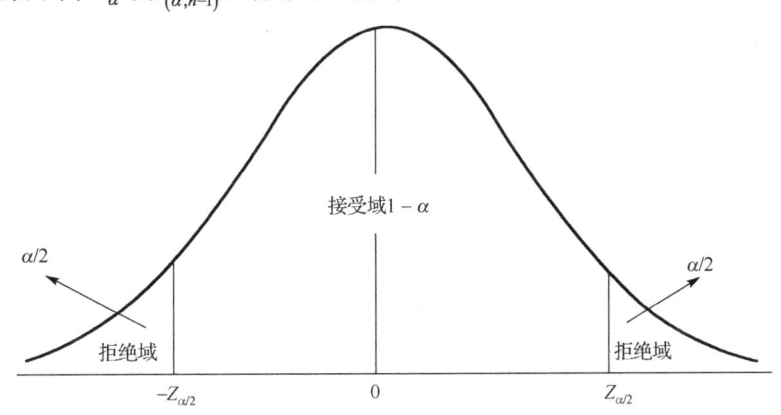

图 7-2 正态分布双侧检验接受域与拒绝域示意图

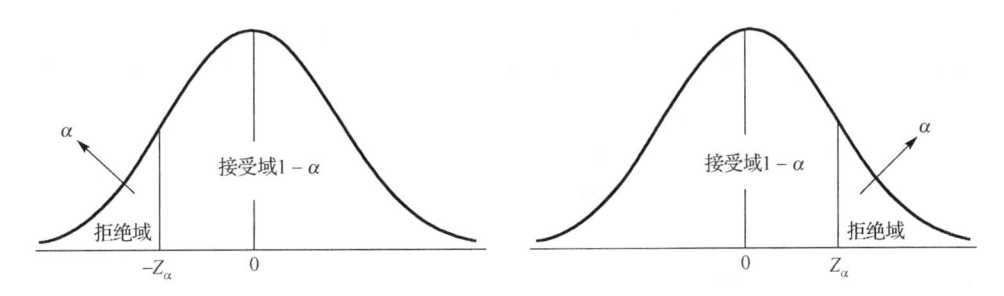

图 7-3 正态分布单侧检验接受域与拒绝域示意图

在【例 7-1】中，我们应用的是双侧检验(单侧检验会在后面章节中进一步说明)。这里假定全部顾客的等待时间即总体服从正态分布，则 $\bar{x}$ 服从正态分布。如果选择 0.05 的显著性水平，那么拒绝域的大小为 0.05，从而可以确定正态分布的临界值。由于是双侧检验，拒绝域分别位于分布的两侧，0.05 被分成了两个相等的部分，每部分为 0.025。这意味着，左侧临界值以左的积分区域的大小为 0.025，而右侧临界值以左的积分区域大小为 0.975。根据正态分布表，以标准差为单位，将拒绝域和非拒绝域分开来的临界值为 –1.96 和 +1.96。图 7-4 表明了这种情况。在图 7-4 中，如果确实如原假设 H_0 所述，顾客的平均等待时间为 3 分钟，那么检验统计量 Z 的值将服从以 0 为中心的标准正态分布，这一中心对应于样本均值 $\bar{x}$ 等于 3 分钟，Z 的观察值大于 +1.96 或小于 –1.96 意味着，$\bar{x}$ 与 μ 的假设值 3 相差甚远，因此，当 H_0 为真时，出现这样的观测值的可能性非常小。

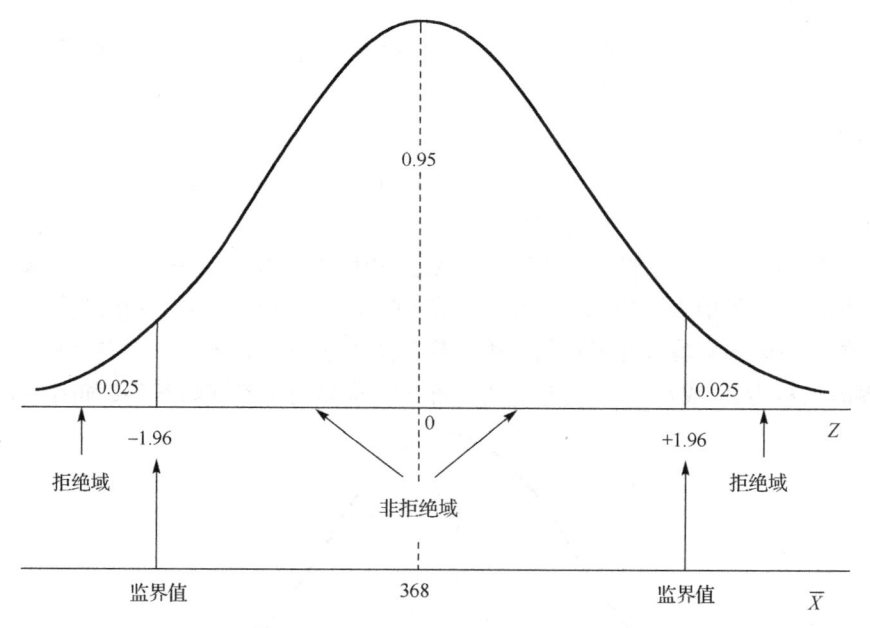

图 7-4　显著性水平为 0.05 时对均值的假设检验（σ 已知）

因此，决策准则为：

如果，$Z > +1.96$ 或 $Z < -1.96$，则拒绝 H_0；

否则，不拒绝 H_0。

2. 假设检验的 P 值方法

P 值是在原假设为真的情况下，使得某一检验统计量等于或者大于样本结果的概率。P 值经常被称为观察到的显著性水平。假设检验的 P 值方法，是先计算检验统计值，然后求出统计量分布曲线中与检验统计值相对应的显著性水平 P 值，最后把 P 值与事先给定的显著性水平 α 值相比较来判断是否拒绝原假设。

在 P 值检验中，拒绝 H_0 的决策准则是：

(1) 如果 P 值大于或等于 α，不拒绝原假设；

(2) 如果 P 值小于 α，拒绝原假设。

很多人经常混淆以上的准则，可以简单记为：P 值越小，越要拒绝原假设。

临界值方法与 P 值方法是等价的，它们都取决于四个因素：样本数据与原假设值之间的差距、样本容量、总体分布标准差（未知时以样本分布标准差估计）和给定的显著性水平。在实际的假设检验中选用一个即可。

近年来，由于计算机软件的支持，绝大多数的软件包，包括 Microsoft Excel、Stata 和 Minitab 等，在应用假设检验时都会自动给出 P 值。一旦掌握了 P 值方法，就可以直接利用软件使用 P 值方法替代临界值方法。

7.2.5 第 5 步：做出决策

假设检验的第 5 步也是最后一步，包括计算检验统计量的值，并将其与临界值进行比较，然后做出是否拒绝原假设的决定。参考图 7-3，若根据样本信息计算得到的统计量 Z 值为 2.34，则在 0.05 的显著性水平下拒绝原假设 H_0。做出拒绝 H_0 的决策的依据是 2.34 大于 1.96，落到了拒绝域内。拒绝原假设的推理逻辑是，计算出的 Z 值如此之大，不大可能是由抽样误差(偶然性)造成的。如果计算出的 Z 值为 1.24 小于 1.96，落到了接受域内，则不能拒绝原假设。不拒绝原假设的逻辑是，这样小的 Z 值很可能是由偶然性或抽样误差造成的。

在【例 7-1】中，假设总体标准差为 1 分钟。根据公式(7-1)计算可得：

$$Z = \frac{3.25-3}{1/\sqrt{50}} = 1.7675 \approx 1.77$$

因为 1.767 5 不落在拒绝域内，所以不能拒绝 H_0（如图 7-5 所示）。因此，得出结论：顾客的平均等待时间与 3 分钟没有显著差异。

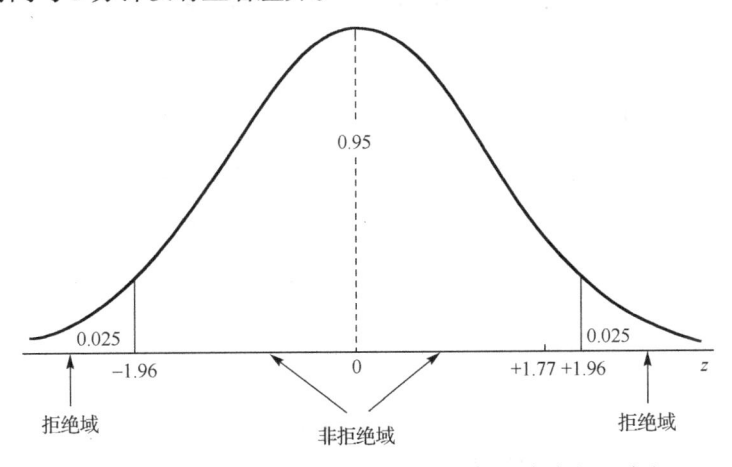

图 7-5 显著性水平为 0.05 时对均值的假设检验（σ 已知）

在【例 7-1】中，我们也可以采用 P 值方法。查标准正态分布表可知，Z 小于 1.77 的概率为 0.961 6，因此，Z 大于 1.77 的概率为 0.038 4。因此，这一双侧检验中的 P 值为 0.038 4+0.038 4 = 0.076 8。这一结果可以解释为，得到一个结果使之等于观测值，或比观测值更偏离中心的概率是 0.076 8（如图 7-6 所示）。由于 0.076 8 大于 0.05，所以不拒绝原假设。这一结果与采用临界值方法得到的结果是一致的。

注意：我们只是没有证据表明顾客的平均等待时间与 3 分钟存在显著差异，即不能拒绝原假设；但是，没有证明原假设是错误的，并不等于肯定原假设是正确的，正如前文所述，我们永远也不能证明原假设是真的。

假设检验步骤总结：

(1)建立原假设 H_0 与备择假设 H_1；

(2) 选择显著性水平,即 α;
(3) 选择合适的检验统计量;
(4) 制定基于上述 1,2,3 步的决策准则;
(5) 基于样本信息做出关于原假设的决策,并解释检验的结论。

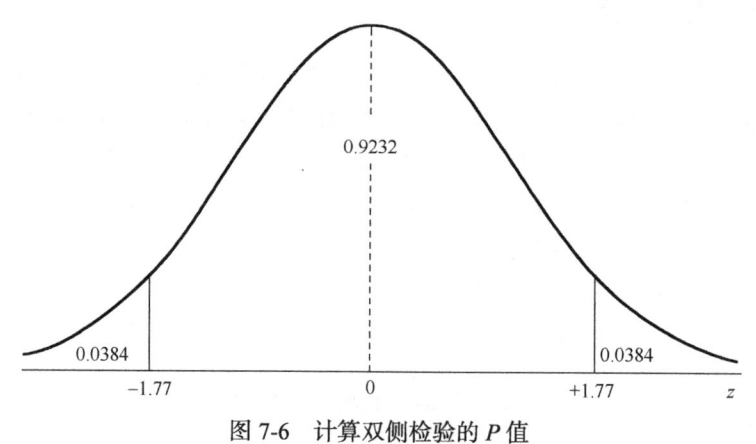

图 7-6 计算双侧检验的 P 值

7.3 几种常见的假设检验

7.3.1 总体均值的假设检验

检验的目的是总体均值 μ 是否等于(或大于等于,或小于等于)某一特定的数值 μ_0。我们建立如下假设:

$$H_0: \mu = \mu_0 \quad \text{(双侧检验)}$$
$$H_1: \mu \neq \mu_0$$

或

$$H_0: \mu \geq \mu_0 \quad \text{(左单侧检验)}$$
$$H_1: \mu < \mu_0$$

或

$$H_0: \mu \leq \mu_0 \quad \text{(右单侧检验)}$$
$$H_1: \mu > \mu_0$$

1. 总体均值的 Z 检验

根据抽样分布原理,当总体服从正态分布 $N(\mu, \sigma^2)$ 时,那么从中抽取(重复抽样)容量为 n 的样本,其样本均值 $\bar{x}$ 服从正态分布 $N\left(\mu, \dfrac{\sigma^2}{n}\right)$,而统计量 $Z = \dfrac{\bar{x} - \mu}{\sigma / \sqrt{n}}$ 服从标准正态分布。

(2) 对于双侧检验,对给定的显著性水平 α,当 $|Z| \leq Z_{\alpha/2} (-Z_{\alpha/2} \leq Z \leq Z_{\alpha/2})$ 时,不能拒绝 H_0;当 $|Z| > Z_{\alpha/2} (Z > Z_{\alpha/2}$ 或 $Z < -Z_{\alpha/2})$ 时,拒绝 H_0 而接受 H_1。

【例7-1】给出了总体服从正态分布且方差已知情况下，总体均值的双侧检验的例子。下面例题给出了此类情况下总体均值的双侧检验的具体步骤。

【例7-2】一家灯泡厂声称其生产的灯泡的平均寿命为375小时。假定灯泡寿命服从正态分布，总体标准差为25小时。质量控制经理想要确定该厂生产的灯泡寿命是否符合其规定，从中抽取100只灯泡，其平均寿命为379小时。试问在0.05的显著性水平下，灯泡的平均寿命与375小时有无明显差异。

解：由题意知，这是双侧检验问题，可建立如下假设：

$$H_0: \mu = 375$$

$$H_1: \mu \neq 375$$

由样本均值 $\bar{x} = 379$ 和总体标准差 $\sigma = 25$，计算得检验统计量 Z 值为：

$$Z = \frac{\bar{x} - \mu}{\sigma/\sqrt{n}} = \frac{379 - 375}{25/\sqrt{100}} = 1.6$$

在 $\alpha = 0.05$ 的显著性水平下，$Z_{\alpha/2} = 1.96$。由于 $|Z| < 1.96$，因此不能拒绝 H_0，即没有证据表明灯泡的平均寿命与375小时存在显著差异。

(2)对于左单侧检验，针对给定的显著性水平 α，当 $Z < -Z_\alpha$ 时，要拒绝 H_0 而接受 H_1；当 $Z \geq -Z_\alpha$ 时，则要接受 H_0。对于右单侧检验，针对给定的显著性水平 α，当 $Z > Z_\alpha$ 时，要拒绝 H_0 而接受 H_1；当 $Z \leq Z_\alpha$ 时，则要接受 H_0。

【例7-3】某快餐连锁店的平均服务时间是3分钟。为提高其服务质量，快餐店启动了一项质量提升项目，力求缩短平均服务时间。为测试项目实施效果，随机抽取了50名顾客作为样本，其平均等待时间是2.75分钟。假定顾客等待时间服从正态分布，总体标准差为0.5分钟。试问在0.05的显著性水平下，新项目的实施是否明显缩短了平均服务时间。

解：由题意知，这是左单侧检验问题，可建立如下假设：

$$H_0: \mu \geq 3$$

$$H_1: \mu < 3$$

由样本均值 $\bar{x} = 2.75$ 和总体标准差 $\sigma = 0.5$，计算可得检验统计量 Z 值为：

$$Z = \frac{\bar{x} - \mu}{\sigma/\sqrt{n}} = \frac{2.75 - 3}{0.5/\sqrt{50}} = -3.535$$

在 $\alpha = 0.05$ 时，$-Z_\alpha = -1.64$。由于 $Z < -Z_\alpha$，落入了拒绝域，因此要拒绝 H_0 而接受 H_1，说明新流程明显缩短了服务时间。

特别说明的是，当不知道总体分布时，仍然可以使用 Z 检验，只要样本容量足够大。根据中心极限定理，当样本容量足够大（$n > 30$）时，样本均值 $\bar{x}$ 也趋于服从正态分布 $N\left(\mu, \dfrac{\sigma^2}{n}\right)$。当总体标准差未知时，可以用样本标准差估计。因此，公式(7-1)同样适用于总体分布及标准差均未知且大样本情况下的总体均值检验。

2. 总体均值的 t 检验

在大多数情况下,对总体均值的假设检验中,总体标准差 σ 是未知的。因此,必须事先研究 σ 或用样本标准差 S 来估计 σ。如果假设总体服从正态分布,且样本容量 $n<30$,那么样本均值将服从自由度为 $n-1$ 的 t 分布,就可以使用均值的 t 假设检验。如果总体非正态分布,根据中心极限定理,只要样本容量足够大,仍然可以使用 t 检验。

在关于均值的假设检验中,当 σ 为未知时,检验统计量 T 的计算公式如下:

$$t = \frac{\bar{x} - \mu}{S/\sqrt{n}} \tag{7-2}$$

检验统计量 t 服从自由度为 $n-1$ 的 t 分布。

式中,$\bar{x}$ 表示样本均值;μ 表示假设的总体均值;S 表示样本标准差;n 表示样本容量。

在均值的 t 检验中,需要根据显著性水平 α 及样本容量 n 来确定临界值 $t_{(\alpha/2,n-1)}$ 或 $t_{(\alpha,n-1)}$,通过比较 t 和 $t_{(\alpha/2,n-1)}$ 或 $t_{(\alpha,n-1)}$,做出接受或拒绝原假设的判断。

对于双侧检验,当 $-t_{\alpha/2} \le t \le t_{\alpha/2}$($|t| \le t_{\alpha/2}$)时,接受 H_0 而拒绝 H_1;若 $t < -t_{\alpha/2}$ 或 $t > t_{\alpha/2}$($|t| < t_{\alpha/2}$)时,则要拒绝 H_0 而接受 H_1。对于左单侧检验,当 $t < -t_\alpha$ 时,拒绝 H_0;当 $t \ge -t_\alpha$ 时,则接受 H_0。对于右单侧检验,当 $t > t_\alpha$ 时,拒绝 H_0;当 $t \le t_\alpha$ 时,则接受 H_0。

【例 7-4】某罐装奶粉的标准重量为 900 克。现从生产线上抽取 16 罐为样本,测得平均重量为 905 克,标准差为 20 克。试问在 0.05 的显著性水平下,是否有证据表明每罐奶粉的平均质量不同于 900 克。

解:由题意知,这是双侧检验问题,可建立如下假设:

$$H_0 : \mu = 900$$

$$H_1 : \mu \ne 900$$

由样本均值 $\bar{x} = 905$ 和样本标准差 $S = 20$,根据公式(7-2)计算可得检验统计量 t 的值为:

$$t = \frac{\bar{x} - \mu}{S/\sqrt{n}} = \frac{905-900}{20/\sqrt{16}} = 1$$

查 t 分布表,在 $\alpha=0.05$,自由度为 15 时,双侧临界值 $t_{(0.025,15)} = 2.131$。由于 $|t| < t_{\alpha/2}$,落入非拒绝域,因此不能拒绝 H_0,即没有证据表明每罐奶粉的平均质量不同于 900 克。

【例 7-5】引用【例 7-4】,试问在相同的显著性水平下,该奶粉生产商生产的罐装奶粉的平均重量是否偏高。

解:由题意知,这是右单侧检验问题,可建立如下假设:

$$H_0 : \mu \le 900$$

$$H_1 : \mu > 900$$

检验统计量 t 值仍为 1。查 t 分布表,在 $\alpha=0.05$,自由度为 15 时,右单侧临界值 $t_{(0.05,15)} = 1.753$。由于 $t < t_\alpha$,落入了非拒绝域,因此不能拒绝 H_0,即没有证据表明罐装奶粉的平均重量比规定的重量偏高。

7.3.2 总体比例的假设检验

有时，我们针对一类特殊值在总体中的比例 π 做出假设检验，而不是针对总体均值。从总体中随机抽样并计算样本比例 $p=\dfrac{X}{n}$（其中，X 表示成功次数，n 表示观测次数），然后将这一统计值与假设的参数值相比较，从而对总体比例的假设做出判断。假如成功数（X）与失败数（$n-X$）至少都是 5，那么比例的抽样分布近似服从标准正态分布。因此，可以用公式(7-3)构造检验统计量，来进行假设检验。

当原假设为真时，总体比例假设检验的统计量为：

$$Z=\dfrac{p-\pi}{\sqrt{\dfrac{\pi(1-\pi)}{n}}} \tag{7-3}$$

Z_{STAT} 检验统计量还可以用成功数 X 写成公式(7-4)的形式，即

$$Z=\dfrac{X-n\pi}{\sqrt{n\pi(1-\pi)}} \tag{7-4}$$

关于总体比例，可建立如下假设：

$$H_0:\pi=\pi_0$$
$$H_1:\pi\neq\pi_0 \quad \text{（双侧检验）}$$

或

$$H_0:\pi\geqslant\pi_0$$
$$H_1:\pi<\pi_0 \quad \text{（左单侧检验）}$$

或

$$H_0:\pi\leqslant\pi_0$$
$$H_1:\pi>\pi_0 \quad \text{（右单侧检验）}$$

对于给定的显著性水平 α，可查得临界值 $Z_{\alpha/2}$ 或 Z_α。通过比较 Z 与 $Z_{\alpha/2}$ 或 Z_α，可做出接受或拒绝原假设的判断。判断准则与总体均值检验的判断准则相同。

【例 7-6】 某快餐店承诺，90% 的订餐可以在订单被确认后的 10 分钟内送到。由 100 份订单组成一个样本，其中有 82 份订餐在承诺的时间内送到。试问在 0.01 的显著性水平下，是否可以说在 10 分钟内送到的订餐比例小于 90%。

解： 由题意知，这是左单侧检验问题，可建立如下假设：

$$H_0:\pi\geqslant0.9$$
$$H_1:\pi<0.9$$

样本比例 $p=\dfrac{82}{100}=0.82$，根据公式(7-3)计算得检验统计量的值为：

$$Z=\dfrac{p-\pi}{\sqrt{\dfrac{\pi(1-\pi)}{n}}}=\dfrac{0.82-0.9}{\sqrt{\dfrac{0.9\times0.1}{100}}}\approx-2.67$$

在 $\alpha=0.01$ 时，$-Z_\alpha = -2.33$。由于 $Z_{STAT} < -Z_\alpha$，落入拒绝域，因此要拒绝 H_0 而接受 H_1，即有证据表明在 10 分钟内送到的订餐比例小于 90%。

此例还可以使用 P 值法，如果 P 值小于 0.01，则拒绝原假设。查表得 P 值为 0.0038<0.01，因此拒绝 H_0。两种方法的结果一致。

7.3.3 两个总体均值之差的假设检验

设两个总体的均值分别为 μ_1 和 μ_2，两个总体的方差分别为 σ_1^2 和 σ_2^2，来自两个总体的样本容量分别为 n_1 和 n_2，样本均值分别为 $\bar{x}_1$ 和 $\bar{x}_2$。检验的目的是验证两个总体的均值是否相等，或两个总体的均值之差是否为零。我们可以建立如下假设：

$$H_0: \mu_1 = \mu_2$$
$$H_1: \mu_1 \neq \mu_2 \quad \text{（双侧检验）}$$

或

$$H_0: \mu_1 \geq \mu_2$$
$$H_1: \mu_1 < \mu_2 \quad \text{（左单侧检验）}$$

或

$$H_0: \mu_1 \leq \mu_2$$
$$H_1: \mu_1 > \mu_2 \quad \text{（右单侧检验）}$$

根据两个总体分布及方差情况，两个总体均值之差的检验可以用 Z 检验或 t 检验。

1. 两个总体均值之差的 Z 检验

两个总体均值之差的 Z 检验适用于两个总体服从正态分布且方差已知，或两个总体方差未知但为大样本的情形。

假设从第一个总体中抽取一个容量为 n_1 的样本，从第二个总体中抽取一个容量为 n_2 的样本，每个样本中的数据都属于有关数值变量。在第一个总体中，均值和标准差分别用符号 μ_1 和 σ_1 表示，在第二个总体中，均值和标准差分别用符号 μ_2 和 σ_2 表示。

根据抽样分布原理，统计量 $Z = \dfrac{(\bar{x}_1 - \bar{x}_2) - (\mu_1 - \mu_2)}{\sqrt{\dfrac{\sigma_1^2}{n_1} + \dfrac{\sigma_2^2}{n_2}}}$ 服从标准正态分布。如果原假设 $H_0: \mu_1 = \mu_2$ 成立，则可以构造统计量为：

$$Z = \frac{(\bar{x}_1 - \bar{x}_2)}{\sqrt{\dfrac{\sigma_1^2}{n_1} + \dfrac{\sigma_2^2}{n_2}}} \tag{7-5}$$

若两个总体方差 σ_1^2 和 σ_2^2 未知且不相等，则要分别以样本方差 S_1^2 和 S_2^2 来估计，当样本容量 n_1 和 n_2 都足够大时，统计量 $Z = \dfrac{(\bar{x}_1 - \bar{x}_2) - (\mu_1 - \mu_2)}{\sqrt{\dfrac{\sigma_1^2}{n_1} + \dfrac{\sigma_2^2}{n_2}}}$ 也趋于服从标准正态分布。此时，当原假设 $H_0: \mu_1 = \mu_2$ 成立时，检验统计量为：

$$Z = \frac{(\bar{x}_1 - \bar{x}_2)}{\sqrt{\frac{S_1^2}{n_1} + \frac{S_2^2}{n_2}}} \qquad (7\text{-}6)$$

对于双侧检验，当 $|Z| > Z_{\alpha/2}$ 时，拒绝 H_0；当 $|Z| \leq Z_{\alpha/2}$ 时，接受 H_0。对于左单侧检验，当 $Z < -Z_\alpha$ 时，拒绝 H_0；当 $Z \geq -Z_\alpha$ 时，接受 H_0。对于右单侧检验，当 $Z > Z_\alpha$ 时，拒绝 H_0；当 $Z \leq Z_\alpha$ 时，接受 H_0。

【例7-7】要比较甲乙两个餐饮店的便利窗口的平均服务时间。甲快餐店随机调查50人，平均服务时间为3.5分钟，标准差为0.5分钟；乙快餐店随机调查40人，平均服务时间为3.6分钟，标准差为0.4分钟。试问在0.05的显著性水平下，甲乙两个快餐店的便利窗口的平均服务时间是否有显著差异。

解：由题意知，这是双侧检验问题，可建立如下假设：

$$H_0 : \mu_1 = \mu_2$$

$$H_1 : \mu_1 \neq \mu_2$$

根据样本均值 $\bar{x}_1 = 3.5$，$\bar{x}_2 = 3.6$ 和样本标准差 $S_1 = 0.5$，$S_2 = 0.4$，根据公式(7-6)可计算出检验统计量 Z 的值为：

$$Z = \frac{(\bar{x}_1 - \bar{x}_2)}{\sqrt{\frac{S_1^2}{n_1} + \frac{S_2^2}{n_2}}} = \frac{3.5 - 3.6}{\sqrt{\frac{0.5^2}{50} + \frac{0.4^2}{40}}} \approx -1.054$$

在 $\alpha = 0.05$ 时，$Z_{\alpha/2} = 1.96$。由于 $|Z| < Z_{\alpha/2}$，落入接受域，因此不能拒绝 H_0，即没有证据表明两个快餐店的便利窗口的平均服务时间存在显著差异。

2. 两个总体均值之差的 t 检验

若两个总体均服从正态分布，方差未知且相等，那么当样本容量 n_1 和 n_2 都不够大时，关于两个总体均值之差的假设检验就可以使用 t 检验。此时，下列统计量服从自由度为 $n_1 + n_2 - 2$ 的 t 分布，即

$$t = \frac{(\bar{x}_1 - \bar{x}_2) - (\mu_1 - \mu_2)}{S_p \sqrt{\frac{1}{n_1} + \frac{1}{n_2}}} \qquad (7\text{-}7)$$

式中，$S_p = \sqrt{\frac{(n_1-1)S_1^2 + (n_2-1)S_2^2}{n_1 + n_2 - 2}}$ 表示混合标准差；S_1^2 表示来自总体1的样本方差；S_2^2 表示来自总体2的样本方差。

当原假设成立时，检验统计量为：

$$t = \frac{(\bar{x}_1 - \bar{x}_2)}{S_p \sqrt{\frac{1}{n_1} + \frac{1}{n_2}}} \qquad (7\text{-}8)$$

对于双侧检验，当 $|t| > t_{(\alpha/2, n_1+n_2-2)}$ 时，拒绝 H_0；当 $|t| \leq t_{(\alpha/2, n_1+n_2-2)}$ 时，接受 H_0。对于左单

侧检验，当 $t<-t_{(\alpha,n_1+n_2-2)}$ 时，拒绝 H_0；当 $t \geq -t_{(\alpha,n_1+n_2-2)}$ 时，接受 H_0。对于右单侧检验，当 $t>t_{(\alpha,n_1+n_2-2)}$ 时，拒绝 H_0；当 $t \leq t_{(\alpha,n_1+n_2-2)}$ 时，接受 H_0。

【例 7-8】表 7-1 给出的是度量 AA 可充电锂电池和镍氢可充电电池随机样本的单次充电平均持续使用分钟数结果。

表 7-1 不同类型电池的单次充电平均使用分钟数

	锂电池	镍氢电池
样本均值	96.5	82.9
样本标准差	6.5	11.2
样本容量	14	18

试问在显著性水平 $\alpha=0.05$ 下，这两种电池的单次充电平均使用分钟数是否不同。假设单次充电使用分钟数总体方差不相等。

解：由题意知，这是双侧检验问题，可建立如下假设

$$H_0: \mu_1 = \mu_2$$
$$H_1: \mu_1 \neq \mu_2$$

根据已知的样本均值 $\bar{x}_1=96.5$，$\bar{x}_2=82.9$ 和样本标准差 $S_1=6.5$，$S_2=11.2$，根据公式 (7-7) 可计算出检验统计量 t 的值为：

$$t = \frac{(\bar{x}_1 - \bar{x}_2)}{\sqrt{\frac{(n_1-1)S_1^2 + (n_2-1)S_2^2}{n_1+n_2-2}\left(\frac{1}{n_1}+\frac{1}{n_2}\right)}}$$

$$= \frac{96.5-82.9}{\sqrt{\frac{(14-1)\times 6.5^2 + (18-1)\times 11.2^2}{14+18-2} \cdot \left(\frac{1}{14}+\frac{1}{18}\right)}}$$

$$\approx 4.04$$

在 $\alpha=0.05$，自由度 $14+18-2=30$ 时，$t_{(\alpha/2,30)}=2.042$。由于 $t>t_{\alpha/2}$，落入拒绝域，因此拒绝 H_0，即认为这两种电池的单次充电平均使用分钟数存在显著差异。

如果两个正态总体方差未知且不相等，那么在小样本下，统计量为：

$$t = \frac{(\bar{x}_1 - \bar{x}_2) - (\mu_1 - \mu_2)}{\sqrt{\frac{S_1^2}{n_1} + \frac{S_2^2}{n_2}}} \tag{7-9}$$

并不服从自由度为 n_1+n_2-2 的 t 分布，而是近似服从修正自由度为 $\mathrm{d}f'$ 的 t 分布。

$\mathrm{d}f'$ 的计算公式如下：

$$\mathrm{d}f' = \frac{\left(\frac{S_1^2}{n_1}+\frac{S_2^2}{n_2}\right)^2}{\frac{\left(\frac{S_1^2}{n_1}\right)^2}{n_1-1}+\frac{\left(\frac{S_2^2}{n_2}\right)^2}{n_2-1}} \tag{7-10}$$

这样，就可以利用公式 (7-10) 求得 t 分布的自由度，通过查 t 分布表找到临界值并对 H_0 进行检验。

7.3.4 两个总体比例之差的假设检验

设两个总体比例分别为 π_1 和 π_2，来自两个总体的样本容量分别为 n_1 和 n_2，样本比例分别为 p_1 和 p_2。检验两个总体比例是否相等，或两个总体比例之差是否为零，我们可以建立如下假设：

$$H_0: \pi_1 = \pi_2$$
$$H_1: \pi_1 \neq \pi_2$$
（双侧检验）

或

$$H_0: \pi_1 \geq \pi_2$$
$$H_1: \pi_1 < \pi_2$$
（左单侧检验）

或

$$H_0: \pi_1 \leq \pi_2$$
$$H_1: \pi_1 > \pi_2$$
（右单侧检验）

当 n_1 和 n_2 都足够大时（n_1p_1，$n_1p(1-p_1)$，n_2p_2，$n_2p_2(1-p_2)$ 均大于 5），两个样本比例之差的抽样分布渐近服从正态分布，即

$$Z = \frac{(p_1 - p_2) - (\pi_1 - \pi_2)}{\sqrt{\frac{\pi_1(1-\pi_1)}{n_1} + \frac{\pi_2(1-\pi_2)}{n_2}}} \tag{7-11}$$

由于 π_1 和 π_2 未知，要以 p_1 和 p_2 来估计，因此在原假设 H_0 为真时，要以两个样本的合并比例作为两个总体比例的共同估计值，即

$$\hat{p} = \frac{n_1 p_1 + n_2 p_2}{n_1 + n_2} \tag{7-12}$$

当原假设成立时，检验统计量为：

$$Z = \frac{(p_1 - p_2)}{\sqrt{\hat{p}(1-\hat{p})\left(\frac{1}{n_1} + \frac{1}{n_2}\right)}} \tag{7-13}$$

【例 7-9】某银行想检验网上银行的青年客户比老年客户的百分比高的假设。在对年龄小于 40 岁的 80 名客户调查中，发现有 68 人使用网上银行的多数服务；对大于等于 40 岁的 100 名客户调查中，有 72 人使用网上银行的多数服务。用 $\alpha = 0.05$ 的显著性水平来检验使用网上银行的青年客户比例较高的假设。

解：由题意知，这是右单侧检验问题，可建立如下假设：

$$H_0: \pi_1 \leq \pi_2$$
$$H_1: \pi_1 > \pi_2$$

根据题中调查数据，可以计算出青年客户使用网上银行的比例为 $p_1 = 0.85$，老年客户使用网上银行的比例为 $p_2 = 0.72$，合并估计值为 $\hat{p} = \frac{68+72}{80+100} \approx 0.778$。根据公式(7-13)可计算检

验统计量 Z 值为：

$$Z=\frac{(p_1-p_2)}{\sqrt{\hat{p}(1-\hat{p})\left(\frac{1}{n_1}+\frac{1}{n_2}\right)}}=\frac{0.85-0.72}{\sqrt{0.778\times(1-0.778)\times\left(\frac{1}{80}+\frac{1}{100}\right)}}\approx 2.097$$

在 $\alpha=0.05$ 时，$Z_\alpha=1.64$。由于 $Z>Z_\alpha$，落入了拒绝域，因此要拒绝原假设 H_0，即有证据表明使用网上银行的青年客户比例较高。

7.4 假设检验决策的风险

7.4.1 假设检验的两类错误

当使用样本统计量对总体参数进行决策时，存在得出错误结论的风险。在使用假设检验方法时，会出现两种类型的错误：第一类错误和第二类错误。

第一类错误：当原假设为真时，拒绝原假设的概率。

第二类错误：当原假设错误时，接受原假设的概率。

拒绝一个正确的原假设，意味着犯了第一类错误，也称"弃真"错误。产生第一类错误的概率是由假设检验的显著性水平给出的，即由 α 给出。通常，人们通过确定可以容忍的否真的风险水平 α，来控制犯第一类错误的概率。由于在假设检验之前就要确定显著性水平，所以犯第一类错误的风险 α 被认为可以控制。

第二类错误是"以假为真"的错误，即原假设不正确却被接受的错误，也称"纳伪"错误。犯第二类错误的概率是当备择假设成立时，检验统计量落入接受域的概率，一般用 β 表示，因此又被称为 β 错误。犯第一类错误的概率可以通过选择 α 加以控制，犯第二类错误的概率则不同，它依赖于总体参数的假设值与真实值之间的差别。由于大的差别比小的差别更易发现，因此，如果总体参数的假设值与真实值之间的差别很大，则犯第二类错误的概率 β 就会很小。例如，在【例7-4】中，若真实的总体均值是850克，则得出均值未偏离900克这一结论的概率 β 就会很小。相反，如果总体参数假设值与真实值之间的差别很小，则犯第二类错误的概率 β 就会很大。若真实的总体均值是899克，则得出均值没有偏离900克这一结论的概率 β 就会很大。

由于在假设检验中，必须做出接受 H_0 或拒绝 H_0 的决策，因此，有时难免要犯 α 错误或者 β 错误。表7-2列出了任何假设检验中两种可能的决策结果（不拒绝 H_0 或拒绝 H_0）。具体的决策过程会产生两种错误中的一种或者两种正确结论中的一种。

表 7-2 假设检验和决策

统 计 决 策	真 实 情 况	
	H_0 为 真	H_0 为 假
不拒绝 H_0	正确决策 $1-\alpha$	第二类错误 β
拒绝 H_0	第一类错误 α	正确决策 $1-\beta$

与犯第一类错误的概率互补的值 $(1-\alpha)$ 被称为置信系数。置信系数乘以100%则得到置信水平。就假设检验方法论而言，置信系数表示在原假设为真的条件下进行假设检验，得出设定的参数值可以使这一结论成立的概率。

与犯第二类错误的概率互补的部分$(1-\beta)$称为统计检验能力。统计检验能力是在原假设为假且应该被拒绝的情况下，假设检验拒绝原假设的概率，即正确拒绝原假设的概率。在例【7-4】中，如果总体均值的真实值不等于 900 克，则假设检验得出均值不等于 900 克这一结论的概率就是检验能力。

7.4.2 两类错误的关系

以总体均值 μ 检验为例，若原假设为 $H_0 : \mu = \mu_0$，备择假设为 $H_1 : \mu = \mu_1$，那么假设检验犯两类错误的概率就可如图 7-7 和图 7-8 所示。

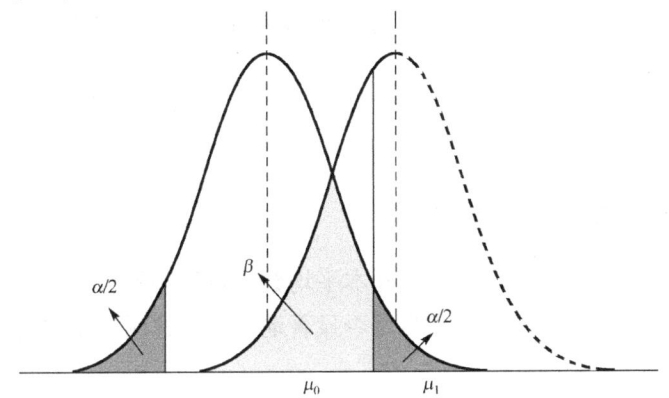

图 7-7 双侧检验两类错误的关系

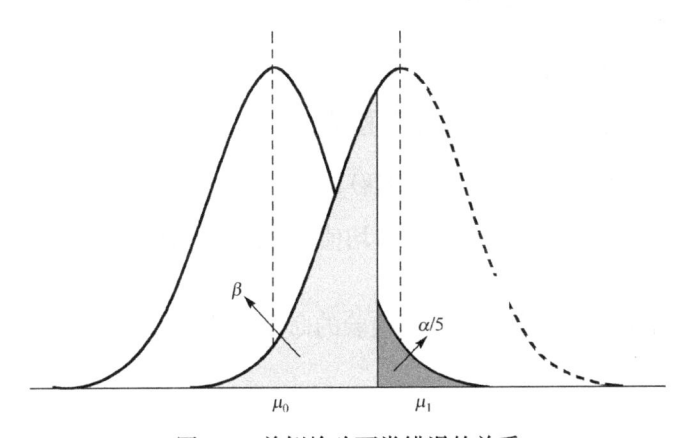

图 7-8 单侧检验两类错误的关系

如图 7-7 和图 7-8 所示，对于原假设 H_0 而言，若总体均值实际上是 μ_0，而样本均值 $\bar{x}$ 落入拒绝域，那么就拒绝了一个正确的原假设，犯了"弃真"的错误，其概率为 α。若总体均值实际上是 μ_1，而样本均值 $\bar{x}$ 落入接受域，那么就接受了一个错误的原假设，犯了"存伪"的错误，其概率为 β。

很显然，α 变小，β 就增大；而要使 β 变小，就必然使 α 增大。因此，在样本容量 n 固定的条件下，要同时使 α 和 β 都达到最小是不可能的。因此，尼曼与皮尔逊曾提出一个原则：在控制犯第一类错误的概率 α 的条件下，使犯第二类错误的概率 β 尽量小。一般地，将关系重大的错误(主要应避免的错误)列为 α，并尽量取较小的值，目的是保护原假设，使它不会轻易地被否定。

控制和降低犯第二类错误的概率的一种方法是扩大样本容量。较大的样本容量有助于发现假设值和总体参数之间哪怕是很小的差别。给定 α，扩大样本容量，将使 β 变小，从而增大发现原假设 H_0 非真的检验能力。但是，资源总是有限的，对检验能力的要求必然会影响到决定采用多大的样本容量。因此，在给定样本容量的情况下，必须权衡两类可能的错误之间此消彼长的关系。由于犯第一类错误的风险可以直接控制，因此可以选择一个较小的 α 值来降低这一风险。例如，如果犯第一类错误会带来很大的负面影响，那么就可以选择 α 为 0.01，而不是 0.05。然而，如果 α 减小，β 将会增大，这样降低犯第一类错误的风险的后果是增加了犯第二类错误的风险。当然，如果想要减小 β，也可以选择一个较大的 α 值。因此，如果犯第二类错误的后果很严重，可以选择 α 为 0.05 或 0.10，而不是 0.01。

7.5 用 Stata 软件进行假设检验

7.5.1 单样本 t 检验的 Stata 操作

单样本 t 检验有两种用法。一是检验样本平均数是否显著地不同于某个假设值；二是检验同一套观察值中的两个变量的统计指标是否显著地不同。这两种用法均等价于检验两者差值的平均数是否等于零。

单样本 t 检验在 Stata 应用中使用 ttest 命令来完成，此命令有两种格式。

命令格式 1（通过样本进行 t 检验）：

.ttest varname == # [if] [in] [,level(#)]

命令格式 2（通过样本的统计指标进行 t 检验）：

.ttesti #obs #mean #sd #val [,level(#)]

其中，#obs 为样本容量，#mean 为样本均值，#sd 为标准差，#val 为待检验数值，level 为置信度水平。

使用【例 7-4】的数据，进行单样本 t 检验的命令及结果如下：

```
. ttesti 16 905 20 900

One-sample t test

              Obs      Mean    Std. Err.   Std. Dev.   [95% Conf. Interval]
       x       16       905           5          20      894.3428    915.6572

    mean = mean(x)                                           t =   1.0000
Ho: mean = 900                                 degrees of freedom =       15

    Ha: mean < 900           Ha: mean != 900           Ha: mean > 900
 Pr(T < t) = 0.8334      Pr(|T| > |t|) = 0.3332      Pr(T > t) = 0.1666
```

标注的 Pr($T>t$) 意味着"获得更大 t 值的可能性"，是指单侧检验概率。双侧检验概率则表示为 Pr($|T|>|t|$)，表明取到更大 t 值的绝对值的概率。在【例 7-4】中，奶粉重量是否为 900

克是双侧检验问题。从结果可知 $\Pr(|T|>|t|)=0.3332$，因此，不拒绝原假设，即没有证据表明每罐奶粉的平均质量不等于 900 克。

7.5.2 两样本 t 检验的 Stata 操作

两样本 t 检验的 Stata 操作有 3 种基本命令格式，如下所示。
命令格式 1（通过样本进行双变量 t 检验）：

.ttest varnamel == varname2 [if] [in] [,options]

命令格式 2（通过样本进行分组 t 检验）：

.ttest varname [if] [in], by(groupvar) [,options]

命令格式 3（通过样本的统计指标进行 t 检验）：

.ttesti #obs1 #meanl #sdl #obs2 #mean2 #sd2 [,options]

其中，#obs 为样本容量，#mean 为样本均值，#sd 为标准差，#val 为待检验数值，level 为置信度水平。选项（options）的相关描述如表 7-3 所示。

表 7-3 option 的相关描述

主 要 选 项	描 述
*by(groupvar)	通过定义组变量
Unequal	非配对的数据含有不同变量
Welch	使用 welch 近似
level(#)	置信水平默认为 95%

使用【例 7-8】的数据，进行两样本 t 检验的命令及结果如下：

```
. ttesti 14 96.5 6.5 18 82.9 11.2

Two-sample t test with equal variances

            Obs      Mean    Std. Err.   Std. Dev.   [95% Conf. Interval]

       x     14      96.5    1.737198         6.5    92.74701     100.253
       y     18      82.9    2.639865        11.2    77.33037    88.46963

combined     32     88.85    2.042465    11.55393    84.68437    93.01563

    diff           13.6     3.36916                6.719258    20.48074

    diff = mean(x) - mean(y)                              t =   4.0366
Ho: diff = 0                                degrees of freedom =       30

    Ha: diff < 0              Ha: diff != 0              Ha: diff > 0
Pr(T < t) = 0.9998       Pr(|T| > |t|) = 0.0003      Pr(T > t) = 0.0002
```

在【例 7-8】中，两种电池的单次充电平均使用分钟数是否不同是双侧检验问题。从结果可知 $\Pr(|T|>|t|)=0.0003$，因此，拒绝原假设，即认为这两种电池的单次充电平均使用分钟数存在显著差异。

本章知识结构图

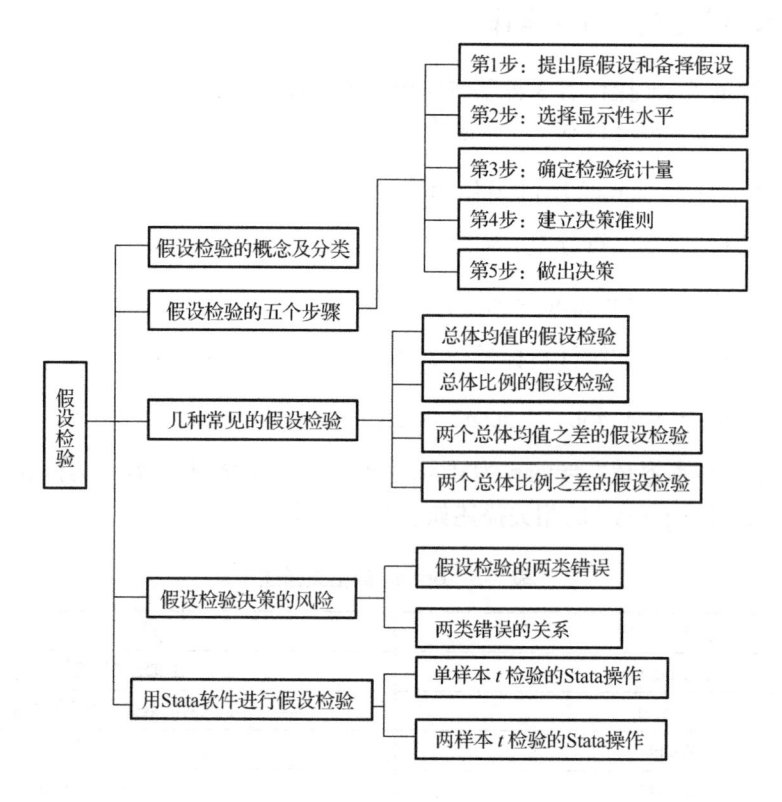

```
                                                      ┌─ 第1步：提出原假设和备择假设
                                                      ├─ 第2步：选择显示性水平
                        ┌─ 假设检验的概念及分类         ├─ 第3步：确定检验统计量
                        │                             ├─ 第4步：建立决策准则
                        ├─ 假设检验的五个步骤 ─────────┴─ 第5步：做出决策
                        │
                        │                             ┌─ 总体均值的假设检验
                        │                             ├─ 总体比例的假设检验
        假设检验 ──────┼─ 几种常见的假设检验 ────────┼─ 两个总体均值之差的假设检验
                        │                             └─ 两个总体比例之差的假设检验
                        │
                        │                             ┌─ 假设检验的两类错误
                        ├─ 假设检验决策的风险 ────────┴─ 两类错误的关系
                        │
                        │                             ┌─ 单样本 t 检验的Stata操作
                        └─ 用Stata软件进行假设检验 ───┴─ 两样本 t 检验的Stata操作
```

思考与练习

一、单项选择题

1. 对总体参数提出某种假设，然后利用样本信息判断假设是否成立的过程称为（　　）。
   A．参数估计　　　B．双侧检验　　　C．单侧检验　　　D．假设检验

2. 研究者想收集证据予以支持的假设通常称为（　　）。
   A．原假设　　　　B．备择假设　　　C．合理假设　　　D．正常假设

3. 在假设检验中，原假设和备择假设（　　）。
   A．都有可能成立　　　　　　　　　　B．都有可能不成立
   C．只有一个成立而且必有一个成立　　D．原假设一定成立，备择假设不一定成立

4. 在假设检验中，第一类错误是指（　　）。
   A．当原假设正确时拒绝原假设
   B．当原假设错误时拒绝原假设
   C．当备择假设正确时未拒绝备择假设
   D．当备择假设不正确时拒绝备择假设

5. 当备择假设为 $H_1: \mu < \mu_0$ 时，此时的假设检验是（　　）。

A．双侧检验　　　B．右侧检验　　　C．左侧检验　　　D．显著性检验

6．将由显著性水平所规定的拒绝域平分为两部分，置于概率分布的两边，每边占显著性水平的二分之一，这是（　　）。

A．单侧检验　　　B．双侧检验　　　C．右侧检验　　　D．左侧检验

7．某厂生产的化纤纤度服从正态分布，化纤纤度的标准均值为1.40。某天测得25根化纤的纤度的均值 $\bar{x}=1.39$，检验与原来设计的标准均值相比是否有所下降，要求的显著性水平为 $\alpha=0.05$，则下列正确的假设形式是（　　）。

A．$H_0: \mu=1.40, H_1: \mu \neq 1.40$　　　B．$H_0: \mu \leq 1.40, H_1: \mu > 1.40$
C．$H_0: \mu < 1.40, H_1: \mu \geq 1.40$　　　D．$H_0: \mu \geq 1.40, H_1: \mu < 1.40$

8．一项研究表明，司机驾车时因接打手机而发生事故的比例超过20%，用来检验这一结论的原假设和备择假设应为（　　）。

A．$H_0: \mu \leq 20\%, H_1: \mu > 20\%$　　　B．$H_0: \pi = 20\%, H_1: \pi \neq 20\%$
C．$H_0: \pi \leq 20\%, H_1: \pi > 20\%$　　　D．$H_0: \pi \geq 20\%, H_1: \pi < 20\%$

9．在假设检验中，不拒绝原假设意味着（　　）。

A．原假设肯定是正确的　　　B．原假设肯定是错误的
C．没有证据证明原假设是正确的　　　D．没有证据证明原假设是错误的

10．若检验的假设为 $H_0: \mu \geq \mu_0, H_1: \mu < \mu_0$，则拒绝域为（　　）。

A．$Z > Z_\alpha$　　　B．$Z < -Z_\alpha$
C．$Z > Z_{\alpha/2}$ 或 $Z < -Z_{\alpha/2}$　　　D．$Z > Z_\alpha$ 或 $Z < -Z_\alpha$

11．如果原假设 H_0 为真，所得到的样本结果会像实际观测取值那么极端或更极端的概率称为（　　）。

A．临界值　　　B．统计量　　　C．P 值　　　D．事先给定的显著性水平

12．对于给定的显著性水平 α，根据 P 值拒绝原假设的准则为（　　）。

A．$P = \alpha$　　　B．$P < \alpha$　　　C．$P > \alpha$　　　D．$P = \alpha = 0$

13．在下列几个数值中，检验的 P 值为哪个值时拒绝原假设的理由最充分（　　）。

A．95%　　　B．50%　　　C．5%　　　D．2%

14．若一项假设规定显著性水平 $\alpha=0.05$，下面的表述哪一个是正确的（　　）。

A．接受 H_0 时的可靠性为95%
B．接受 H_1 时的可靠性为95%
C．H_0 为假时被接受的概率为5%
D．H_1 为真时被拒绝的概率为5%

15．进行假设检验时，在样本量一定的条件下，犯第一类错误的概率减小，犯第二类错误的概率就会（　　）。

A．减小　　　B．增大　　　C．不变　　　D．不确定

16．容量为3升的橙汁容器上的标签表明，这种橙汁的脂肪含量的均值不超过1克。在对标签上的说明进行检验时，建立的原假设和备择假设为 $H_0: \mu \leq 1, H_1: \mu > 1$，那么该检验所犯的第一类错误是（　　）。

A. 实际情况是 $\mu \geq 1$，检验认为 $\mu > 1$
B. 实际情况是 $\mu \leq 1$，检验认为 $\mu < 1$
C. 实际情况是 $\mu \geq 1$，检验认为 $\mu < 1$
D. 实际情况是 $\mu \leq 1$，检验认为 $\mu > 1$

17. 如果某项假设检验的结论在 0.05 的显著性水平下是显著的（即在 0.05 的显著性水平下拒绝了原假设），则错误的说法是（　　）。

A. 在 0.10 的显著性水平下必定也是显著的
B. 在 0.01 的显著性水平下不一定具有显著性
C. 原假设为真时拒绝原假设的概率为 0.05
D. 检验的 P 值大于 0.05

18. 在一次假设检验中，当显著性水平 $\alpha = 0.01$，原假设被拒绝，那么，当 $\alpha = 0.05$ 时，（　　）。

A. 原假设一定会被拒绝　　　　B. 原假设一定不会被拒绝
C. 需要重新检验　　　　　　　D. 原假设有可能被拒绝

19. 哪种场合适用 t 检验统计量（　　）。

A. 样本为大样本，且总体方差已知　　B. 样本为小样本，且总体方差已知
C. 样本为小样本，且总体方差未知　　D. 样本为大样本，且总体方差未知

20. 当样本统计量的取值未落入原假设的拒绝域时，表示（　　）。

A. 可以放心地接受原假设　　　　B. 没有充足的理由否定原假设
C. 没有充足的理由否定备择假设　D. 备择假设是错误的

二、思考题

1. 原假设 H_0 和备择假设 H_1 之间有什么区别？
2. 第一类错误和第二类错误之间有什么区别？
3. 检验能力是什么意思？
4. 双侧检验和单侧检验之间有什么区别？
5. 假设检验的步骤有哪些？
6. P 值是什么意思？

三、分析题

1. 已知某炼铁厂的含碳量服从正态分布 $N(4.55, 0.108^2)$，现在测定了 9 炉铁水，其平均含碳量为 4.484，如果含碳量的方差没有变化，可否认为现在生产的铁水平均含碳量仍为 4.55（$\alpha = 0.05$）？

2. 假定某商店中一种商品的日销售量服从正态分布，σ 未知，根据以往经验，其销售量均值为 60 件。该商店在某周进行了一个促销活动，其一周的销售量数据分别为 64，57，49，81，76，70，58。为检验促销是否有效，试对其进行假设检验，并给出你的结论（$\alpha = 0.01$）。

3. 某电视节目的收视率一直保持在 30%，即 100 人中有 30 人收看该电视节目。在最近的一次电视节目收视率的调查中，调查了 400 人，其中有 100 人收看了该电视节目，可否认为该电视节目的收视率仍保持原有水平（$\alpha = 0.05$）？

第8章 方差分析

【学习目标】

掌握 F 分布的特征；通过假设检验来确定两个总体的方差是否相等；理解方差分析的一般思想；掌握单因素方差分析的原理、方法及应用条件；掌握多因素方差分析的原理、方法及应用。

8.1 F 分布

本章的方差分析要用到的概率分布是 F 分布。F 分布是为了纪念 Ronald Fisher 先生而命名的，Ronald Fisher 是现代统计学的奠基人之一。F 分布可用于检验两个样本是否来自具有相同方差的两个总体，以及同时比较几个总体的均值（即方差分析）。

F 分布的特征如下。

(1) F 分布是一族分布。此分布族中一个特定的分布由两个参数确定：分子的自由度和分母的自由度。图 8-1 描绘了不同自由度下的 F 分布。一条曲线是分子自由度(df)为 9 和分母自由度为 5 的 F 分布；另一条曲线是分子自由度为 10 和分母自由度为 2 的 F 分布。注意，F 分布曲线的形状随着自由度的变化而变化。

(2) F 分布是连续的。这意味着，F 分布的取值可以是 0 到 $+\infty$ 之间的任意值。

(3) F 分布是非负的。F 分布的最小值可以假定为 0。

(4) F 分布是正偏分布。F 分布的长尾在右侧。随着分子和分母自由度的同时增加，F 分布趋近于一个正态分布。

(5) F 分布是渐进分布。随着 X 值的增加，F 分布曲线趋近于 X 轴，但绝不与 X 轴相交。

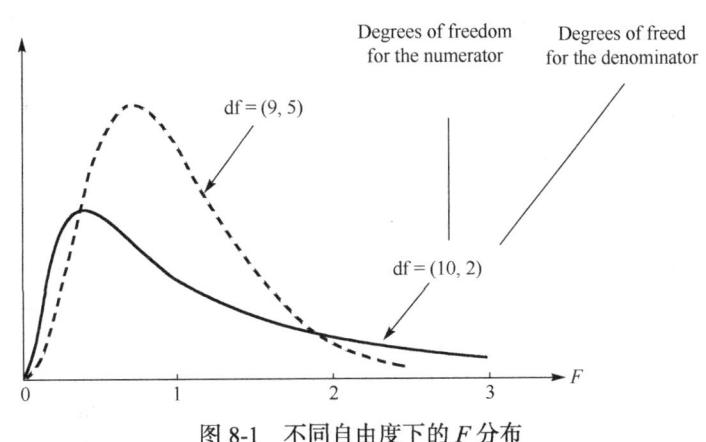

图 8-1 不同自由度下的 F 分布

8.2 比较两个总体的方差

F 分布用于一个正态总体方差是否等于另一个正态总体方差的假设检验问题。

在第 7 章中，我们使用 t 检验来检验两个独立总体的均值是否不同。为了进行该检验，有时假定两个正态总体的方差相同，F 分布为进行两个正态总体方差的检验提供了一种方法。

例如，两种类型的普通股票的平均回报率可能是相同的，两种股票平均回报率的变异性是否相同？男性和女性的每天上网时间大致相等，男性每天用于上网时间的变异性是否大于女性的上网时间？不管是要确定两个总体的变异性是否相等，还是一个总体的变异性大于另一个总体的变异性，都必须首先提出原假设。如果原假设是一个正态总体方差 σ_1^2 等于另一个总体正态方差 σ_2^2，备择假设是方差不等。在这种情形下，原假设和备择假设为：

$$H_0 : \sigma_1^2 = \sigma_2^2$$
$$H_1 : \sigma_1^2 \neq \sigma_2^2$$

如果要确定一个总体的变异性是否大于另一个总体的变异性，则要进行单侧检验。此时，原假设和备择假设为：

$$H_0 : \sigma_1^2 \leq \sigma_2^2$$
$$H_1 : \sigma_1^2 > \sigma_2^2$$

为了进行检验，从一个总体中抽取 n_1 个观测值组成一个随机样本，从另一个总体中抽取 n_2 个观测值组成一个随机样本。则比较两个总体方差的检验统计量的定义如下：

$$F = \frac{S_1^2}{S_2^2}$$

S_1^2 和 S_2^2 分别是样本方差。如果原假设为真，则检验统计量服从自由度为 $n_1 - 1$ 和 $n_2 - 1$ 的 F 分布。为了减少临界值表的大小，通常把较大的样本方差放在分子的位置上，因此 F 分布表的值总是大于 1.00。这样就只需要右侧的临界值。双侧检验的 F 临界值可以通过将显著性水平除以 $2(\alpha/2)$ 及相应的自由度查表得到。

【例 8-1】王先生从家到公司的驾车线路有两条，他想要研究每条线路的开车时间并比较结果。他收集的样本数据如表 8-1 所示(单位：分钟)。线间在 0.10 的显著性水平下，两条线路驾驶时间的变异性是否有差异。

表 8-1 不同线路的开车时间

线 路 1	线 路 2
52	59
67	60
56	61
45	51
70	56
54	63
64	57
	65

解：

经计算两条线路驾驶时间的均值几乎相等。经过线路 1 的平均时间为 58.29 分钟，经过线路 2 的平均时间为 59 分钟。然而，在评估平均驾驶时间的同时，王先生还考虑了驾驶时间的变异性。根据题意，要比较两条线路所需时间的变异性是否存在差异，是双侧检验问题，原假设和备择假设分别为：

$$H_0: \sigma_1^2 = \sigma_2^2$$
$$H_1: \sigma_1^2 \neq \sigma_2^2$$

根据样本数据，计算可得两条线路的样本均值和方差分别为：

$$\bar{x}_1 = \frac{\sum x}{n_1} = \frac{408}{7} = 58.29$$

$$S_1^2 = \frac{\sum(x-\bar{x})^2}{n_1 - 1} = \frac{485.43}{6} = 80.905$$

$$\bar{x}_2 = \frac{\sum x}{n_2} = \frac{472}{8} = 59.00$$

$$S_2^2 = \frac{\sum(x-\bar{x})^2}{n_2 - 1} = \frac{134}{7} = 19.143$$

由于进行双侧检验，因此在 F 分布表中选择的显著性水平为 0.05，由 $\alpha \div 2 = 0.10 \div 2 = 0.05$ 计算得出。分子自由度为 $n_1 - 1 = 7 - 1 = 6$，分母自由度为 $n_2 - 1 = 8 - 1 = 7$。在 0.05 的显著性水平的 F 分布临界值表中，查得临界值为 3.87（如表 8-2 所示）。因此，决策准则是：如果样本方差的比值大于 3.87，则拒绝原假设。

表 8-2 F 分布的临界值，$\alpha=0.05$

分母自由度	分子自由度			
	5	6	7	8
1	230	234	237	239
2	19.3	19.3	19.4	19.4
3	9.01	8.94	8.89	8.85
4	6.26	6.16	6.09	6.04
5	5.05	4.95	4.88	4.82
6	4.39	4.28	4.21	4.15
7	3.97	**3.87**	3.79	3.73
8	3.69	3.58	3.50	3.44
9	3.48	3.37	3.29	3.23
10	3.33	3.22	3.14	3.07

计算两个样本的方差的比值，得到检验统计量的值，从而做出关于原假设的决策。

$$F = \frac{S_1^2}{S_2^2} = \frac{80.905}{19.143} = 4.23$$

由于计算出的 F 值(4.23)大于临界值(3.87)，因此拒绝原假设。结论：两条线路驾驶时间的变异性存在差异。

8.3 方差分析引论

方差分析(Analysis of Variance，ANOVA)，又称"变异数分析"或"F 检验"，用于两个及两个以上样本均数差别的显著性检验。

方差分析在农业、商业、经济、社会等许多领域的数量分析研究中应用非常广泛。例如，在农作物种植过程中，品种、施肥量、地域特征等对农作物的产量均会产生影响。但是，对某种特定的农作物来说，有些影响因素的作用是显著的，有些是不显著的。因此，找到众多影响因素中重要的和关键的影响因素是非常重要的。在商业领域，企业需要知道在商品的品牌、价格、材料、包装、顾客收入水平、消费心理等众多影响因素中，哪些是影响商品销售量的重要因素。在制定某商品的广告宣传策略时，人们需要研究在影响广告效果的众多因素中(如广告形式、地区规模、播放时间、播放频率等)，哪些因素是主要的，它们是如何产生影响的，哪些因素的搭配是最合理的，以便在此基础上制定最优的广告策划方案。上述问题的研究都可以通过方差分析实现。

为了解方差分析的基本思路，应首先了解涉及的相关概念。在方差分析中，将上述问题中的农作物产量、商品销售量和广告效果等称为观测因素，或称为观测变量；将上述问题中的品种、施肥量、商品品牌、材料等影响因素称为控制因素，或称为控制变量；将控制变量的不同类别(如甲品种、乙品种；10公斤化肥、20公斤化肥、30公斤化肥；材料1、材料2、材料3；1分钟、3分钟、5分钟等)称为控制变量的不同水平或处理。

方差分析认为观测变量值的变化受到两类因素的影响：第一类是控制因素(控制变量)不同水平所产生的影响；第二类是随机因素(随机变量)所产生的影响。这里随机因素是指那些人为很难控制的因素，主要指试验过程中的抽样误差。

方差分析认为：如果控制变量的不同水平对观测变量产生了显著影响，那么，它和随机变量共同作用必然使得观测变量值有显著变动；反之，如果控制变量的不同水平没有对观测变量产生显著影响，那么，观测变量值的变动就不会明显地表现出来，其变动可以归结为由随机变量的影响造成的。换句话说，如果观测变量值在某控制变量的各个水平中出现了明显波动，则认为该控制变量是影响观测变量的主要因素；反之，如果观测变量值在某控制变量的各个水平中没有出现明显波动，则认为该控制变量没有对观测变量产生重要影响，观测变量的数据波动是由抽样误差造成的。

那么如何判断在控制变量的不同水平下观测变量值是否产生了明显波动呢？判断的原则是：如果在控制变量各水平下的观测变量总体的分布出现了显著差异，则认为观测变量值发生了明显的波动，意味着控制变量的不同水平对观测变量产生了显著影响；反之，如果在控制变量各水平下的观测变量总体的分布没有显著差异，则认为观测变量值没有发生明显波动，意味着控制变量的不同水平对观测变量没有产生显著影响。

方差分析即是通过推断在控制变量各水平下观测变量的总体分布是否有显著差异来实现其分析目标的。使用方差分析，需要做如下假设：

(1) 各样本是相互独立的随机样本；
(2) 各总体服从正态分布；
(3) 各总体有相同的标准差(σ)。

基于上述基本假设，方差分析对各总体分布是否有显著差异的推断就转化成对各总体均值是否存在显著差异的推断了。经过方差分析若拒绝了假设检验，就可以得出多个样本总体均值不相等或不全相等的结论，即控制变量对观测变量产生了显著影响。

根据控制变量个数和类型可以将方差分析分成单因素方差分析、多因素方差分析和协方差分析。本章主要介绍单因素方差分析和双因素方差分析。

8.4 单因素方差分析

8.4.1 单因素方差分析的基本思想

单因素方差分析用来研究一个控制变量的不同水平是否对观测变量产生了显著影响。这里，由于仅研究单个因素对观测变量的影响，因此称为单因素方差分析。

1. 明确观测变量和控制变量

单因素方差分析的第一步是明确观测变量和控制变量。例如，要分析不同施肥量是否给农作物产量带来显著影响，则该问题中的观测变量是农作物产量，控制变量是施肥量。再比如，要考察学历对工资收入是否有显著影响，该问题中的观测变量为工资收入，控制变量为学历。

2. 分析观测变量的方差

方差分析认为，观测变量值的变动会受控制变量和随机变量两方面的影响。据此，单因素方差分析将观测变量总离差平方和(SST)分解为组间离差平方和(SSA)与组内离差平方和(SSE)两部分，用数学形式表述为：

$$SST = SSA + SSE \tag{8-1}$$

其中，SST 表示观测变量总离差平方和；SSA 表示组间离差平方和，是由控制变量的不同水平造成的变差；SSE 表示组内离差平方和，是由抽样误差引起的变差。

假设 r 个组别代表 r 个总体，数据是随机独立抽取的，这些总体服从正态分布具有相同的方差，那么，所要检验的表示总体间不存在差异的原假设为：

$$H_0: \mu_1 = \mu_2 = \cdots = \mu_r$$

备择假设为并非 r 个总体的均值都相等：

$$H_1: 并非所有的 \mu_j 都相等 (j = 1, 2, \cdots, r)$$

在原假设条件下，r 个组别的总体均值假设相等。因此，可以先求出单个观测值与所有组别观测值的全局均值 $\bar{\bar{x}}$ 之间的差异，然后对其平方求和，从而得到所有观测的总离差。公式(8-2)为单因素方差分析中总离差的计算公式。

$$\text{SST} = \sum_{j=1}^{r}\sum_{i=1}^{n_j}(x_{ij}-\bar{\bar{x}})^2 \tag{8-2}$$

式中：

$$\bar{\bar{x}} = \frac{\sum_{j=1}^{r}\sum_{i=1}^{n_j}x_{ij}}{n}$$

$\bar{\bar{x}}$ 表示全局均值；
x_{ij} 表示控制变量第 j 个水平下的第 i 个观测值；
n_j 表示控制变量第 j 个水平下的观测值的数量；
n 表示所有组别合在一起的观测值的数量（即 $n = n_1 + n_2 + \cdots + n_c$）；
r 表示控制变量的水平数（组别数）。

组间离差平方和的计算，首先需要求出每一组别的样本均值 $\bar{x}_j$ 与全局均值 $\bar{\bar{x}}$ 之间的差异，然后以每一水平组的样本容量 n_j 为权重将其平方加总。组间离差平方和可以用公式(8-3)计算。

$$\text{SSA} = \sum_{j=1}^{r}n_j(\bar{x}_j-\bar{\bar{x}})^2 \tag{8-3}$$

式中：
r 表示所比较的组别数；
n_j 表示控制变量第 j 个水平下的观测值的数量；
$\bar{x}_j$ 表示水平组 j 的样本均值；
$\bar{\bar{x}}$ 表示全局均值。

组内离差平方和度量了每一观测值与本水平组均值之间的差异，以及所有组别这些差异的平方和。组内离差平方和反映了抽样误差的程度，可以用公式(8-4)计算。

$$\text{SSE} = \sum_{j=1}^{r}\sum_{i=1}^{n_j}(x_{ij}-\bar{x}_j)^2 \tag{8-4}$$

式中：
x_{ij} 表示控制变量第 j 个水平下的第 i 个观测值；
$\bar{x}_j$ 表示水平组 j 的样本均值。

将上述三个平方和分别除以各自的自由度，就可以得到三个方差或均方项：MSA（间均方）、MSE（内均方）和MST（总均方）。

$$\text{MSA} = \frac{\text{SSA}}{r-1} \tag{8-5a}$$

$$\text{MSE} = \frac{\text{SSE}}{n-r} \tag{8-5b}$$

$$\text{MST} = \frac{\text{SST}}{n-1} \tag{8-5c}$$

在方差分析中，控制变量的不同水平对应着不同的总体(或组别)，我们的目标是要分析这些总体(或组别)均值之间的差异，即想要确定不同的样本是来自同一个总体，还是来自均值不同的多个总体。实际上，我们是通过这些样本的方差来比较它们的样本均值的。如果原假设为真，r 个组别的均值无差异，那么 MSA、MSE 和 MST 这三个均方项(它们本身也是方差)就是对数据内在全局方差的估计。因此，ANOVA 检验的基本策略是用两种方法估计总体方差，然后计算这两个估计量的比值。如果比值为1，那么从逻辑上讲，这两个估计量是相等的，于是得出总体均值相等的结论。如果比值不为1，那么就得出总体均值不相等的结论。

3．比较观测变量总离差平方和各部分的比例

单因素方差分析的第三步是通过比较观测变量总离差平方和各部分所占的比例，推断控制变量是否给观测变量带来了显著影响。

容易理解，在观测变量总离差平方和中，如果组间离差平方和所占比例较大，则说明观测变量的变动主要是由控制变量引起的，可以主要由控制变量来解释，控制变量给观测变量带来了显著影响；反之，如果组间离差平方和所占比例较小，则说明观测变量的变动不是主要由控制变量引起的，不可以主要由控制变量来解释，控制变量的不同水平没有给观测变量带来显著影响，观测变量的变动是由随机变量因素引起的。

8.4.2　单因素方差分析的基本步骤

方差分析问题属于推断统计中的假设检验问题，其基本步骤与假设检验完全一致。

1．提出原假设和备择假设

与通常的统计推断问题一样，方差分析的任务也是先根据实际情况提出原假设和备择假设，然后寻找适当的检验统计量进行假设检验。将控制变量的每个水平看作一个总体，μ_j ($j=1,2\cdots,r$) 表示第 j 个总体的均值，则单因素方差分析的原假设和备择假设分别为：

$$H_0: \mu_1 = \mu_2 = \cdots = \mu_r$$

$$H_1: 并非所有的 \mu_j 都相等 (j=1,2,\cdots,r)$$

2．选择显著性水平

3．确定检验统计量

方差分析的检验统计量是 F 统计量，公式如下：

$$F = \frac{\text{SSA}/(r-1)}{\text{SSE}/(n-r)} = \frac{\text{MSA}}{\text{MSE}} \tag{8-6}$$

式中,

n 表示样本总量;

$r-1$ 和 $n-r$ 分别表示 SSA 和 SSE 的自由度;

MSA 表示平均组间平方和,也称组间方差;

MSE 表示平均组内平方和,也称组内方差,其目的是消除水平数和样本量对分析带来的影响。

可见,这里 F 统计量的构造方式完全体现了前面提及的单因素方差分析的基本思想。F 统计量服从 $(r-1, n-r)$ 个自由度的 F 分布。

4. 建立决策准则

为了确定决策准则,需要求出临界值 F_α。对于显著性水平 α,临界值可以通过查 F 分布表获得。为了查 F 分布表,需要知道分子和分母的自由度。分子的自由度等于水平数 c 减去 1,分母的自由度等于观测值的总个数 n 减去水平数 c。根据公式(8-6)计算得到的 F 检验统计值大于临界值 F_α,则拒绝原假设。如图 8-2 所示,决策规则为:

若 $F > F_\alpha$,拒绝 H_0;

否则,不拒绝 H_0。

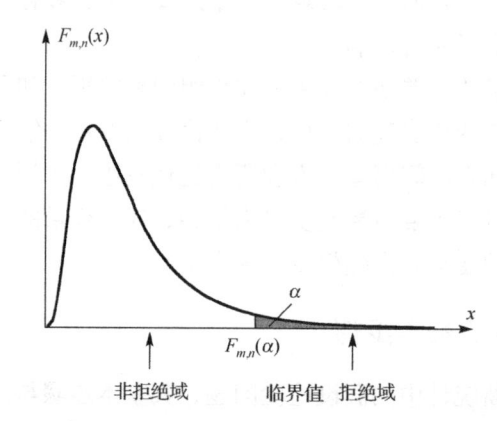

图 8-2 使用 ANOVA 检验原假设的拒绝域和非拒绝域

如果控制变量对观测变量造成了显著影响,观测变量总的变差中控制变量影响所占的比例相对于随机变量必然较大,F 值显著大于 1,将拒绝原假设;反之,如果控制变量没有对观测变量造成显著影响,观测变量的变差是为由随机变量造成的,F 值接近 1,此时不能拒绝原假设。

除了临界值方法,也可以采用 p 值法进行检验。给定显著性水平 α,与检验统计量的概率 P 值作比较。若 P 值小于显著性水平 α,则应拒绝原假设,认为在控制变量的不同水平下观测变量各总体的均值存在显著差异,控制变量的不同水平对观测变量均值产生了显著影响;反之,如果 P 值大于显著性水平 α,则不应拒绝原假设,认为在控制变量的不同水平下观测变量各总体的均值无显著差异,控制变量的不同水平对观测变量均值没有产生显著影响。

5. 做出决策

方差分析的结果通常表示在方差分析总结表(ANOVA summary table)中,表的格式如表 8-3 所示。表中的项目包括离差来源(如组间、组内及总离差)、自由度、平方和、均方(即方差)和 F 检验统计值。

表 8-3 方差分析总结表

离差来源	自由度	平方和	均方(方差)	F检验统计值
组间	$r-1$	SSA	$\text{MSA}=\dfrac{\text{SSA}}{r-1}$	$F=\dfrac{\text{MSA}}{\text{MSE}}$
组内	$n-r$	SSE	$\text{MSE}=\dfrac{\text{SSE}}{n-r}$	
总离差	$n-1$	SST		

【例 8-2】某玩具生产商想知道在不同类型的商店出售的玩具价格是否存在差异。随机抽取 5 家折扣商店、5 家杂货商店和 5 家百货商店进行调查，结果如表 8-4 所示。

表 8-4 不同类型商店出售的玩具价格统计

(单位：元)

商店类型	商店				
	I	II	III	IV	V
折扣商店	12	13	14	12	15
杂货商店	15	17	14	18	17
百货商店	15	17	16	18	19

试问在 0.05 的显著性水平下，上述 3 种类型商店出售的玩具价格是否有差异。

解：

原假设可表述为：对 3 种不同类型的商店而言，玩具价格的均值是相等的，即

$$H_0: \mu_1 = \mu_2 = \mu_3$$

备择假设是至少有一种类型的商店出售的玩具价格均值与众不同，即

$$H_1: 并非所有均值都相等$$

要做出 ANOVA 总结表，首先要计算每组的样本均值，然后加总所有的观测值并除以观测值的数量，从而得到全局均值：

$$\overline{x}_1 = \frac{12+13+14+12+15}{5} = 13.2$$

$$\overline{x}_2 = \frac{15+17+14+18+17}{5} = 16.2$$

$$\overline{x}_3 = \frac{15+17+16+18+19}{5} = 17$$

$$\overline{\overline{x}} = \frac{\sum_{j=1}^{r}\sum_{i=1}^{n_j} x_{ij}}{n} = \frac{232}{15} = 15.467$$

利用公式(8-2)~(8-4)得到平方和：

$$\text{SST} = \sum_{j=1}^{r}\sum_{i=1}^{n_j}(x_{ij}-\overline{\overline{x}})^2$$

$$=(12-15.467)^2+(13-15.467)^2+\cdots+(19-15.467)^2=67.733\,3$$

$$SSA = \sum_{j=1}^{r} n_j (\bar{x}_j - \bar{\bar{x}})^2$$

$$= 5 \times (13.2 - 15.467)^2 + 5 \times (16.2 - 15.467)^2 + 5 \times (18.2 - 15.467)^2 = 40.133\,3$$

$$SSE = \sum_{j=1}^{r} \sum_{i=1}^{n_j} (x_{ij} - \bar{x}_j)^2$$

$$= (12 - 13.2)^2 + \cdots + (15 - 13.2)^2 + (15 - 16.2)^2 + \cdots + (17 - 16.2)^2 + (15 - 17)^2 + \cdots$$
$$+ (19 - 17)^2$$
$$= 27.6$$

将这些平方和除以相应的自由度就得到各自的均方项。因为 $c = 3$，$n = 15$，所以利用公式(8-5)

$$MSA = \frac{SSA}{r-1} = \frac{40.133\,3}{3-1} = 20.066\,7$$

$$MSE = \frac{SSE}{n-r} = \frac{27.6}{15-3} = 2.3$$

从而，运用公式(8-6)计算得检验统计量的值为：

$$F = \frac{MSA}{MSE} = \frac{20.066\,7}{2.3} = 8.72$$

当显著性水平取 $\alpha = 0.05$ 时，由 F 分布表可查得右侧临界值 $F_\alpha = 3.89$，因 $F = 8.72 > F_\alpha = 3.89$，所以拒绝原假设，即不同类型的商店出售的玩具价格存在显著差异。相应的方差分析结果如表 8-5 所示。注意 P 值，当原假设为真时，得到 F 统计量等于或大于 8.724 638 的概率为 0.004 578，即 P 值小于给定的显著性水平 0.05，所以拒绝原假设。

表 8-5 不同类型商店对玩具价格影响的单因素方差分析

差异源	SS	df	MS	F	P-value
组间	40.13333	2	20.06667	8.724638	0.004578
组内	27.6	12	2.3		
总计	67.73333	14			

单因素方差分析虽然能够揭示多个总体均值是否存在显著差异，但却不能指出哪些总体之间的均值存在差异。你所知道的仅仅是有足够的理由相信并非所有的均值都相等。换句话说，至少有一个或某些均值的组合有显著的差异。要进一步分析不同处理水平之间的差异效果，需要进行多重比较，且假定总体服从等方差的正态分布，如果这一假定不成立，则检验统计量将不同。

8.4.3 多重比较检验

单因素方差分析的基本分析只能判断控制变量是否对观测变量产生了显著影响。如果控制变量确实对观测变量产生了显著影响，还应进一步确定控制变量的不同水平对观测变量的影响程度如何，其中哪个水平的作用明显区别于其他水平，哪个水平的作用是不显著的，等等。

例如，确定已经确定了不同施肥量对农作物的产量有显著影响，那么还需要进一步了解 10 公斤、20 公斤、30 公斤肥料对农作物产量的影响幅度是否有差异，其中哪种施肥量水平对提高农作物产量的作用不明显，哪种施肥量水平最有利于农作物产量的提高等。

要解决上述问题，可以通过对各个水平下观测变量总体均值进行两两逐对检验，判断两均值是否存在显著差异。显然，该问题可以用第 7 章的两样本 t 检验解决。然而，该方法需要进行多次比较（r 个水平两两比较需进行 $N = \dfrac{r!}{2!(r-2)!}$ 次比较），必然会使犯第一类错误（弃真错误）的概率明显增大。多重比较检验正是解决该问题的一种方法。

多重比较检验利用了全部观测变量值，实现对各个水平下观测变量总体均值的逐对比较。由于多重比较检验问题也是假设检验问题，因此也遵循假设检验的基本步骤。

多重比较检验的原假设 H_0 是：第 i 和第 j 个水平下观测变量的总体均值 μ_i 和 μ_j 间不存在显著差异。检验的方法有很多（且总体方差相等与总体方差不等的情况各有相应的多重比较方法），这些检验方法的差异主要体现在检验统计量的构造上。这里对几个常用的检验统计量的构造方法作简单介绍。

1. LSD 方法

LSD 方法称为最小显著性差异（Least Significance Difference）法。最小显著性差异法体现了其检验敏感性高的特点，即水平间的均值只要存在一定程度的微小差异就可能被检验出来。LSD 方法的检验统计量为 t 统计量，其定义为：

$$t = \dfrac{(\bar{x}_i - \bar{x}_j) - (\mu_i - \mu_j)}{\sqrt{\mathrm{MSE}\left(\dfrac{1}{n_i} + \dfrac{1}{n_j}\right)}} \tag{8-7}$$

式中，MSE 表示观测变量的组内方差；$\bar{x}_i$、$\bar{x}_j$ 以及 n_i 和 n_j 分别表示第 i 和第 j 个水平下观测变量的样本均值和样本量。正是如此，它利用全部观测变量值，而非仅使用某两组的数据。这里，t 统计量服从 $n-r$ 个自由度的 t 分布。LSD 方法适用于各总体方差相等的情况，但它并没有对犯第一类错误的概率问题加以有效控制。

2. Bonferroni 方法

Bonferroni 方法与 LSD 方法基本相同。不同的是 Bonferroni 方法对犯第一类错误的概率进行了控制。在每次两两组的检验中，它将显著性水平 α 除以两两检验的总次数 N（即 α/N），使显著性水平缩小到原有的 $1/N$，从而从总体上控制了犯第一类错误的概率。于是，两总体均值差的置信区间为：

$$(\bar{x}_i - \bar{x}_j) \pm t_{\frac{\alpha}{2N}} \sqrt{\mathrm{MSE}\left(\dfrac{1}{n_i} + \dfrac{1}{n_j}\right)} \tag{8-8}$$

3. Turkey 方法

与 LSD 方法有所不同，Tukey 方法中采用的检验统计量是 q 统计量，其定义为：

$$q = \frac{(\overline{x}_i - \overline{x}_j) - (\mu_i - \mu_j)}{\sqrt{\dfrac{MSE}{k}}} \tag{8-9}$$

式中，MSE 表示观测变量的组内方差；k 表示各水平下观测值的个数，即样本量。可见，Tukey 方法仅适用于各水平下观测值个数相等的情况，这点比 LSD 方法要求苛刻。q 统计量服从 $(r, n-r)$ 个自由度的 q 分布。

8.5 双因素方差分析

8.5.1 问题的提出

由于现象的复杂性，影响观测变量取值大小的因素往往不止一个，而是多个。例如，农作物产量不仅受施肥量的影响，也受品种的影响。商品销售量的大小不仅受价格水平的影响，也可能受包装及地区差异等方面的影响。多因素方差分析就是用来研究两个及两个以上控制变量是否对观测变量产生显著影响的统计分析方法。由于本节只讨论两个控制变量的情形，因此称其为双因素方差分析。

双因素方差分析分为无交互作用的双因素方差分析和有交互作用的双因素方差分析。如果两个控制变量对试验数据不仅存在单独影响，两个变量的搭配也会对结果产生影响，那么此时的双因素方差分析就是有交互作用的双因素方差分析。如果控制变量对试验数据仅存在单独影响，两个变量的搭配不会对结果产生影响，那么此时的双因素方差分析就是为无交互作用的双因素方差分析。双因素方差分析的步骤与单因素方差分析的步骤类似，这里主要介绍总变差的分解及所用的检验统计量。

8.5.2 无交互作用的双因素方差分析

设有 A、B 两个因素影响试验结果，即有两个控制变量。因素 A 有 r 个水平，因素 B 有 s 个水平，因素 A、B 的不同水平的每种组合都只做一次试验(观察)，在这种情况下，因素 A、B 之间没有交互作用。数据结构如表 8-6 所示。

表 8-6 无交互作用的双因素方差分析数据结构

		因素 B				因素 A 各水平下的均值
		B_1	B_2	...	B_s	
因素 A	A_1	x_{11}	x_{12}	...	x_{1s}	$\overline{x}_1^A$
	A_2	x_{21}	x_{22}	...	x_{2s}	$\overline{x}_2^A$
	⋮	⋮				
	A_r	x_{r1}	x_{r2}	...	x_{rs}	$\overline{x}_r^A$
因素 B 各水平下的均值		$\overline{x}_1^B$	$\overline{x}_2^B$	...	$\overline{x}_s^B$	

在无交互作用的双因素方差分析中，观测变量值的变动受因素 A、因素 B 及随机因素的影响。观测变量的总变差分解为：

$$SST = SSA + SSB + SSE \tag{8-10}$$

式中，SST 表示观测变量的总变差；SSA、SSB 分别表示控制变量 A、B 独立作用引起的变差；SSE 表示随机因素引起的变差。

在双因素方差分析中，SST 的定义同公式(8-2)。SSA，SSB 及 SSE 的定义为公式(8-11)～公式(8-13)：

$$\text{SSA} = \sum_{i=1}^{r}\sum_{j=1}^{s}(\bar{x}_i^A - \bar{\bar{x}})^2 = s\sum_{i=1}^{r}(\bar{x}_i^A - \bar{\bar{x}})^2 \tag{8-11}$$

$$\text{SSB} = \sum_{i=1}^{r}\sum_{j=1}^{s}\left(\bar{x}_j^B - \bar{\bar{x}}\right)^2 = r\sum_{j=1}^{s}\left(\bar{x}_j^B - \bar{\bar{x}}\right)^2 \tag{8-12}$$

$$\text{SSE} = \sum_{i=1}^{r}\sum_{j=1}^{s}(x_{ij} - \bar{x}_i^A - \bar{x}_j^B + \bar{\bar{x}})^2 \tag{8-13}$$

式中，x_{ij} 表示因素 A 第 i 个水平和因素 B 第 j 个水平下的观测变量值；$\bar{x}_i^A$ 表示因素 A 第 i 个水平下观测变量的均值；$\bar{x}_j^B$ 表示因素 B 第 j 个水平下观测变量的均值；$\bar{\bar{x}}$ 表示所有观测值的平均值。

无交互作用的双因素方差分析的主要任务是：分析因素 A 和因素 B 对观测变量的影响大小。这一问题等价于以下两种假设。

$$H_{01}: \bar{x}_1^A = \bar{x}_2^A = \cdots = \bar{x}_r^A$$

$$H_{02}: \bar{x}_1^B = \bar{x}_2^B = \cdots = \bar{x}_s^B$$

在总体分布的正态性、等方差性条件满足时，可用 F 统计量进行检验。

对于 H_{01}，检验统计量为：

$$F_A = \frac{\text{MSA}}{\text{MSE}} = \frac{\text{SSA}/(r-1)}{\text{SSE}/[(r-1)(s-1)]} \tag{8-14}$$

对于 H_{02}，检验统计量为：

$$F_B = \frac{\text{MSB}}{\text{MSE}} = \frac{\text{SSB}/(s-1)}{\text{SSE}/[(r-1)(s-1)]} \tag{8-15}$$

对于选定的显著性水平 α，查找 F 分布临界值表，得临界值 $F_\alpha[(r-1),(r-1)(s-1)]$，将 F_A 与临界值 $F_\alpha[(r-1),(r-1)(s-1)]$ 进行比较，如果 $F_A > F_\alpha[(r-1),(r-1)(s-1)]$，则拒绝原假设，认为即因素 A 对观测变量有显著影响。同理，查找临界值 $F_\alpha[(s-1),(r-1)(s-1)]$，将 F_B 与临界值 $F_\alpha[(s-1),(r-1)(s-1)]$ 进行比较，如果 $F_B > F_\alpha[(s-1),(r-1)(s-1)]$，则拒绝原假设，即认为因素 B 对观测变量有显著影响。

无交互作用的双因素方差分析表如表 8-7 所示。

表8-7 无交互作用的双因素方差分析表

来源	平方和	自由度	均方和	F
A	SSA	$r-1$	$\text{MSA} = \dfrac{\text{SSA}}{r-1}$	$F_A = \dfrac{\text{MSA}}{\text{MSE}}$
B	SSB	$s-1$	$\text{MSB} = \dfrac{\text{SSB}}{s-1}$	$F_B = \dfrac{\text{MSB}}{\text{MSE}}$
误差	SSE	$(r-1)(s-1)$	$\text{MSE} = \dfrac{\text{SSE}}{(r-1)(s-1)}$	
合计	SST	$n_T - 1$		

【例 8-3】 设甲、乙、丙、丁四个工人操作机器 Ⅰ、Ⅱ、Ⅲ各一天，其产品产量如表 8-8 所示，问在 0.05 的显著性水平下，工人和机器对产品产量是否有显著影响。

表 8-8 四个工人操作不同机器的产品产量

工人 A ＼ 机器 B	Ⅰ	Ⅱ	Ⅲ	$\bar{x}_i^A$
甲	50	63	52	55.0
乙	47	54	42	47.7
丙	47	57	41	48.3
丁	53	58	48	53.0
$\bar{x}_j^B$	49.3	58.0	45.8	$\bar{\bar{x}} = 51$

解：利用公式(8-11)~(8-13)，求解得：

$$SSA = s\sum_{i=1}^{r}(\bar{x}_i^A - \bar{\bar{x}})^2 = 3\times[(55-51)^2 + (47.7-51)^2 + (48.3-51)^2 + (53-51)^2] = 114.54$$

$$SSB = r\sum_{j=1}^{s}(\bar{x}_j^B - \bar{\bar{x}})^2 = 4\times[(49.3-51)^2 + (58.0-51)^2 + (45.8-51)^2] = 321.96$$

$$SSE = \sum_{i=1}^{r}\sum_{j=1}^{s}(x_{ij} - \bar{x}_i^A - \bar{x}_j^B + \bar{\bar{x}})^2$$

$$= \left[(50-55-49.3+51)^2 + (63-55-58+51)^2 + \cdots + (48-53-45.8+51)^2\right] = 32.83$$

由公式(8-14)和(8-15)，计算可得检验统计量的值分别为：

$$F_A = \frac{SSA/(r-1)}{SSE/[(r-1)(s-1)]} = \frac{114.67 \div 3}{32.83 \div (3\times 2)} = 6.98$$

$$F_B = \frac{SSB/(s-1)}{SSE/[(r-1)(s-1)]} = \frac{318.5 \div 2}{32.83 \div (3\times 2)} = 29.10$$

对于显著性水平 0.05，查 F 分布表，得 F 分布的右侧临界值分别为：

$$F_{0.05}(3,6) = 4.76$$

$$F_{0.05}(2,6) = 7.26$$

显然有

$$F_A = 6.98 > F_{0.05}(3,6) = 4.76$$

$$F_B = 28.85 > F_{0.05}(2,6) = 7.26$$

因此，在 0.05 的显著性水平下，工人和机器对产量均有显著影响。

方差分析表如表 8-9 所示。

表 8-9 工人和机器对产品产量影响的方差分析表

差异源	SS	df	MS	F	P-value	F-crit
工人	114.67	3	38.222 22	6.984 772	0.022 015	4.757 063
机器	318.5	2	159.25	29.101 52	0.000 816	5.143 253
误差	32.833 33	6	5.472 222			
总计	466	11				

8.5.3 有交互作用的双因素方差分析

对于双因素方差分析，更加一般化的情况是因素 A 与因素 B 之间存在"交互作用"，即两个因素对观测变量的影响效应不是简单的叠加，而是存在相互作用。此时为有交互作用的双因素方差分析，其基本数据结构如表 8-10 所示。

表 8-10 有交互作用的双因素方差分析数据结构

		因素 B			
		B_1	B_2	...	B_s
因素 A	A_1	$x_{111}\ x_{112}\cdots x_{11n}$	$x_{121}\ x_{122}\cdots x_{12n}$	...	$x_{1s1}\ x_{1s2}\cdots x_{1sn}$
	A_2	$x_{211}\ x_{212}\cdots x_{21n}$	$x_{221}\ x_{222}\cdots x_{22n}$	...	$x_{2s1}\ x_{2s2}\cdots x_{2sn}$
	$\vdots$	$\vdots$	$\vdots$		$\vdots$
	A_3	$x_{r11}\ x_{r12}\cdots x_{r1n}$	$x_{r21}\ x_{r22}\cdots x_{r2n}$	...	$x_{rs1}\ x_{rs2}\cdots x_{rsn}$

显然，表 8-10 与表 8-6 不同，当存在或需要考察交互作用时，两个因素的不同水平之下的组合都应该有若干个样本观察值。

表中的数据 x_{ijk} 表示因素 A、B 在第 $i\,(i=1,2,3,\cdots,r)$，$j\,(j=1,2,3,\cdots,s)$ 个水平状态下第 $k\,(k=1,2,3,\cdots,n)$ 个样本观测值。

假设在每一对因素水平组合 (A_i, B_j) 中，样本容量相同(均为 n)。在有交互作用的双因素方差分析中，观测变量值的变动受因素 A、因素 B、因素 A 和因素 B 交互作用及随机因素的影响。观测变量的总变差的分解式为：

$$\text{SST}=\text{SSA}+\text{SSB}+\text{SSAB}+\text{SSE} \tag{8-16}$$

式中：

$$\text{SST} = \sum_{i=1}^{r}\sum_{j=1}^{s}\sum_{k=1}^{n}(x_{ijk}-\overline{\overline{x}})^2 \tag{8-17}$$

$$\text{SSA} = \sum_{i=1}^{r}\sum_{j=1}^{s}\sum_{k=1}^{n}(\overline{x}_i^A-\overline{\overline{x}})^2 = ns\sum_{i=1}^{r}(\overline{x}_i^A-\overline{\overline{x}})^2 \tag{8-18}$$

$$\text{SSB} = \sum_{i=1}^{r}\sum_{j=1}^{s}\sum_{k=1}^{n}(\overline{x}_j^B-\overline{\overline{x}})^2 = nr\sum_{j=1}^{s}(\overline{x}_j^B-\overline{\overline{x}})^2 \tag{8-19}$$

$$\text{SSAB} = \sum_{i=1}^{r}\sum_{j=1}^{s}\sum_{k=1}^{n}(\overline{x}_{ij}^{AB}-\overline{x}_i^A-\overline{x}_j^B+\overline{\overline{x}})^2 = n\sum_{i=1}^{r}\sum_{j=1}^{s}(\overline{x}_{ij}^{AB}-\overline{x}_i^A-\overline{x}_j^B+\overline{\overline{x}})^2 \tag{8-20}$$

$$\text{SSE} = \sum_{i=1}^{r}\sum_{j=1}^{s}\sum_{k=1}^{n}(x_{ijk}-\overline{x}_{ij}^{AB})^2 \tag{8-21}$$

式中，x_{ijk} 表示因素 A 第 i 个水平和因素 B 第 j 个水平下的第 k 个样本观测变量值；$\overline{x}_i^A$ 表示因素 A 第 i 个水平下观测变量的均值；$\overline{x}_j^B$ 表示因素 B 第 j 个水平下观测变量的均值；$\overline{x}_{ij}^{AB}$ 表示因素 A 第 i 个水平和因素 B 第 j 个水平下的组内平均值；$\overline{\overline{x}}$ 表示所有观测值的平均值。

有交互作用的双因素方差分析的主要任务是：分析因素 A 和因素 B 对观测变量取值的影

响大小,以及因素 A、B 交互作用对观测变量取值的影响大小。假设 x_{ijm} 分布的正态性、等方差性、组内独立性、组间独立性条件满足,对于"因素 A 对试验指标影响不显著""因素 B 对试验指标影响不显著",以及"因素 A 和因素 B 交互作用对试验指标影响不显著"三个统计假设可以分别用下面三个 F 统计量进行检验。

$$F_A = \frac{\text{SSA}/(r-1)}{\text{SSE}/(rsn-rs)} \tag{8-22}$$

$$F_B = \frac{\text{SSB}/(s-1)}{\text{SSE}/(rsn-rs)} \tag{8-23}$$

$$F_{AB} = \frac{\text{SSAB}/(rs-r-s+1)}{\text{SSE}/(rsn-rs)} \tag{8-24}$$

其中,有关"均方差"分别为:

MSA=SSA$/(r-1)$,MSB=SSB$/(s-1)$,MSAB=SSAB$/(rs-s-r+1)$,MSE=SSE$/(rsn-rs)$
与单因素方差分析类似,表 8-11 是分析的全过程。

表 8-11 有交互作用的双因素方差分析表

来源	平方和	自由度	均方和	F
A	SSA	$r-1$	$\text{MSA}=\frac{\text{SSA}}{r-1}$	$F_A=\frac{\text{MSA}}{\text{MSE}}$
B	SSB	$s-1$	$\text{MSB}=\frac{\text{SSB}}{s-1}$	$F_B=\frac{\text{MSB}}{\text{MSE}}$
AB	SSAB	$(r-1)(s-1)$	$\text{MSAB}=\frac{\text{SSAB}}{(r-1)(s-1)}$	$F_{AB}=\frac{\text{MSAB}}{\text{MSE}}$
误差	SSE	$rsn-rs$	$\text{MSE}=\frac{\text{SSE}}{rsn-rs}$	
合计	SST	$rsn-1$		

【例 8-4】 为了提高某产品的得率,研究了提取温度(A)和提取时间(B)对产品得率的影响。提取温度(A)有 3 个水平,$A1$ 为 80℃、$A2$ 为 90℃、$A3$ 为 100℃;提取时间 B 有 3 个水平,$B1$ 为 40min、$B2$ 为 30min、$B3$ 为 20min,共组成 9 个水平处理组合,每个水平组合含 3 个重复。实验结果如表 8-12 所示,试分析提取温度和提取时间对该产品得率的影响。

表 8-12 提取温度和提取时间对产品得率的影响

提取温度＼提取时间	$B1$	$B2$	$B3$
$A1$	8　8　8	7　7　6	6　5　6
$A2$	9　9　8	7　9　6	8　7　6
$A3$	7　7　6	8　7　8	10　9　9

解:因素 A "提取温度"有 3 个水平,每个水平有 9 例,因素 B "提取时间"有 3 个水平,每个水平有 9 例。

由于有交互作用的双因素方差分析计算量较大,所以此处省略计算过程,其计算结果如表 8-13 所示:

表 8-13 有交互作用的双因素方差分析计算结果

方差来源	SS	df	MS	F	P-value
时间	1.555 556	2	0.777 778	1.312 5	0.293 702
温度	6.222 222	2	3.111 111	5.25	0.015 99
交互	22.222 22	4	5.555 556	9.375	0.000 281
内部	10.666 67	18	0.592 593		
总计	40.666 67	26			

时间要素 P 值=0.293 702＞0.05，说明不同处理时间之间无显著差异。

温度要素 P 值=0.015 99，0.01<0.015 99<0.05，说明不同处理温度之间有差异。

时间要素与温度要素交互 P 值=0.000 281< 0.01，说明不同时间与温度的交互作用对得率有极显著差异。

8.6 用 Stata 软件进行方差分析

8.6.1 用 Stata 软件进行单因素方差分析

在 Stata 中，单因素方差分析是用 oneway 和 longway 两个命令来实现的。这两个命令相比 ttest 命令有自己独特的优势，如可以进行多重比较检验。但 ttest 命令可以加入 unequal 条件，从而忽略同方差假设。下面分别介绍 oneway 命令和 longway 命令。

1. oneway 命令

oneway 命令的基本格式如下：

.oneway response_var factor_var [if] [in] [weight] [,options]

2. longway 命令

longway 命令的基本格式如下：

.loneway response_var group_var [if] [in] [weight] [,options]

使用【例 8-2】的数据进行单因素方差分析的命令及结果如下：

```
. oneway price shop

                        Analysis of Variance
    Source              SS         df      MS            F       Prob > F
Between groups      40.1333333      2   20.0666667      8.72      0.0046
 Within groups           27.6      12         2.3

    Total           67.7333333     14    4.83809524

Bartlett's test for equal variances:  chi2(2) =   0.2108  Prob>chi2 = 0.900
```

注意到 P 值，即原假设为真时，得到 F 统计量等于或大于 8.72 的概率为 0.004 6。这一 P 值小于给定的显著性水平 0.05，所以原假设被拒绝，说明 3 种类型商店出售的玩具价格有显著差异。

8.6.2 用 Stata 软件进行双因素方差分析

多因素方差分析处理的就是两个或者更多 x 分类变量的情况。在 Stata 中用命令 anova 实现，其基本命令格式如下：

.anova response var[if] [in] [weight] [, options]

使用【例 8-3】的数据进行无交互作用的双因素方差分析的命令及结果如下：

```
. anova output worker machine

                  Number of obs =       12     R-squared     = 0.9295
                  Root MSE      =  2.33928     Adj R-squared = 0.8708

      Source |  Partial SS       df        MS           F      Prob>F
     --------+-----------------------------------------------------
       Model |   433.16667        5    86.633333      15.83    0.0021
             |
      worker |   114.66667        3    38.222222       6.98    0.0220
     machine |       318.5        2       159.25      29.10    0.0008
             |
    Residual |   32.833333        6     5.4722222
     --------+-----------------------------------------------------
       Total |         466       11    42.363636
```

从结果可知，worker 和 machine 的 P 值都小于 0.05，说明工人和机器对产量均有显著影响。

有交互作用的双因素方差分析的命令只需在命令中加入交互项即可，如在本例中加入交互项 worker#machine 即可进行有交互作用的双因素方差分析。其基本命令格式如下：

.anova output worker machine worker#machine

结果省略。

本章知识结构图

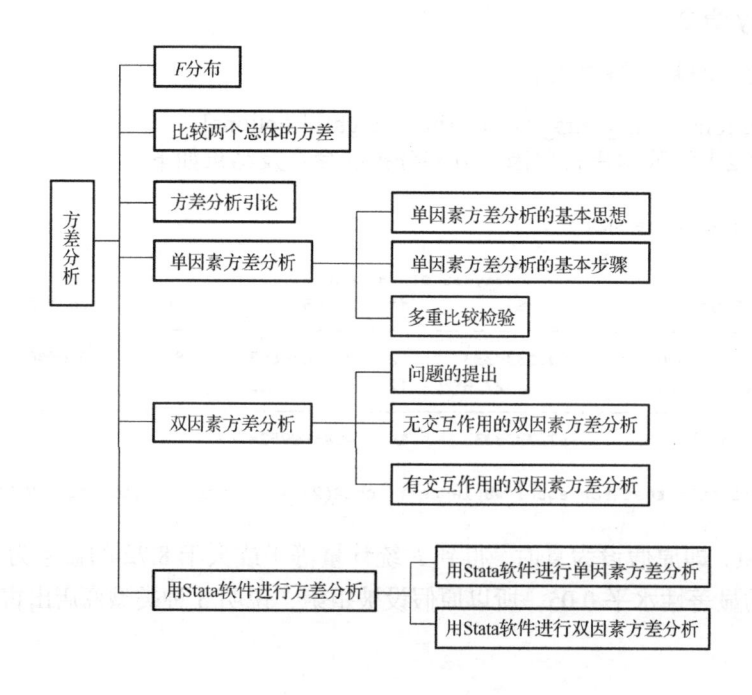

方差分析
- F 分布
- 比较两个总体的方差
- 方差分析引论
- 单因素方差分析
  - 单因素方差分析的基本思想
  - 单因素方差分析的基本步骤
  - 多重比较检验
- 双因素方差分析
  - 问题的提出
  - 无交互作用的双因素方差分析
  - 有交互作用的双因素方差分析
- 用 Stata 软件进行方差分析
  - 用 Stata 软件进行单因素方差分析
  - 用 Stata 软件进行双因素方差分析

思考与练习

一、单选题

1. 在方差分析中，（　　）反映的是样本数据与其组平均值的差异。
   A. 总离差　　　B. 组间误差　　　C. 抽样误差　　　D. 组内误差

2. SSE 是（　　）。
   A. 组内平方和　　B. 组间平方和　　C. 总离差平方和　　D. 因素 B 的离差平方和

3. SST 是（　　）。
   A. 组内平方和　　B. 组间平方和　　C. 总离差平方和　　D. 总方差

4. 在单因素方差分析中，计算 F 统计量，其分子与分母的自由度各为（　　）。
   A. r, n　　　B. $r-n, n-r$　　C. $r-1, n-r$　　D. $n-r, r-1$

二、多项选择题

1. 应用方差分析的前提条件是（　　）。
   A. 各个总体服从正态分布　　　B. 各个总体均值相等
   C. 各个总体具有相同的方差　　D. 各个总体均值不等
   E. 各个总体相互独立

2. 若检验统计量 F 近似等于 1，说明（　　）。
   A. 组间方差中不包含系统因素的影响　　B. 组内方差中不包含系统因素的影响
   C. 组间方差中包含系统因素的影响　　　D. 方差分析中应拒绝原假设
   E. 方差分析中应接受原假设

3. 对于单因素方差分析的组内误差，下面哪种说法是正确的（　　）。
   A. 其自由度为 $r-1$　　　　　　　　　B. 反映的是随机因素的影响
   C. 反映的是随机因素和系统因素的影响　D. 组内误差一定小于组间误差
   E. 其自由度为 $n-r$

4. 为研究溶液温度对液体植物的影响，将溶液温度控制在三个水平上，则称这种方差分析是（　　）。
   A. 单因素方差分析　　　B. 双因素方差分析　　　C. 三因素方差分析
   D. 单因素三水平方差分析　　E. 双因素三水平方差分析

三、计算题

1. 有三台机器生产规格相同的铝合金薄板，为检验三台机器生产薄板的厚度是否相同，随机从每台机器生产的薄板中各抽取了 5 个样品，测得结果如下：

机器 1：0.236，0.238，0.248，0.245，0.243
机器 2：0.257，0.253，0.255，0.254，0.261
机器 3：0.258，0.264，0.259，0.267，0.262

问：三台机器生产的薄板的厚度是否有显著差异？

2. 养鸡场要检验四种饲料配方对小鸡增重是否相同,用每种饲料分别喂养了6只同一品种同时孵出的小鸡,共饲养了8周,每只鸡增重数据如下(单位:克):

配方1:370,420,450,490,500,450

配方2:490,380,400,390,500,410

配方3:330,340,400,380,470,360

配方4:410,480,400,420,380,410

问:四种不同配方的饲料对小鸡增重是否相同?

第9章 一元线性回归分析

【学习目标】

全面理解相关分析和回归分析的含义、分类、主要内容及两者之间的关系；掌握一元线性回归模型的基本假定；掌握普通最小二乘法(OLS)的基本原理，能够应用 OLS 估计一元线性回归模型的参数并检验其有效性；掌握一元线性回归模型的点预测和区间预测；掌握 Stata 软件操作方法，能够应用 Stata 软件解决一元线性回归分析的实际问题。

9.1 相 关 分 析

9.1.1 相关关系的含义

世界是一个普遍联系的整体。无论是自然现象之间还是社会现象之间，大都存在着不同程度的联系。在日常生活中，人们经常使用一些俗语，如"名师出高徒""龙生龙，凤生凤""虎父无犬子"等来说明现象之间的相关关系。各现象之间的关系形式多种多样，但可以分为两类：一类是确定的函数关系，另一类是不确定的相关关系。

1. 函数关系

函数关系反映现象之间存在着严格的依存关系，在这种关系中，对于某一变量的每个数值，都有另一个变量的确定值与之相对应，并且这种关系可以用一个数学表达式反映出来。例如，$S = \pi R^2$，这里，圆的面积是随半径大小而变动的。再如，企业的原材料消耗额 y，与产量 x_1、单位产量消耗 x_2、原材料价格 x_3 之间的关系可以表示为 $y = x_1 \cdot x_2 \cdot x_3$。

2. 相关关系

相关关系反映现象之间切实存在的，而关系数值不确定的相互依存关系。理解相关关系要把握两个要点。

(1)相关关系是指现象之间切实存在数量依存关系。两个现象之间，一个现象发生数量上的变化，另一个现象也会相应地发生数量上的变化。例如，一般来说，身体高的人体重也要重一点儿；劳动生产率的提高相应地会使成本降低、利润增加等。

(2)现象之间数量依存关系的具体关系值不是确定的。在相关关系中，当一种现象的数量发生变化时，另一种现象的数量表现出一定的波动性，但又总是围绕着它们的平均数并遵循一定的规律而变化。例如，每亩耕地的施肥量与亩产量之间存在着密切的关系。在一般条件下，施肥量适当增加，亩产量便相应地提高，但在亩产量增长与施肥量增长的数值之间，并不存在严格的数量关系。因为对每亩耕地的产量来说，除了施肥量多少这一因素，还受到种子、土壤、降雨量等其他因素的影响，这就造成即使在施肥量相同的条件下，其亩产量也并不完全相等。但即使如此，它们之间仍然存在着一定的规律性，即在一定范围内，随施肥量的增加，亩产量便相应地有所提高。

相关关系与函数关系是有区别的，但是它们之间也有联系。由于存在观察或测量误差等原因，函数关系在实际中往往通过相关关系表现出来。在研究相关关系时，又常常要使用函数关系的形式来表现，以便找到相关关系的一般数量表现形式。

9.1.2 相关关系的分类

现象之间的相互关系是很复杂的，它们各以不同的方向、不同的程度相互作用着，并表现出不同的类型和形态。

1. 按相关关系的表现形态来划分，可分为直线相关和曲线相关

相关关系是一种数量上不严格的相互依存关系。如果这种关系近似地表现为一条直线则称为直线相关，从图形上看，其观测点的分布近似地表现为一条直线。例如，人均消费水平与人均收入通常呈线性关系。如果这种关系近似地表现为一条曲线则称为曲线相关。从图形上看，其观测点的分布近似地表现为一条曲线，这就是一种非线性关系。曲线相关也有不同的种类，如抛物线、指数曲线、双曲线等。研究现象的相关关系，究竟取哪种形态，要对现象的性质做理论分析，并结合实际经验，才能得到较好的解决。

2. 按直线相关变化的方向来划分，可分为正相关和负相关

解释变量数值增加，被解释变量数值也相应地增加，这叫作正相关。例如，儿童数量增加，玩具销售量也会增加。解释变量数值增加，被解释变量数值相应地减少，或者解释变量数值减少，被解释变量数值相应地增加，这叫作负相关。例如，产品生产越多，生产成本越低；商品价格降低，商品销售量增多。

3. 按相关的程度来划分，可分为完全相关、不完全相关和无相关

两种现象中一种现象的数量变化，随另一种现象的数量变化而确定，这两种现象间的依存关系，就称为完全相关，如 $S = \pi R^2$，在这种情况下，相关关系就是函数关系。两种现象的数量各自独立，互不影响，称为无相关，如企业生产成本与工人年龄之间，一般是无相关的。两个现象之间的关系，介于完全相关与无相关之间，称为不完全相关。通常相关分析主要是不完全相关分析。以上相关关系种类，如图 9-1 所示。

4. 按相关关系涉及的因素多少来划分，可分为单相关和复相关

两个因素之间的相关关系叫作单相关，即研究时只涉及一个解释变量和一个被解释变量，因此也称一元相关，如广告费支出与产品销售量之间的相关关系。

三个或三个以上因素的相关关系叫作复相关，也称多元相关，即研究涉及两个或两个以上的解释变量和被解释变量，如商品销售额与居民收入、商品价格之间的相关关系。

图 9-1 相关关系种类

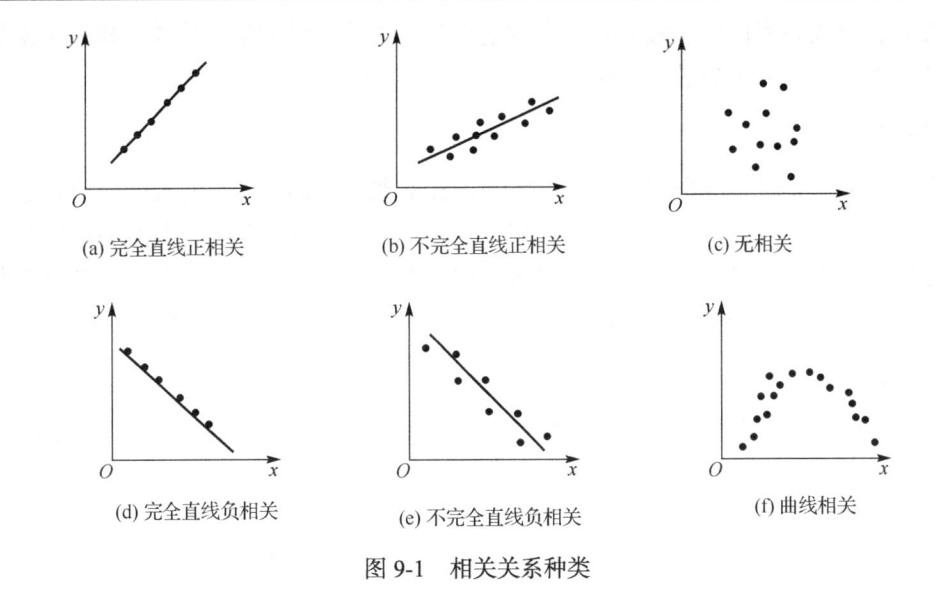

(a) 完全直线正相关　(b) 不完全直线正相关　(c) 无相关
(d) 完全直线负相关　(e) 不完全直线负相关　(f) 曲线相关

9.1.3 相关分析的主要内容

相关分析的目的或任务在于探求现象之间是否存在着相关关系，以及相关关系的密切程度，进而消除偶然因素的影响，分析因素之间的具体数量变动关系或规律，并加以模型化，求出较佳的回归方程，用于估计与推算。这对于加强社会经济管理和进行经济预测等工作具有重要的意义。具体来说，相关分析的内容有以下四点。

1．判断现象之间有无关系，以及相关关系的具体表现形式

在进行相关分析时，首先，通过理论定性的分析方法或利用图表观察的方法，判断现象之间是否有关系。现象之间有关系，进行相关分析才有意义。其次，判断现象之间相关关系的表现形态，以便在之后的分析中选择相应的分析方法。

2．确定相关关系的密切程度

根据变量数据的类型，选择适当的方法，计算出相关系数，确定现象之间相关关系的密切程度，为进一步的分析提供依据。

3．检验现象统计相关的显著性

检验现象统计相关的显著性包括检验相关关系的存在性，检验相关关系强度是否达到一定水平，检验两对现象相关程度的差异性，估计相关系数的取值。

4．对相关关系的数学形式加以描述

广义地说，相关关系分析还包括对相关关系的数学形式加以描述，即拟合回归方程，检验回归方程的合理性，并且应用回归模型进行统计分析、预测和控制。

9.1.4 相关关系的测量

在相关分析中，通过定性分析、制作相关表、绘制相关图等，可以对现象间存在的相关关系的方向、形式和密切程度做直观、大致地判断。为了精确衡量简单线性相关关系的相关程度，还可以利用相关系数进行分析。

1. 定性分析

在研究相关关系时，应根据一定的经济理论和实践经验的总结，对社会经济现象进行科学的定性分析，以判断它们之间是否具有相关关系及相关关系的类型。只有在定性分析的基础上、才能进一步从数量上来测定现象之间的相关关系及相关的密切程度。这是判断相关关系的一种重要方法，也是相关分析的重要前提。

2. 相关表

研究现象之间的依存关系，首先要通过实际调查取得一系列的数据，作为相关分析的原始资料。将某一变量按其数值的大小顺序排列，然后将与其相关的另一变量的对应值平行排列，便可得到简单的相关表。

例如，对某公司 8 年的销售额和广告费进行调查，得到的资料如表 9-1 所示。

表 9-1 销售额和广告费的相关表

单位：万元

广告费	10	12	15	20	25	28	33	35
销售额	15	18	22	26	30	34	41	43

从相关表 9-1 可以看出，随着广告费的增加，企业的销售额也在增加，两变量间存在明显的正相关关系。

3. 相关图

相关图又称散点图，是以直角坐标系的横轴代表变量 x，纵轴代表变量 y，将两变量相对应的成对数据用坐标点的形式描绘出来，用以反映两变量之间相关关系的图形。

从图 9-2 可以看到，图中各个点虽不完全在一条直线上，但可以认为，该企业的销售额和广告费之间有较强的直线相关关系。

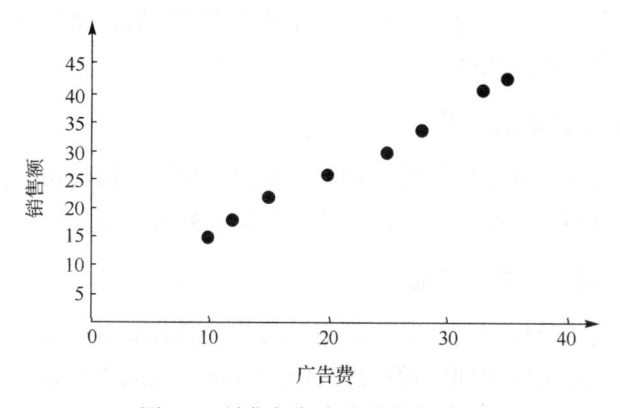

图 9-2 销售额与广告费的相关图

4. 简单线性相关系数

在各种相关中，单相关是基本的相关关系，它是复相关和偏相关的基础。单相关有线性相关和非线性相关两种表现形式。测定线性相关系数是最基本的相关分析，是测定其他相关系数方法的基础。所以，首先研究线性的单相关系数，即简单线性相关系数，也就是在线性条件下说明两个变量之间相关关系密切程度的统计分析指标，简称相关系数。

(1) 总体简单线性相关系数。

对于所研究的总体，表示两个相互联系变量线性相关程度的相关系数称为总体简单线性相关系数，用 ρ 表示，其计算公式为：

$$\rho = \frac{\mathrm{Cov}(x,y)}{\sqrt{D(\mathrm{x}) \cdot D(y)}} = \frac{\mathrm{Cov}(x,y)}{\sigma_x \cdot \sigma_y} \tag{9-1}$$

式中，$\mathrm{Cov}(x, y)$ 表示变量 x 和 y 的协方差，用 σ_{xy}^2 表示，即

$$\mathrm{Cov}(x,y) = \sigma_{xy}^2 = \frac{\sum_{i=1}^{n}(x_i - \bar{x})(y_i - \bar{y})}{n} \tag{9-2}$$

式中，$D(x)$、σ_x 分别表示变量 x 的方差和标准差；$D(y)$、σ_y 分别表示变量 y 的方差和标准差。

总体简单线性相关系数反映总体两个变量 x 和 y 的线性相关程度。总体简单线性相关系数具有如下特点：

① 对于特定的总体来说，x 和 y 的数值是既定的，即总体简单线性相关系数是客观存在的特定数值；

② 因为总体的两个变量的所有数值是不可能直接观测的，所以总体简单线性相关系数一般是未知的。

(2) 样本简单线性相关系数。

由于总体简单线性相关系数是不可直接观测的，需要从总体中抽取样本容量为 n 的一个样本，通过 x 和 y 的样本观测值计算简单线性相关系数，此简单线性相关系数称为样本简单线性相关系数，又称为皮尔逊(Pearson)相关系数。它用来测量定距变量间的线性相关关系(如测量身高与体重、工龄与收入等)，记为 r_{xy}，简记为 r，其基本计算公式为：

$$r_{xy} = \frac{\sigma_{xy}^2}{\sigma_x \cdot \sigma_y} = \frac{\sum_{i=1}^{n}(x_i - \bar{x})(y_i - \bar{y}) \big/ n}{\sqrt{\sum_{i=1}^{n}(x_i - \bar{x})^2 \big/ n} \cdot \sqrt{\sum_{i=1}^{n}(y_i - \bar{y})^2 \big/ n}} \tag{9-3}$$

式中，x_i 和 y_i 分别表示 x 和 y 的样本观测值；$\bar{x}$ 和 $\bar{y}$ 分别表示 x 和 y 的样本观测值的均值。

因为相关系数是通过将各个离差相乘来说明现象相关密切程度的，所以称这种计算相关系数的方法为"积差法"。

上式经过进一步化简，得到 r_{xy} 的简便计算公式，即

$$r_{xy}=\frac{n\sum_{i=1}^{n}x_{i}y_{i}-\sum_{i=1}^{n}x_{i}\cdot\sum_{i=1}^{n}y_{i}}{\sqrt{n\sum_{i=1}^{n}x_{i}^{2}-\left(\sum_{i=1}^{n}x_{i}\right)^{2}}\cdot\sqrt{n\sum_{i=1}^{n}y_{i}^{2}-\left(\sum_{i=1}^{n}y_{i}\right)^{2}}} \tag{9-4}$$

样本简单线性相关系数 r 是根据 x 和 y 的样本观测值计算出来的,可以证明,样本简单线性相关系数 r 是总体简单相关系数 ρ 的无偏、一致估计。简单线性相关系数 r 有如下特点。

① r 的取值范围为 $-1 \leqslant r \leqslant 1$,即 $0 \leqslant |r| \leqslant 1$。

② 当 $r>0$ 时,表示 x 和 y 为正线性相关;当 $r<0$ 时,表示 x 和 y 为负线性相关。

③ 当 $0<|r|<1$ 时,表示 x 和 y 存在着一定的线性相关。r 的绝对值越接近 1,表示 x 和 y 的线性相关程度越高;反之,r 的绝对值越接近 0,表示 x 和 y 的线性相关程度越低。

④ 当 $|r|=1$ 时,x 和 y 为完全线性相关,即 x 和 y 之间存在着确定的函数关系;当 $r=1$ 时,称 x 和 y 为完全正线性相关;当 $r=-1$ 时,称 x 和 y 为完全负线性相关。

⑤ 当 $r=0$ 时,表示 x 和 y 完全没有线性相关关系,但并不表示两者之间不存在其他类型的关系,可能还存在其他非线性相关关系。

【例 9-1】根据表 9-1 的数据,试计算销售额与广告费的简单线性相关系数。

解: 该公司销售额与广告费的简单线性相关系数计算如表 9-2 所示。

表 9-2 销售额与广告费的简单线性相关系数计算表

序 号	销售额 y(万元)	广告费 x(万元)	xy	y^2	x^2
1	15	10	150	225	100
2	18	12	216	324	144
3	22	15	330	484	225
4	26	20	520	676	400
5	30	25	750	900	625
6	34	28	952	1 156	784
7	41	33	1 353	1 681	1 089
8	43	35	1 505	1 849	1 225
合计	229	178	5 776	7 295	4 592

$$r_{xy}=\frac{n\sum_{i=1}^{n}x_{i}y_{i}-\sum_{i=1}^{n}x_{i}\cdot\sum_{i=1}^{n}y_{i}}{\sqrt{n\sum_{i=1}^{n}x_{i}^{2}-\left(\sum_{i=1}^{n}x_{i}\right)^{2}}\cdot\sqrt{n\sum_{i=1}^{n}y_{i}^{2}-\left(\sum_{i=1}^{n}y_{i}\right)^{2}}}$$

$$=\frac{8\times 5\,776-178\times 229}{\sqrt{8\times 4\,592-178^{2}}\times\sqrt{8\times 7\,295-229^{2}}}=0.995\,9$$

计算结果表明,该公司的销售额与广告费之间存在着程度较高的正线性相关关系。

(3) 简单线性相关系数的显著性检验。

样本简单线性相关系数 r 是根据样本观测值 (x_i, y_i) ($i=1, 2, \cdots, n$) 计算出来的,是对总体简单线性相关系数 ρ 的一个估计。样本不同,所计算出来的样本简单线性相关系数也不同，所以，样本简单线性相关系数 r 是一个随机变量。因此，由样本简单线性相关系数 r 来判别变量 x 和 y 是否具有相关性需要经过统计检验才能确定。

① 样本简单线性相关系数 r 的分布。

当 x 和 y 都服从正态分布时，在假设总体简单线性相关系数 ρ 为 0 的情况下，可以证明：与样本简单线性相关系数 r 有关的统计量服从自由度为 $(n-2)$ 的 t 分布，即

$$t = \frac{r\sqrt{n-2}}{\sqrt{1-r^2}} \sim t(n-2) \tag{9-5}$$

② 简单线性相关系数的检验步骤。

第一步，提出假设：$H_0: \rho = 0$，$H_1: \rho \neq 0$。

第二步，选取检验统计量，并计算统计量的值：$t = \frac{r\sqrt{n-2}}{\sqrt{1-r^2}} \sim t(n-2)$。

第三步，确定显著性水平 α 和临界值 $t_{\alpha/2}(n-2)$。

第四步，将统计量的值与临界值进行比较，做出决策。

若 $|t| > t_{\alpha/2}(n-2)$，则拒绝 H_0，当显著性水平为 α 时，表示总体相关系数 ρ 在统计上显著不为零，即总体两个变量之间的线性相关显著。

若 $|t| < t_{\alpha/2}(n-2)$，则不能拒绝 H_0，当显著性水平为 α 时，表示总体相关系数 ρ 在统计上显著为零，即总体两个变量之间的线性相关不显著。

【例 9-2】对表 9-1 中销售额与广告费的简单线性相关系数进行检验（$\alpha = 0.05$）。

解：设 $H_0: \rho = 0$，$H_1: \rho \neq 0$。

选取检验统计量

$$t = \frac{r\sqrt{n-2}}{\sqrt{1-r^2}} \sim t(n-2)$$

则有

$$t = \frac{0.9959 \times \sqrt{8-2}}{\sqrt{1-0.9559^2}} = 26.9668$$

因为 $\alpha = 0.05$，所以

$$t_{\alpha/2}(n-2) = t_{0.025}(6) = 2.4469$$

故 $|t| = 26.9668 > 2.4469$，拒绝 H_0，即总体相关系数 ρ 在统计上显著不为零，也就是说，销售额与广告费之间的线性相关显著。

使用[例 9-1]的数据，用 Stata 计算相关系数并进行检验的输出结果如下：

```
(obs=8)

         |      y        x
      ---+------------------
       y |  1.0000
       x |  0.9959   1.0000
```

结果表明，该公司的销售额与广告费之间的相关系数为 0.9959，并且二者的线性相关显著。

此外，当所研究的变量不是数量型变量时，简单线性相关关系的相关分析方法不宜使用，这时可以用斯皮尔曼(Spearman)等级相关关系来进行相关分析。

在统计研究中，有些社会现象无法以精确数量来表现其数量特征，只能以等级或次序来表现，如事态轻重、质量优劣、价格高低等。因此，当所研究的变量不是数量型变量时，简单线性相关关系的相关分析方法不宜使用，人们常用等级相关系数来描述两个定序变量即等级序列之间的相关关系。在等级相关关系中，斯皮尔曼等级相关系数的运用最为普遍，其计算公式为：

$$r_s = 1 - \frac{6\sum d_i^2}{n(n^2-1)} \tag{9-6}$$

式中，n 表示样本容量；d_i 表示样本单位属于 x 的等级和属于 y 的等级的级差。

样本等级相关系数 r_s 的取值意义与简单相关系数的含义相同。

r_s 的取值范围为[-1, 1]。若 $|r_s|=1$，表示两个定序变量之间完全相关；若 $|r_s|=0$，表示两个定序变量之间完全不相关；若 $0<r_s<1$，表示两个定序变量之间为正相关；若 $-1<r_s<0$，表示两个定序变量之间为负相关；$|r_s|$ 越接近 1，表示两个定序变量间相关关系越密切。

【例9-3】使用表9-3的数据计算手机价格和外观质量评分的等级相关系数。

表9-3 手机价格与外观质量评分表

手机品牌编号	1	2	3	4	5	6	7	8	9	10	11	12
价格(元)	1 200	1 600	1 300	3 000	3 500	800	1 000	900	1 800	2 000	4 000	5 000
外观质量评分	88	80	85	93	91	80	85	78	90	89	94	90

在计算等级相关系数前，先编制等级相关表，如表9-4 所示。规定最低价格和最低外观质量为1 级，若遇到相同评分，则取原有等级的平均数作为该等级数。

表9-4 手机价格与外观质量等级相关表

手机品牌编号	1	2	3	4	5	6	7	8	9	10	11	12
价格(千元)	4	6	5	9	10	1	3	2	7	8	11	12
外观质量评分	6	2.5	4.5	11	10	2.5	4.5	1	8.5	7	12	8.5
等级的差量 d	−2	3.5	0.5	−2	0	−1.5	−1.5	1	−1.5	1	−1	3.5

把 d 和 n 代入式(9-6)计算 r_s：

$$r_s = 1 - \frac{6\sum d_i^2}{n(n^2-1)} = 1 - \frac{6 \times 40.5}{12 \times (12^2-1)} = 0.858$$

计算结果表明，手机价格与外观质量之间存在高度的相关关系，即价格越高，外观质量评分也越高。

最后需要说明的是，线性相关关系与因果关系是不同的。相关系数很大未必表示变量间存在因果关系，也可能两个变量同时受第三个变量的影响而使它们有很强的相关。例如，人的肺活量与人的身高会呈现高度相关，其实肺活量和身高都受人的体重的影响，因此，如果固定人的体重来研究肺活量与身高的关系，会发现相关性很低。这涉及偏相关系数的计算。

又如，计算 1980 年至 2004 年间某地猪肉销售量与感冒片销售量的相关系数，它可能很大，但这并不说明猪肉销售量与感冒片销售量之间有线性相关关系，因为它们都受这个时期人口增长因素的影响。把两个逻辑上不存在联系的变量放在一起进行相关分析没有意义，在统计学上称之为"虚假相关"。

9.2 回 归 分 析

9.2.1 回归分析的含义

"回归"一词最先由弗朗西斯·高尔顿(Francis Galton)引入，他被誉为现代回归和相关技术的创始人。1875 年，高尔顿利用豌豆实验来确定尺寸的遗传规律。他挑选了 7 组不同尺寸的豌豆，并说服他在英国不同地区的朋友每组种植 10 粒种子，然后把原始的豌豆种子(父代)与新长的豌豆种子(子代)进行尺寸比较。当结果被绘制出来后，他发现并非每个子代都与父代一样，尺寸小的豌豆会得到更大的子代，而尺寸大的豌豆却得到较小的子代。高尔顿把这一现象称为"向平均回归"。一个总体在某一时期具有某一极端特征(低于或高于总体均值)的个体(或者是单个个体，或者是整个子代)在未来的某一时期将减弱它的极端性，这一趋势现在被称为"回归效应"。人们发现它的应用很广，而不仅限于从上一代到下一代的豌豆大小问题。

高尔顿的普遍回归定律还被他的朋友皮尔逊证实。皮尔逊曾收集过一些家庭群体的 1 000 多名成员的身高记录，他发现，对于一个父亲高的群体，儿辈的平均身高低于其父辈的身高；而对于一个父亲矮的群体，儿辈的平均身高高于其父辈的身高。这样就把高的和矮的儿辈身高一同"回归"到所有男子的平均身高。

在第一次考试中，成绩最差的那些学生在第二次考试中倾向于有更好的成绩(比较接近所有学生的平均成绩)，而成绩最好的那些学生在第二次考试中倾向于有较差的成绩(比较接近所有学生的平均成绩)。同样，平均来说，第一年利润最低的公司第二年不会最差，而第一年利润最高的公司第二年不会最好。

然而"回归"的现代含义与高尔顿对"回归"一词的解释是不同的。"回归"的现代含义大致上可以解释为：一个被解释变量对其他解释变量的依存关系。其目的在于通过解释变量的值来估计或者预测被解释变量的均值。

9.2.2 回归分析的分类

1. 按照变量的个数来分，可分为一元回归分析和多元回归分析

只有一个解释变量的回归分析称为一元回归分析，又称简单回归分析。例如，销售额依广告费的回归分析就是一元回归分析。两个或两个以上解释变量的回归分析称为多元回归分析，又称复回归分析。例如，销售额依广告费及价格的回归分析就是多元回归分析。

2. 按照回归线的形状来分，可分为线性回归分析和非线性回归分析

当相关变量之间的表现形式为线性相关时，为其拟合的直线回归方程所进行的回归分析称为线性回归分析。

当变量之间的表现形态为曲线相关时,为其拟合的曲线方程所进行的回归分析称为非线性回归分析。

回归分析的类型如图 9-3 所示。

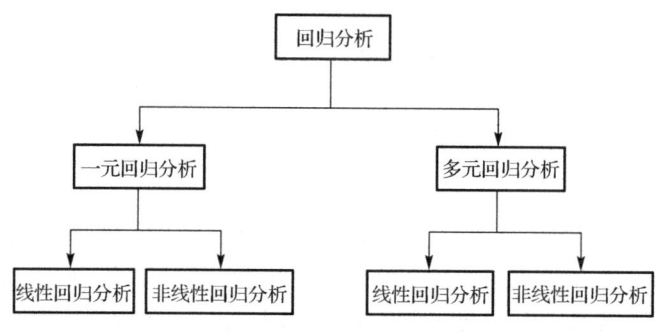

图 9-3 回归分析的类型

9.2.3 回归分析的主要内容

1. 确定现象之间相关关系的数量模型

确定了现象之间确实有相关关系及密切程度,就要选择合适的数学模型,对变量之间的联系给予近似的描述。如果现象之间的关系表现为直线相关,则采用配合直线的方法;如果现象之间的关系表现为各种曲线,则采用配合曲线的方法。可根据解释变量选取个数的不同,构造一元回归方程或多元回归方程。使用这种方法可以找到现象之间相互依存关系的数量上的规律性,这是进行判断、推算、预测的根据。

2. 对回归分析模型进行检验和评价

模型的参数是用变量的观测值估计的,为了检验参数估计值是否为抽样的偶然结果,需要运用数理统计中的统计推断方法,对模型及参数的统计可靠性做出说明。通常应用最广泛的统计推断检验准则有拟合优度检验、单个变量的显著性检验和整个回归模型的显著性检验,分别采用 R^2、t、F 作为检验统计量。计量经济检验一般包括异方差性检验、自相关性检验、多重共线性检验等。

3. 预测被解释变量

要预测被解释变量,应该先对回归方程变量之间的相关性进行显著性检验,通过统计检验后,再利用回归模型,根据解释变量去估计、预测被解释变量。

9.2.4 相关分析与回归分析的关系

相关分析是回归分析的基础和前提,回归分析则是相关分析的深入和继续。相关分析需要依靠回归分析来表现变量之间数量关系的具体形式,而回归分析则需要依靠相关分析来表现变量之间数量变化的相关程度。只有当变量之间存在显著相关时,进行回归分析寻求其相关的具体形式才有意义。如果没有对变量之间是否相关及相关方向和程度做出正确判断就进行回归分析，很容易造成"虚假回归"。与此同时，相关分析只研究变量之间相关的方向和程度，不能推断变量之间的相互关系的具体形式，也无法从一个变量的变化情况来推测另一个变量的变化情况，因此，在具体应用过程中，只有将相关分析和回归分析结合起来，才能达到研究和分析的目的。

9.3 一元线性回归模型的假定及系数估计

9.3.1 一元线性回归模型及其假定

通常，一元线性总体回归模型可表示为：

$$y_i = \beta_0 + \beta_1 x_i + \varepsilon_i \tag{9-7}$$

式中，y_i 表示个体 i 在被解释变量 y 上的取值；y 表示一个随机变量；x_i 表示个体 i 在解释变量 x 上的取值；β_0 和 β_1 表示模型的参数，通常是未知的，需要根据样本数据进行估计；$\beta_0 + \beta_1 x_i$ 反映了 x 的变化所引起的 y 的变化；ε_i 表示误差项或扰动项，包括遗漏的其他因素、变量的测量误差、回归函数的设定误差及人类行为的内在随机性等，即反映了除 x_i 之外的所有其他因素对 y_i 的影响。

公式(9-7)定义了一个简单线性回归模型。"简单"是因为该模型只包含一个解释变量。但是，一般情况下，导致某一社会现象的原因总是多方面的，因此，在很多情况下都必须考虑多个解释变量的情况。当模型纳入多个解释变量时，公式(9-7)就扩展为第10章讲到的多元回归模型。"线性"，一方面指模型在参数上是线性的，另一方面也指模型在解释变量上是线性的。很明显，在公式(9-7)中，没有一个参数是以指数形式或以另一个参数的积或商的形式出现，解释变量也只是以一次项的形式存在。

对这一模型，有以下几个主要假定。

(1)线性回归模型。回归模型对参数而言是线性的。

(2)确定性假定。在重复抽样中，解释变量 x_i 是确定性变量，不是随机变量，而且在重复抽样中取固定值，即假定 x 是非随机的。

(3)零均值假定。在给定 x_i 的条件下，误差项 ε_i 具有零均值，即 $E(\varepsilon_i|x_i)=0$。

也就是说，在给定一个解释变量 x_i 的值时，ε_i 的值在无限长的实验序列中均值为 0。这意味着对于一个给定的 x_i 值，对公式(9-7)求条件期望后得到：

$$E(y/x_i) = \beta_0 + \beta_1 x_i \tag{9-8}$$

公式(9-8)称为总体回归方程、总体回归函数或总体回归直线。β_0 是回归直线在 y 轴上的截距，β_1 是回归直线的斜率。

(4)同方差假定。对于所有给定的解释变量 x_i，ε_i 的方差都等于 σ^2，即 $D(\varepsilon_i|x_i)=\sigma^2$。

(5)无自相关假定。给定任意两个 x 值：x_i 和 $x_j(i \neq j)$，ε_i 和 ε_j 之间的相关性为 0，即 $\text{cov}(\varepsilon_i,\varepsilon_j|x_i,x_j)=0$。

(6)误差项 ε_i 与解释变量 x_i 之间不相关，即 $\text{cov}(\varepsilon_i,x_j)=0$。

(7)误差项 ε_i 是一个服从正态分布的随机变量且独立。

图 9-4 给出了三个不同的 x_i 值下 y 和 ε 的分布。

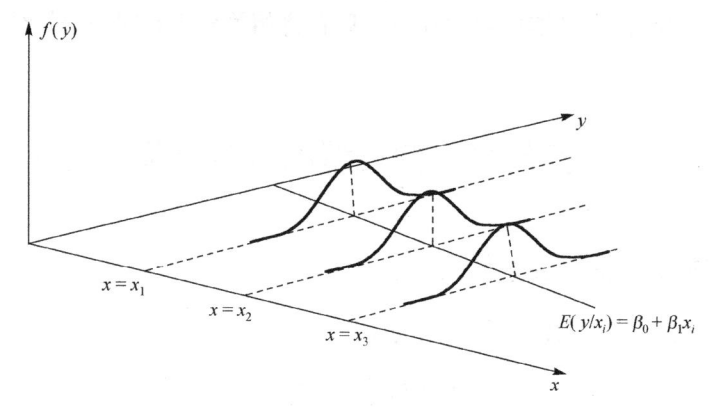

图 9-4　三个不同的 x_i 值下 y 和 ε 的分布

9.3.2　一元线性回归模型回归系数估计

由于总体回归参数 β_0、β_1 是未知的，所以必需利用观测值去估计，得到 β_0、β_1 的估计量 $\hat{\beta}_0$、$\hat{\beta}_1$，再用 $\hat{\beta}_0$、$\hat{\beta}_1$ 分别代替 β_0、β_1，从而得到估计的回归方程(也称样本回归直线或样本回归方程)为：

$$\hat{y}_i = \hat{\beta}_0 + \hat{\beta}_1 x_i \tag{9-9}$$

式中，$\hat{\beta}_0$ 表示估计的回归直线在 y 轴上的截距；$\hat{\beta}_1$ 表示直线的斜率，即 x 每变动一个单位时，y 的平均变动值。

我们的任务就是根据观测值 $\{x_i, y_i\}_{i=1}^n$ 来估计总体回归直线 $E(y/x_i) = \beta_0 + \beta_1 x_i$。因此，希望在 (x, y) 平面上找到一条直线，使得此直线离所有这些点(观测值)最近，如图 9-5 所示。在此平面上，任意给定一条直线，$\hat{y}_i = \hat{\beta}_0 + \hat{\beta}_1 x_i$，可以计算每个点(观测值)到这条直线的距离，$e_i = y_i - (\hat{\beta}_1 + \hat{\beta}_2 x_i)$，称为残差。

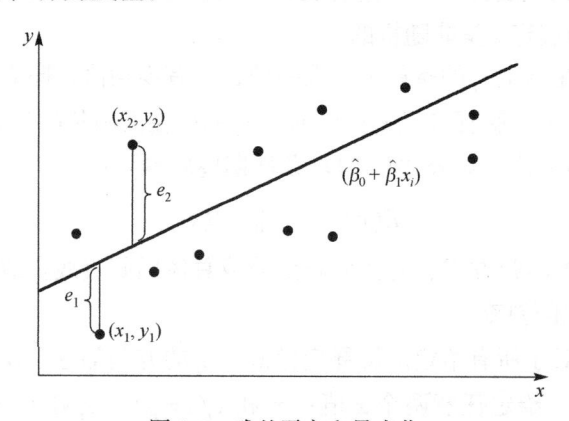

图 9-5　残差平方和最小化

如果直接把残差加起来，即 $\sum_{i=1}^{n} e_i$，则会出现正负相抵的现象。解决方法之一是使用绝

对值，即 $\sum_{i=1}^{n}|e_i| = \sum_{i=1}^{n}|y_i - \hat{\beta}_0 - \hat{\beta}_1 x_i|$。但绝对值不容易运算，故考虑其平方 $\sum_{i=1}^{n}e_i^2 = \sum_{i=1}^{n}(y_i - \hat{\beta}_0 - \hat{\beta}_1 x_i)^2$，称为残差平方和。普通最小二乘法(Ordinary Least Squares，简称 OLS)就是选择 $\hat{\beta}_0$ 和 $\hat{\beta}_1$，使得残差平方和最小化。在数学上，可将 OLS 的目标函数写为：

$$\min_{\hat{\beta}_0, \hat{\beta}_1} \sum_{i=1}^{n} e_i^2 = \sum_{i=1}^{n}(y_i - \hat{\beta}_0 - \hat{\beta}_1 x_i)^2$$

根据微积分知识，此最小化问题的一阶条件为：

$$\begin{cases} \dfrac{\partial}{\partial \hat{\beta}_0}\sum_{i=1}^{n} e_i^2 = -\sum_{i=1}^{n} 2(y_i - \hat{\beta}_0 - \hat{\beta}_1 x_i) = 0 \\ \dfrac{\partial}{\partial \hat{\beta}_1}\sum_{i=1}^{n} e_i^2 = -\sum_{i=1}^{n} 2(y_i - \hat{\beta}_0 - \hat{\beta}_1 x_i)x_i = 0 \end{cases}$$

解上述方程组得：

$$\begin{cases} \hat{\beta}_1 = \dfrac{\sum_{i=1}^{n} x_i y_i - n\overline{xy}}{\sum_{i=1}^{n} x_i^2 - n\overline{x}^2} \\ \hat{\beta}_0 = \overline{y} - \hat{\beta}_1 \overline{x} \end{cases} \tag{9-10}$$

上式可写为更为直观的离差形式：

$$\begin{cases} \hat{\beta}_1 = \dfrac{\sum_{i=1}^{n}(x_i - \overline{x})(y_i - \overline{y})}{\sum_{i=1}^{n}(x_i - \overline{x})^2} \\ \hat{\beta}_0 = \overline{y} - \hat{\beta}_1 \overline{x} \end{cases} \tag{9-11}$$

显然，OLS 估计量要有意义，上式的分母 $\sum_{i=1}^{n}(x_i - \overline{x})^2 \neq 0$，这意味着解释变量 x_i 应有所变动，而不能是常数，这是对数据的基本要求。如果 x_i 没有任何变化，则相同的 x_i 取值将对应于不同的 y_i 取值，故无法估计解释变量 x 对被解释变量 y 的作用。根据公式(9-10)，可求解 OLS 估计量 $\hat{\beta}_0$ 和 $\hat{\beta}_1$，由此得到 $\hat{y}_i = \hat{\beta}_0 + \hat{\beta}_1 x_i$，称为样本回归函数或样本回归线。从公式(9-10)可知，$\overline{y} = \hat{\beta}_0 + \hat{\beta}_1 \overline{x}$，即样本回归线一定经过点 $(\overline{x}, \overline{y})$，如图 9-6 所示。

【例 9-4】利用表 9-1 的数据，求销售额对广告费的估计方程。

解：根据公式(9-10)得：

$$\begin{cases} \hat{\beta}_1 = \dfrac{\sum_{i=1}^{n} x_i y_i - n\overline{xy}}{\sum_{i=1}^{n} x_i^2 - n\overline{x}^2} = \dfrac{5\,776 - 8 \times (178 \div 8) \times (229 \div 8)}{4\,592 - 8 \times (178 \div 8)^2} = 1.078 \\ \hat{\beta}_0 = \overline{y} - \hat{\beta}_1 \overline{x} = (229 \div 8) - 1.078 \times (178 \div 8) = 4.640 \end{cases}$$

故销售额对广告费的线性回归方程为 $\hat{y}_i = 4.640 + 1.078 x_i$。回归系数 $\hat{\beta}_1 = 1.078$ 表示广告费每增加 1 万元,销售额增加 1.078 万元。在回归分析中,截距 $\hat{\beta}_0 = 4.640$ 通常不做实际意义的解释,或者仅当广告费用为 0 时,销售额为 4.640 万元。

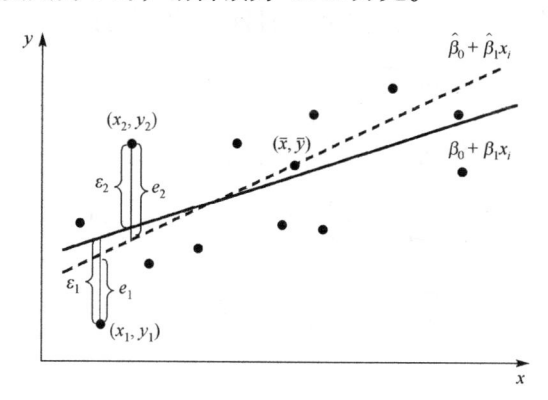

图 9-6　总体回归线与样本回归线

回归分析中的计算量较大,特别是多元回归,用手工计算几乎是不可能的。因此,在实际分析中,回归的计算完全依赖于计算机。

用 Stata 软件对【例 9-3】进行回归的输出结果如下:

```
  Source |       SS       df       MS              Number of obs =       8
---------+------------------------------           F(  1,     6) =  729.70
   Model | 733.840954     1  733.840954           Prob > F      =  0.0000
Residual | 6.03404592     6  1.00567432           R-squared     =  0.9918
---------+------------------------------           Adj R-squared =  0.9905
   Total |    739.875     7  105.696429           Root MSE      =  1.0028

------------------------------------------------------------------------------
       y |      Coef.   Std. Err.       t    P>|t|     [95% Conf. Interval]
---------+--------------------------------------------------------------------
       x |   1.077989   .0399063    27.01   0.000     .9803416    1.175636
   _cons |   4.639747   .9560882     4.85   0.003     2.300283     6.97921
------------------------------------------------------------------------------
```

得出 $\hat{\beta}_0$ 和 $\hat{\beta}_1$ 的值,$\hat{\beta}_0 = 4.639\,747 \approx 4.640$(保留三位小数),$\hat{\beta}_1 = 1.077\,989 \approx 1.078$(保留三位小数),与手工计算的结果一样。

9.4　一元线性回归模型的检验

对于经典的线性回归模型,利用样本观测数据求出参数的最小二乘估计值,建立样本回归模型之后,还需要进行检验。模型估计式的检验,就是利用一定的定性与定量标准,对模型的函数形式、变量选择、参数估计的正确性进行评估。只有经过检验证明是正确的线性回归模型估计式,才能用于经济分析。

9.4.1　模型估计式检验的必要性

1. 模型中解释变量选择的正确性需要证明

线性回归模型中解释变量的选择,一般是研究者依据某些经济理论的说明或经济活动实践经验进行确定的。这一解释变量的选择方法看似客观，但实际上仍带有一定的主观随意性。由于经济理论只能提供一个分析问题的框架，或者只对规范的问题提供原则性的结论，所以不可能对每个具体的研究对象做出详细的规定。至于经济活动实践经验，其作用更多的是提供参照，而不是一种具体的依据，更不能随便加以移植与推广。鉴于此，对于具体的研究对象，模型中究竟应当包含哪些解释变量、应当包含多少个解释变量，最终还得由研究者进行综合分析、判断加以决定。在这种情况下，解释变量的选择就会存在偏差。而解释变量的选择对模型设定的正确性影响较大，必须对此做出评价。

2. 模型函数形式的正确性需要验证

与解释变量选择的情形类似，线性回归模型函数形式的选择，一般也是依据经济理论和实际经验加以确定的。但在实际的研究工作中，经济理论仍然只能提供指导原则，而实际经验又不能直接套用，变量之间具体的函数形式最终还得由研究者自己决定。由于研究者对研究对象内在规律的认识与把握、数学抽象能力等原因，模型函数形式的确定也有可能出现偏差。例如，变量 y 与 x 存在数量依存关系，并且有它们的 n 对样本观测数据，要利用一个函数式来表达这种关系，便面临多种可能的情况：

$$y_i = \beta_0 + \beta_1 x_i + \varepsilon_i; \quad y_i = \beta_0 + \beta_1 x_i + \beta_2 x_i^2 + \varepsilon_i; \quad \cdots$$

在真实总体关系的具体形式未知的条件下，上面的不同函数形式都有可能被用于描绘 y 与 x 的依存关系。但事实上能正确描绘它们之间数量依存关系的函数形式只是其中的某一种，研究者不能保证恰到好处地选中这一函数形式。函数形式决定经济变量之间数量依存关系的内在本质，所以对其选择的正确性必须加以检验。

3. 模型估计的可靠性需要评价

线性回归模型的估计式来源于样本，而不是直接来源于真实总体。用样本估计式推断真实总体关系，本身就会存在一定的误差。加之模型函数形式的确定、变量的选择均存在发生偏差的风险，以及样本观测数据可能存在的缺陷，必然造成模型估计式对经济变量之间内在数量依存关系的偏离。当偏离的程度较小时，模型估计式的可靠程度就较高。反之，模型估计式的可靠性下降。同时，如果模型函数形式设定不正确或解释变量选择出现大的失误，还会造成模型估计式的不稳定，甚至失效。因此，对模型估计式的可靠性和稳定性进行检验和评价便显得较为重要。

9.4.2 模型参数估计值的经济意义检验

模型参数估计值的经济意义检验，是对模型参数估计值在理论上能否成立进行判别。经济意义检验又称符号检验，依据模型参数估计值的符号(正号或负号)及取值的大小，评判其是否符合经济理论的规定或社会经济实践的常规。如果模型参数估计值符号和大小符合经济理论的规定或经济实践的常规，表明它在理论上有依据或在实践中能够被验证，可以成立。如果模型参数估计值符号和大小不符合经济理论的规定或违背经济实践的常规，表明它缺乏理论依据和实践证明，不能成立。没有理论依据又不被经济活动实践证明的模型参数估计值，在一般情况下是不正确的，不应被接受。

例如，某时期某商品的需求量 Q_i 与其价格 P_i、替代品价格 P_{ri}、消费者收入水平 Y_i 之间存在以下线性依存关系：

$$Q_i = \beta_0 + \beta_1 P_i + \beta_2 P_{ri} + \beta_3 Y_i + \varepsilon_i \tag{9-12}$$

若这一真实总体关系式满足经典线性回归模型的基本假定，可用相关变量的 n 个样本观测数据，求出参数 β_0、β_1、β_2、β_3 的最小二乘估计值 $\hat{\beta}_0$、$\hat{\beta}_1$、$\hat{\beta}_2$、$\hat{\beta}_3$，并建立模型的样本估计式

$$\hat{Q}_i = \hat{\beta}_0 + \hat{\beta}_1 P_i + \hat{\beta}_2 P_{ri} + \hat{\beta}_3 Y_i \tag{9-13}$$

在估计式中，$\hat{\beta}_1$ 应为负值，因为该商品价格提高，商品需求量减少，价格下降需求量会相应增加，$\hat{Q}$ 与 P 呈反方向变动；$\hat{\beta}_2$ 应为正值，因为替代品价格上升会使替代商品需求量下降，而促使被替代品需求量上升，$\hat{Q}$ 与 P_r 呈同方向变动；$\hat{\beta}_3$ 应为正值，因为居民收入增加会使购买力增强，对该商品的需求量增加，$\hat{Q}$ 与 Y 呈同方向变动。至于参数估计值的大小，虽然不能从直观上判定其精确程度，但仍然有一些理论与经验的参照可对比。

线性回归模型的估计式在理论上是否成立，是判别模型估计式正确或错误的前提，在理论上不成立的模型估计式是错误的，不能被接受。因此，对模型估计式的检验，首先应进行参数估计值的经济意义检验。经济意义检验不合格的估计式应当放弃，参数估计值的经济意义合理的模型估计式才有必要进行其他方面的检验。

9.4.3 回归直线的拟合优度

在某种意义上，OLS 的样本回归线是离所有样本点最近的直线。但此最近的直线究竟离这些样本点有多近，希望有绝对的度量，以衡量样本回归线对数据的拟合优良程度，即拟合优度。拟合优度是在总离差分解的基础上确定样本决定系数或可决系数去度量的。

1. 总离差的分解

为了说明样本决定系数的意义，首先考察一下总离差的组成情况。由残差的定义可知 $e_i = y_i - (\hat{\beta}_1 + \hat{\beta}_2 x_i)$，即 $y_i = \hat{\beta}_1 + \hat{\beta}_2 x_i + e_i = \hat{y}_i + e_i$。以平均值 $\bar{y}$ 为基准，说明 y_i 和 $\hat{y}_i$ 对 $\bar{y}$ 的偏离程度，如图 9-7 所示。

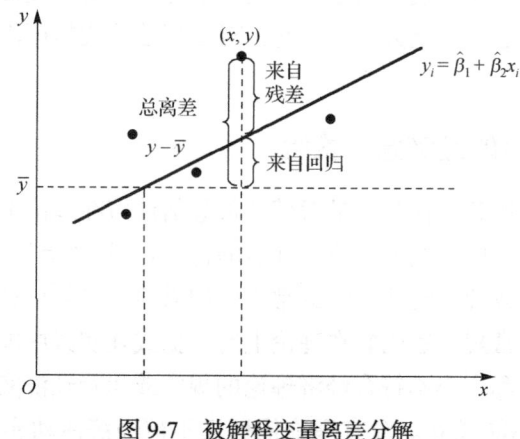

图 9-7 被解释变量离差分解

$y_i = \hat{y}_i + e_i$ 可用离差形式表示为 $y_i - \bar{y} = \hat{y}_i - \bar{y} + e_i$。

对全部观测值求平方和，有：

$$\sum(y_i-\overline{y})^2=\sum(\hat{y}_i-\overline{y}+e_i)^2=\sum(\hat{y}_i-\overline{y})^2+\sum e_i^2+2\sum e_i(\hat{y}_i-\overline{y})$$

由于 $\sum e_i(\hat{y}_i-\overline{y})=\sum e_i(\hat{\beta}_0+\hat{\beta}_1x_i-\overline{y})=\sum e_i(\hat{\beta}_0-\overline{y})+\hat{\beta}_1\sum e_ix_i$

由正规方程 $\sum e_i=0,\sum e_ix_i=0$

得到 $\sum e_i(\hat{y}_i-\overline{y})=0$

所以有：
$$\sum(y_i-\overline{y})^2=\sum(\hat{y}_i-\overline{y})^2+\sum e_i^2 \tag{9-14}$$

在公式(9-14)中，$\sum(y_i-\overline{y})^2$ 是被解释变量的观测值与其均值的离差平方和，称为总离差或总离差平方和，它反映样本观测值总离差的大小，用 SST 表示。

$\sum(\hat{y}_i-\overline{y})^2$ 是被解释变量 y_i 的估计值与其均值的离差平方和，也就是由解释变量来解释的部分，称为回归平方和、回归离差、解释离差，即 y_i 的变化中可以用回归模型来解释的部分，它反映由模型中解释变量所解释的那部分离差的大小，用 SSR 表示。

$\sum e_i^2=\sum(y_i-\hat{y}_i)^2$ 是被解释变量的观测值与估计值之差的平方和，是不能由解释变量 x 所解释的那部分离差，称为剩余平方和、剩余离差、未解释的离差。它反映样本观测值与估计值偏离的大小，也是模型中解释变量未解释的那部分离差的大小，用 SSE 表示。

因此公式(9-14)可写为 SST=SSR+SSE

SST 的分解式表明，y_i 的变化由两部分组成，一部分是模型中解释变量引起的变化，另一部分是模型之外的其他因素引起的变化。

2. 样本决定系数

不难看出，在总离差中，由 x 解释的离差越大，则 $\sum e_i^2$ 就越小，各观测值聚集在回归直线周围的紧密程度越大，说明直线与观测值的拟合程度越好。如果将 SST=SSR+SSE 两边同时除以 SST，得到：

$$1=\frac{SSR}{SST}+\frac{SSE}{SST} \tag{9-15}$$

或者
$$1=\frac{\sum(\hat{y}_i-\overline{y})^2}{\sum(y_i-\overline{y})^2}+\frac{\sum e_i^2}{\sum(y_i-\overline{y})^2} \tag{9-16}$$

定义回归平方和 $\sum(\hat{y}_i-\overline{y})^2$ 在总离差 $\sum(y_i-\overline{y})^2$ 中所占的比重为样本决定系数(也称可决系数或决定系数)，用 R^2 表示，即

$$R^2=\frac{回归平方和}{总离差}=\frac{SSR}{SST}=\frac{\sum(\hat{y}_i-\overline{y})^2}{\sum(y_i-\overline{y})^2} \tag{9-17}$$

或者
$$R^2=1-\frac{SSE}{SST}=1-\frac{\sum e_i^2}{\sum(y_i-\overline{y})^2} \tag{9-18}$$

决定系数 R^2 计量了 y 的总离差中可以归因于 x 和 y 之间关系的比例，或者说 y 的变动中可以由 x 的变动解释的比例，它是回归直线对各观测点拟合紧密程度的测度。决定系数说明了样本回归直线的解释能力。

决定系数是对模型拟合优度的综合度量，决定系数 R^2 越大，$\sum e_i^2$ 就越小，当 $R^2 \to 1$ 时，$\sum e_i^2 \to 0$，说明在 y 的总离差中由回归直线或回归模型做出解释的部分所占的比重越大，模型拟合优度越高。决定系数 R^2 越小，说明在 y 的总离差中由回归直线或回归模型做出解释的部分所占的比重越小，而未被模型作出解释的部分越大，则模型对样本的拟合程度越差。决定系数 R^2 不仅反映了模型拟合程度的优劣，而且有直观的经济含义：它定量地描述了被解释变量的变化中可用解释变量的变化来说明的部分，即模型的可解释程度。它是回归直线对各观测点拟合紧密程度的测度。

因此有：(1) $0 \leq R^2 \leq 1$；(2) 当 $R^2=1$，$\sum e_i^2 = 0$，则完全拟合；(3) 当 $R^2=0$，则 x 和 y 完全不存在线性关系。

R^2 值越大，拟合优度越好。但是 R^2 究竟要多大呢？回归分析中使用时间序列数据还是横截面数据有不同的标准。对时间序列数据而言，R^2 的值在 0.8、0.9 以上是常见的，而在横截面数据的情况下，R^2 的值在 0.4、0.5 也不能算低。

在实际计算决定系数时，为了避免逐个计算 $\hat{y}_i$ 的数值，下面求决定系数 R^2 的简洁计算式。

由于

$$\hat{y}_i - \bar{y} = (\hat{\beta}_0 - \hat{\beta}_1 x_i) - (\hat{\beta}_0 - \hat{\beta}_1 \bar{x}) = \hat{\beta}_1(x_i - \bar{x}) \tag{9-19}$$

所以

$$\mathrm{SSR} = \sum(\hat{y}_i - \bar{y})^2 = \hat{\beta}_1^2 \sum(x_i - \bar{x})^2 \tag{9-20}$$

故有

$$R^2 = \frac{\sum(\hat{y}_i - \bar{y})^2}{\sum(y_i - \bar{y})^2} = \frac{\hat{\beta}_1^2 \sum(x_i - \bar{x})^2}{\sum(y_i - \bar{y})^2} \tag{9-21}$$

【例 9-5】 利用表 9-1 的数据，求销售额对广告费的线性回归模型的决定系数，并解释其含义。

解：利用表 9-1 的数据，根据 Stata 输出的回归结果，可知 SSR=733.841　SST=739.875。根据公式(9-17)得到：

$$R^2 = \frac{\mathrm{ESS}}{\mathrm{TSS}} = \frac{733.841}{739.875} = 0.9918$$

实际上在 Stata 的回归结果中直接给出了决定系数 $R^2=0.9918$。

决定系数 $R^2=0.9918$ 的实际意义是：在销售额的离差中，有 99.18% 可以由销售额和广告费之间的线性关系来解释，或者说，在销售额的变动中，有 99.18 % 是由广告费所决定的。

3. 估计标准误

决定系数可用于度量回归直线的拟合程度，相关系数也可以起到类似的作用。而残差平方和则可以说明实际观测值 y_i 与回归估计值 $\hat{y}_i$ 之间的差异程度。估计标准误差（standard error of estimate）就是度量各实际观测点在直线周围的散布状况的一个统计量，它是均方残差 （MSE）的平方根，用 $\hat{\sigma}$ 来表示，其计算公式为：

$$\hat{\sigma} = \sqrt{\frac{\sum(y_i - \hat{y}_i)^2}{n-2}} = \sqrt{\frac{SSE}{n-2}} = \sqrt{MSE} \quad (9\text{-}22)$$

估计标准误差是对误差项 ε 的标准差 σ 的估计，它可以看做在排除了 x 对 y 的线性影响后，y 随机波动大小的一个估计量。从估计标准误差的实际意义看，它反映了用估计的回归方程预测被解释变量 y 时预测误差的大小。各观测点越靠近直线，$\hat{\sigma}$ 越小，回归直线对各观测点的代表性就越好，根据估计的回归方程进行预测也就越准确。若各观测点全部落在直线上，则 $\hat{\sigma}=0$，此时用解释变量来预测被解释变量是没有误差的。可见 $\hat{\sigma}$ 从另一个角度说明了回归直线的拟合优度。

【例 9-6】 利用表 9-1 的数据，求销售额对广告费的线性回归的估计标准误差，并解释其含义。

解：利用表 9-1 的数据，根据 Stata 输出的回归结果，可知 SSE=6.034。
根据公式(9-22)得到：

$$\hat{\sigma} = \sqrt{\frac{SSE}{n-2}} = \sqrt{\frac{6.034}{8-2}} = 1.003$$

实际上 Stata 输出的回归结果中直接给出了该值，即标准误差为 1.002 8。这就是说，根据广告费来估计销售额时，平均的估计误差为 1.002 8 万元。

9.4.4 回归系数的显著性检验

假设检验是统计推断的一个主要内容，它的基本任务是根据样本所提供的信息，对未知总体分布的某些方面的假设做出合理的判断。

1. 假设检验的基本原理

所谓假设检验，顾名思义，就是先假设再检验。假设检验的基本思路是首先对总体参数值提出假设，然后再利用样本提供的信息去验证先前提出的假设是否成立。如果样本数据不能够充分证明和支持假设的成立，则在一定的概率条件下，应拒绝该假设；相反，如果样本数据不能够充分证明和支持假设是不成立的，则不能推翻假设成立的合理性和真实性。上述假设检验推断过程的依据是小概率原理，即发生概率很小的事件，在一次实验中是几乎不可能发生的。通常概率要多大才能算得上是小概率呢？假设检验把这个小概率称为显著性水平 α，其取值的大小与能否做出正确判断有着相当大的关系。然而，α 的取值并没有固定的标准，只能根据实际需要来确定。一般来说，α 取 0.05，对于一些比较严格的情况，它可以取 0.01 或者更小。α 越小，所做出的拒绝原假设判断的说服力就越强。

假设检验的基本思想：在某种原假设成立的条件下，利用适当的统计量和给定的显著性水平，构造一个小概率事件，可以认为小概率事件在一次观察中基本不会发生，如果该事件竟然发生了，就认为原假设不真，从而拒绝原假设，接受备择假设。

假设检验的程序是：先根据实际问题的要求提出一个论断，称为原假设，记为 H_0；然后根据样本的有关信息，对 H_0 的真伪进行判断，做出拒绝 H_0 或接受 H_0 的决策。

假设检验大致有如下步骤。

(1) 提出假设。

根据实际问题的要求，提出原假设 H_0 和备择假设 H_1。

(2) 构建检验统计量的分布并计算出检验统计量的值。

根据 H_0 的内容，选取适当的检验统计量，并确定出检验统计量的分布；根据样本观测值计算出检验统计量的值。

(3) 做出决策。

在给定的显著性水平 α（$0<\alpha<1$）下，查所选检验统计量服从的分布表，确定临界值，然后确定拒绝域，并做出拒绝还是接受 H_0 的统计判断。

2. 回归系数的检验

回归系数的显著性检验是要检验解释变量对被解释变量的影响是否显著。在一元线性回归模型中，如果回归系数 $\beta_1=0$，则回归线是一条水平线，表明被解释变量 y 的取值不依赖于解释变量 x，即两个变量之间没有线性关系；如果回归系数 $\beta_1 \neq 0$，也不能得出两个变量之间存在线性关系的结论，要看这种关系是否具有统计意义上的显著性。回归系数的显著性检验就是检验回归系数 β_1 是否等于 0。为检验原假设 H_0：$\beta_1=0$ 是否成立，需要构造用于检验的统计量。为此，需要研究回归系数 β_1 的抽样分布。

估计的回归方程 $\hat{y}_i = \hat{\beta}_0 + \hat{\beta}_1 x_i$ 是根据样本数据计算的。当抽取不同的样本时，就会得出不同的估计方程。实际上，$\hat{\beta}_0$ 和 $\hat{\beta}_1$ 是根据最小二乘法得到的用于估计参数 β_0 和 β_1 的统计量，它们都是随机变量，都有自己的分布。根据检验的需要，这里只讨论 $\hat{\beta}_1$ 的分布。统计证明，$\hat{\beta}_1$ 服从正态分布，其数学期望为 $E(\hat{\beta}_1)=\beta_1$，标准差为：

$$\sigma_{\hat{\beta}_1} = \frac{\sigma}{\sqrt{\sum x_i^2 - \frac{1}{n}(\sum x_i)^2}} \tag{9-23}$$

式中，σ 表示误差项 ε 的标准差。

由于 σ 未知，将 σ 的估计量 $\hat{\sigma}$ 带入上式，得到 $\sigma_{\hat{\beta}_1}$ 的估计量，即 $\hat{\beta}_1$ 的估计的标准差为：

$$s_{\hat{\beta}_1} = \frac{\hat{\sigma}}{\sqrt{\sum x_i^2 - \frac{1}{n}(\sum x_i)^2}} \tag{9-24}$$

这样就可以构造出用于检验回归系数 β_1 的统计量 t：

$$t = \frac{\hat{\beta}_1 - \beta_1}{s_{\hat{\beta}_1}} \sim t(n-2) \tag{9-25}$$

如果原假设成立，则 $\beta_1=0$，检验的统计量为：

$$t = \frac{\hat{\beta}_1}{s_{\hat{\beta}_1}} \tag{9-26}$$

回归系数的显著性检验的具体步骤如下。

第1步：提出假设。 H_0：$\beta_1=0$； H_1：$\beta_1 \neq 0$。

第2步：计算检验统计量 t。 $t = \dfrac{\hat{\beta}_1}{s_{\hat{\beta}_1}}$。

第3步：做出决策。确定显著性水平 α，并根据自由度 df=n-2 查 t 分布表，找到相应的临界值 $t_{\alpha/2}$。若 $|t|>t_{\alpha/2}$，则拒绝 H_0，回归系数等于0的可能性小于 α，表明解释变量 x 对被解释变量 y 的影响是显著的，换言之，两个变量之间存在着显著的线性关系；若 $|t|<t_{\alpha/2}$，则不拒绝 H_0，没有证据表明 x 对 y 的影响显著，或者说，两者之间尚不存在显著的线性关系。

【例 9-7】 根据【例 9-3】的有关结果，检验回归系数的显著性(α=0.05)。

解：

第1步：提出假设。 H_0：$\beta_1=0$； H_1：$\beta_1 \neq 0$。

第2步：计算检验统计量 t。 $t = \dfrac{\hat{\beta}_1}{s_{\hat{\beta}_1}} = \dfrac{1.078}{0.040} = 27.013$

第3步：做出决策。确定显著性水平 α，并根据自由度 df=n-2 查 t 分布表，找到相应的临界值 $t_{\alpha/2}(n-2)$，$t_{\alpha/2}(n-2) = t_{0.025}(6) = 2.447$。由于 $t = 27.103 > t_{0.025}(6) = 2.447$，所以拒绝 H_0。这意味着广告费是影响销售额的一个显著因素。

在实际应用中，可以直接利用 Stata 输出的参数估计表部分进行检验。表中除了给出检验的统计量 t 值，还给出了用于检验的 P 值(P-value)。检验时可直接将 P 值与给定的显著性水平 α 进行比较。若 P 值<α，则拒绝 H_0；若 P 值>α，则不拒绝 H_0。在本例中，P 值 =0.000000<α =0.05，所以拒绝 H_0。

9.5 一元线性回归模型的预测

回归模型经过各种检验并证实符合预定的要求后，就可以利用它来预测被解释变量了。所谓预测是指通过解释变量 x 的取值来预测被解释变量 y 的取值。例如，根据【例 9-4】建立的销售额与广告费的估计方程，给出一个广告费的数值，就可以得到销售额的一个预测值。

9.5.1 点估计

利用估计的回归方程，对于 x 的一个特定值 x_0，求出 y 的一个估计值就是点估计。点估计可分为两种：一是平均值的点估计；二是个别值的点估计。

平均值的点估计是利用估计的回归方程，对于 x 的一个特定值 x_0，求出 y 的平均值的一个估计值 $E(y_0)$。例如，在【例 9-4】中，得到的估计的回归方程为 $\hat{y}_i = 4.640 + 1.078x_i$，如果估计广告费为 30 万元的所有年份销售额的平均值就是平均值的点估计。根据估计的回归方程，得：

$$E(y_0) = 4.640+1.078×30=36.98(万元)$$

个别值的点估计是利用估计的回归方程，对于 x 的一个特定值 x_0，求出 y 的一个个别值的估计值 $\hat{y}_0$（一个新的 y 值）。例如，如果下一年的广告费为 18 万元，则其销售收入是多少，则属于个别值的点估计。根据估计的回归方程，得：

$$\hat{y}=4.640+1.078×18=24.044(万元)$$

这就是说，如果下一年的广告费为 18 万元，则其销售额估计值为 24.044 万元。在点估计条件下，对于同一个 x_0，平均值的点估计和个别值的点估计的结果是一样的，但在区间估计中则有所不同。

9.5.2 区间估计

利用估计的回归方程，对于 x 的一个特定值 x_0，求出 y 的一个估计值的区间就是区间估计。区间估计也有两种类型：一是置信区间估计，它是对 x 的一个给定值 x_0，求出 y 的平均值的估计区间，这一区间称为置信区间；二是预测区间估计，它是对 x 的一个给定值 x_0，求出 y 的一个个别值的估计区间，这一区间称为预测区间。

回归分析的区间估计如图 9-8 所示。

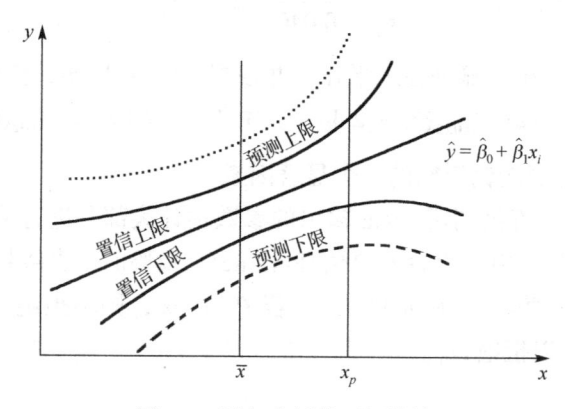

图 9-8 回归分析的区间估计

1. y 的平均值的置信区间估计

置信区间估计是对 x 的一个给定值 x_0，求出 y 的平均值的区间估计。

设 x_0 为解释变量 x 的一个特定值或给定值；$E(y_0)$ 为给定 x_0 时被解释变量 y 的平均值或期望值。当 $x = x_0$ 时，$\hat{y}_0 = \hat{\beta}_0 + \hat{\beta}_1 x_0$ 为 $E(y_0)$ 的估计值。

一般来说，不能期望估计值 $\hat{y}_0$ 精确地等于 $E(y_0)$。因此，要想用 $\hat{y}_0$ 推断 $E(y_0)$，必须考虑根据估计的回归方程得到的 $\hat{y}_0$ 的方差。对于给定的 x_0，统计学家给出了估计了 $\hat{y}_0$ 的标准差的公式，用 $s_{\hat{y}_0}$ 表示 $\hat{y}_0$ 的标准差的估计量，其计算公式为：

$$s_{\hat{y}_0} = \hat{\sigma}\sqrt{\frac{1}{n}+\frac{(x_0-\bar{x})^2}{\sum_{i=1}^{n}((x_i-\bar{x})^2)}} \tag{9-27}$$

有了 $\hat{y}_0$ 的标准差之后，对于给定的 x_0，$E(y_0)$ 在 $1-\alpha$ 置信水平下的置信区间可表示为：

$$\hat{y}_0 \pm t_{\alpha/2} \hat{\sigma} \sqrt{\frac{1}{n} + \frac{(x_0 - \bar{x})^2}{\sum_{i=1}^{n}((x_i - \bar{x})^2)}} \tag{9-28}$$

【例 9-8】 根据【例 9-4】所求得的估计方程，当企业花 30 万元做广告时，求出年均销售额的 95% 的置信区间。

解：根据前面的计算可知 $n=8$，$\hat{\sigma}=1.003$，$t_{\alpha/2}(n-2)=2.447$。

当广告费为 30 万元时，年均销售额的点估计值为：
$$E(y_0) = 4.640 + 1.078 \times 30 = 36.98 (万元)$$

当 $x_0 = 30$ 时，根据公式 (9-28) 得出 $E(y_0)$ 的置信区间为：

$$36.98 \pm 2.447 \times 1.003 \times \sqrt{\frac{1}{8} + \frac{(30 - \bar{x})^2}{\sum_{i=1}^{8}(x_i - \bar{x})^2}}$$

$$= 36.98 \pm 2.447 \times 1.003 \times \sqrt{\frac{1}{8} + \frac{(30 - 22.5)^2}{632}}$$

$$= 36.98 \pm 1.24$$

即 $35.74 \leqslant E(y_0) \leqslant 38.22$。这说明当广告费为 30 万元时，销售额的平均值在 35.74 万元～38.22 万元之间。

2. y 的个别值的预测区间估计

预测区间估计是对 x 的一个给定值 x_0，求出 y 的一个个别值的区间估计。

为求出预测区间，首先必须知道用于估计的标准差。统计学家给出了 y 的一个个别值 y_0 的标准差的估计量，用 s_t 表示，其计算公式为：

$$s_t = \hat{\sigma} \sqrt{1 + \frac{1}{n} + \frac{(x_0 - \bar{x})^2}{\sum_{i=1}^{n}(x_i - \bar{x})^2}} \tag{9-29}$$

因此，对于给定的 x_0，y 的一个个别值 y_0 在 $1-\alpha$ 置信水平下的预测区间可表示为：

$$\hat{y}_0 \pm t_{\alpha/2} \hat{\sigma} \sqrt{1 + \frac{1}{n} + \frac{(x_0 - \bar{x})^2}{\sum_{i=1}^{n}((x_i - \bar{x})^2)}} \tag{9-30}$$

与公式 (9-28) 相比，公式 (9-30) 的根号内多了一个 1。因此，即使是对同一个 x，这两个区间的宽度也是不一样的，预测区间要比置信区间宽一些。

【例 9-9】 根据【例 9-4】求得的估计方程，当企业下一年花 30 万元做广告时，求出下一年销售额的 95% 的预测区间。

解：根据前面的计算可知 $n=8$，$\hat{\sigma}=1.003$，$t_{\alpha/2}(n-2)=2.447$。

当下一年的广告费为 30 万元时，该年销售额的点估计值为：
$$\hat{y}_0 = 4.640 + 1.078 \times 30 = 36.98 (万元)$$

当 $x_0=30$ 时,根据公式(9-30),得出 $\hat{y}_0$ 的预测区间为:

$$36.98 \pm 2.447 \times 1.003 \times \sqrt{1+\frac{1}{8}+\frac{(30-\bar{x})^2}{\sum_{i=1}^{8}(x_i-\bar{x})^2}}$$

$$=36.98 \pm 2.447 \times 1.003 \times \sqrt{1+\frac{1}{8}+\frac{(30-22.5)^2}{632}}$$

$$=36.98 \pm 2.75$$

即 $34.23 \leqslant \hat{y}_0 \leqslant 39.73$。这说明当下一年的广告费为 30 万元时,企业的销售额在 34.23 万元~39.73 万元之间。

归纳两个区间的特点如下。

首先,由于 $s_{\hat{y}_0} < s_t$,故平均值的置信区间比个别值的预测区间要窄;两者的差别表明,估计 y 的平均值比预测 y 的一个特定值更精确。

其次,样本容量 n 越大,残差的方差越小,预测精度越高。

最后,当 n 一定,预测点 $x_0=\bar{x}$ 时,残差的方差最小,预测区间最窄;离 $\bar{x}$ 越远,残差的方差越大,预测区间越宽,预测可信度越低。

需要注意的是使用回归外推到估计区间之外是存在风险的,因为在这个区间之外,估计的关系可能是不合适的,如图 9-9 所示。

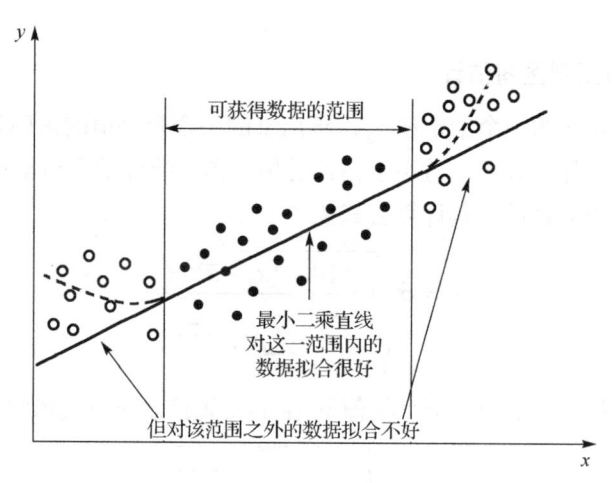

图 9-9 外推的风险

9.6 用 Stata 软件进行相关分析和回归分析

1. 相关分析的 Stata 软件操作

Pearson 相关系数命令:correlate(简写:cor 或 corr)[varlist] [if] [in] [weight] [,options]。

Spearman 相关系数命令:spearman [varlist], stats(rho p)。

在 Stata 中,命令 corr 用于计算一组变量间的协方差或相关系数矩阵;命令 pwcorr 可用于计算一组变量中两两变量的相关系数,同时还可以对相关系数的显著性进行检验;在

options 选项中加上 sig 可显示显著性水平，即 pwcorr [varlist] ,sig。

使用【例 9-1】的数据，进行简单相关系数检验的命令及结果如下：

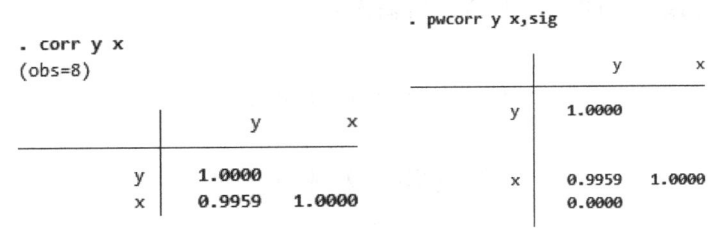

```
. corr y x                              . pwcorr y x,sig
(obs=8)
                                                    y        x
              y        x
                                             y   1.0000
       y   1.0000
       x   0.9959   1.0000                   x   0.9959   1.0000
                                                 0.0000
```

从结果可知，销售额和广告费的相关性很强，其相关系数为 0.995 9，并且两者的相关性显著。

2. 回归分析的 Stata 操作

regress 命令可以用来完成因变量对自变量的回归，Stata 为我们输出的结果除了系数的估计量外，还包括系数的标准差、t 值、P 值和 95%的置信区间。

regress 命令的格式如下：

.regress depvar indepvars [if][in][weight] [,options]

其中 depvar 表示因变量，indepvars 表示自变量，in 和 if 用于选择样本或者选择范围，weight 用于添加权重。常用的选项（options）有：noconstant 不加常数项做线性回归；hascons 由用户指定常数项的值；level（#）设定置信水平（默认值为 95%）；beta 报告标准化的 beta 系数；noheader 不报告输出表名。

使用【例 9-4】的数据，进行回归分析命令及结果如下：

```
. reg y x

      Source │      SS        df       MS         Number of obs =       8
─────────────┼────────────────────────────        F(1, 6)       =  729.70
       Model │ 733.840954      1   733.840954     Prob > F      =  0.0000
    Residual │ 6.03404592      6   1.00567432     R-squared     =  0.9918
─────────────┼────────────────────────────        Adj R-squared =  0.9905
       Total │  739.875        7   105.696429     Root MSE      =  1.0028

           y │    Coef.   Std. Err.      t     P>|t|   [95% Conf. Interval]
─────────────┼────────────────────────────────────────────────────────────
           x │  1.077989  .0399063    27.01   0.000    .9803416   1.175636
       _cons │  4.639747  .9560882     4.85   0.003    2.300283   6.97921
```

从回归结果可知，x 系数的 P 值为 0，拒绝原假设 H_0。这意味着广告费是影响销售额的一个显著因素。销售额对广告费的线性回归方程为 $\hat{y}_i = 4.640 + 1.078 x_i$。

在 Stata 中，做完 OLS 回归后，可用命令 predict 来计算拟合值和残差。

. predict y1

（option xb assumed; fitted values）

此命令将 sale 的拟合值记为 "y1"。如果要计算残差，并记为 "e"，可输入命令：

.predict e, residual

其中，选择项 residual 表示计算残差（如果省略此选择项，则默认为计算拟合值）。下面，将 price 及其拟合值、残差同时列表。

. list y y1 e

如果要显示回归系数的协方差矩阵，可输入命令：

. vce

其中，vce 表示"variance covariance matrix estimated"。

本章知识结构图

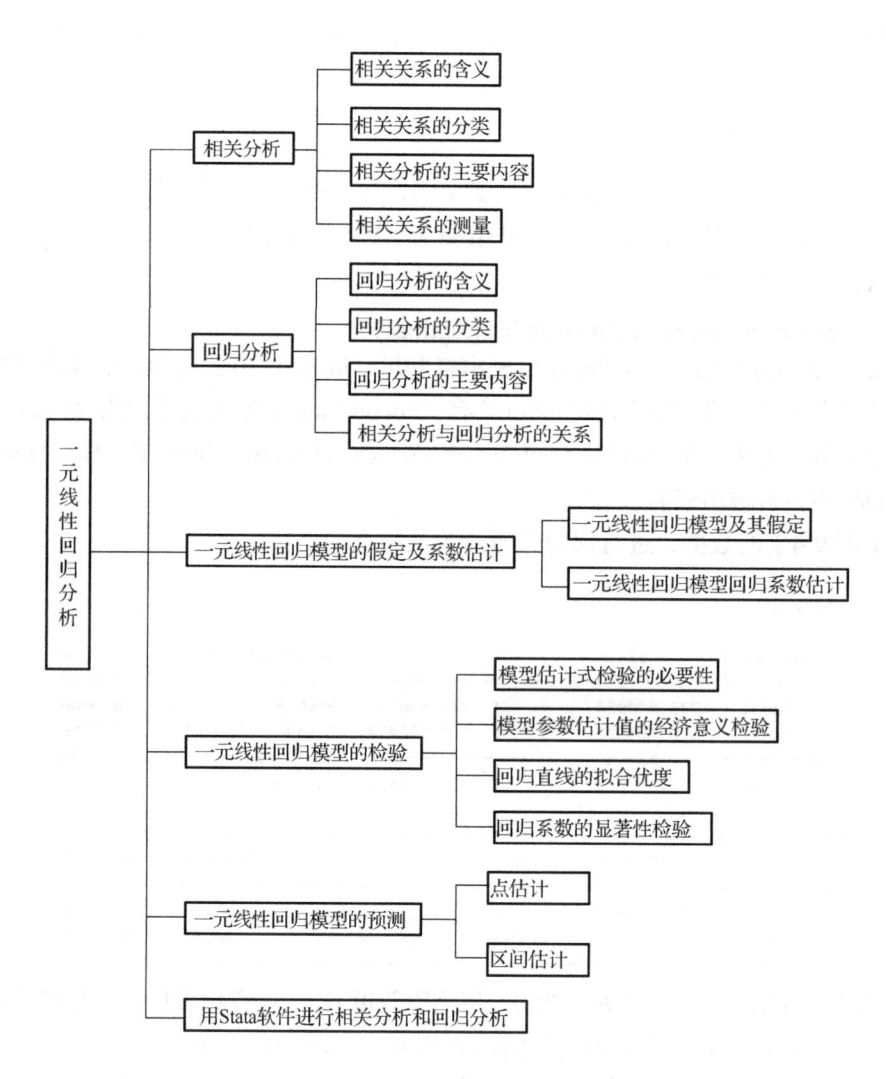

```
                          ┌─ 相关关系的含义
                          ├─ 相关关系的分类
              ┌─ 相关分析 ─┤
              │           ├─ 相关分析的主要内容
              │           └─ 相关关系的测量
              │
              │           ┌─ 回归分析的含义
              │           ├─ 回归分析的分类
              ├─ 回归分析 ─┤
              │           ├─ 回归分析的主要内容
              │           └─ 相关分析与回归分析的关系
              │
一元线性回归分析┤
              ├─ 一元线性回归模型的假定及系数估计 ┬─ 一元线性回归模型及其假定
              │                                └─ 一元线性回归模型回归系数估计
              │
              │                          ┌─ 模型估计式检验的必要性
              │                          ├─ 模型参数估计值的经济意义检验
              ├─ 一元线性回归模型的检验 ─┤
              │                          ├─ 回归直线的拟合优度
              │                          └─ 回归系数的显著性检验
              │
              ├─ 一元线性回归模型的预测 ─┬─ 点估计
              │                          └─ 区间估计
              │
              └─ 用Stata软件进行相关分析和回归分析
```

思考与练习

一、单选题

1. 确定回归方程时，对相关的两个变量要求是（　　）。

  A．都是随机变量   B．都不是随机变量

C．只需因变量是随机变量　　　D．只需自变量是随机变量

2．年劳动生产率 x(千元)和职工工资 y(元)之间的回归方程为 $y=10+70x$。这意味着年劳动生产率每提高 1 千元时，职工工资平均（　　）。

　　A．增加 70 元　B．减少 70 元　　C．增加 80 元　　D．减少 80 元

3．合理施肥量与农作物亩产量之间的关系是（　　）。

　　A．函数关系　　　　　　　　B．单向因果关系
　　C．互为因果关系　　　　　　D．严格的依存关系

4．在用一个回归方程进行估计推算时，（　　）。

　　A．只能用因变量推算自变量
　　B．只能用自变量推算因变量
　　C．既可用因变量推算自变量，也可用自变量推算因变量
　　D．不需考虑因变量和自变量问题

5．如果变量 x 和变量 y 之间的相关系数为 -1，这说明两个变量之间是（　　）。

　　A．低度相关关系　　　　　　B．完全相关关系
　　C．高度相关关系　　　　　　D．完全不相关关系

6．已知某工厂甲产品产量和生产成本有直接关系，在这条直线上，当产量为 1 000 时，其生产成本为 30 000 元，其中不随产量变化的成本为 6 000 元，则成本总额对产量的回归直线方程是（　　）。

　　A．$y_c = 6\,000 + 24x$　　　　　B．$y_c = 6 + 0.24x$
　　C．$y_c = 24 + 6\,000x$　　　　　D．$y_c = 24\,000 + 6x$

7．在下列直线回归方程中，错误的是（　　）。

　　A．$y = 35 + 0.3x$，$r = 0.8$　　　B．$y = -124 + 1.4x$，$r = 0.89$
　　C．$y = 18 - 2.2x$，$r = 0.74$　　 D．$y = -87 - 0.9x$，$r = -0.9$

8．当两个相关变量之间只有配合一条回归直线的可能时，这两个变量之间的关系是（　　）。

　　A．明显因果关系　　　　　　B．自身相关关系
　　C．完全相关关系　　　　　　D．不存在明显因果关系而存在相互联系

9．在相关关系中，用于判断两个变量之间相关关系类型的图形是（　　）。

　　A．直方图　　B．散点图　　C．次数分布多边形图　　D．累计频率曲线图

9．两个相关变量呈反方向变化，则其相关系数 r（　　）。

　　A．小于 0　　B．大于 0　　C．等于 0　　　　　　D．等于 1

11．在计算相关系数之前，首先应对两个变量进行（　　）。

　　A．定性分析　B．定量分析　C．回归分析　　　　　D．因素分析

12．当所有的观察值 y 都落在直线 $y_c = a + bx$ 上时，则 x 与 y 之间的相关系数为（　　）。

　　A．$r = 0$　　B．$|r| = 1$　　C．$-1 < r < 0$　　D．$0 < r < 1$

13．当变量 x 值增加时，变量 y 值随之下降，那么 x 与 y 之间存在着（　　）。

　　A．直线相关关系　　　　　　B．正相关关系
　　C．负相关关系　　　　　　　D．曲线相关关系

14. 估计标准误说明回归直线的代表性，因此(　　)。
   A. 估计标准误数值越大，说明回归直线的代表性越大
   B. 估计标准误数值越大，说明回归直线的代表性越小
   C. 估计标准误数值越小，说明回归直线的代表性越小
   D. 估计标准误数值越小，说明回归直线的实用价值越小

二、多选题

1. 变量之间的相关关系按照相关程度划分为(　　)。
   A. 完全相关　　B. 不完全相关　　C. 负相关　　D. 不相关
2. 在下列回归方程中，肯定错误的是(　　)。
   A. $y=10+2x$, $r=0.52$　　　　B. $y=500+4x$, $r=0.76$
   C. $y=-29+0.90x$, $r=-0.86$　　D. $y=140+2x$, $r=-0.85$
3. 变量之间的相关关系按照相关的形式可分为(　　)。
   A. 正相关　　B. 负相关　　C. 线性相关　　D. 非线性相关
4. 如果变量 x 和 y 之间的相关系数 $r=-1$，表明两个变量之间存在(　　)。
   A. 完全负相关关系　　　　B. 完全正相关关系
   C. 正相关关系　　　　　　D. 函数关系

三、思考题

1. 什么是相关关系？相关关系的类型有哪些？
2. 什么是回归分析？回归分析的分类有哪些？
3. 相关分析与回归分析的区别和联系有哪些？
4. 一元线性回归模型中有哪些假定？
5. 简述最小二乘法的基本原理。
6. 为什么要对模型估计式进行检验？

四、分析题

1. 根据一组数据建立的线性回归方程为 $\hat{y}=10-0.5x$。
要求：
(1) 解释截距 $\hat{\beta}_0$ 的意义；
(2) 解释斜率 $\hat{\beta}_1$ 的意义；
(3) 计算当 $x=6$ 时的 $E(y)$。
2. 设 $SSR=36$，$SSE=4$，$n=18$。
要求：
(1) 计算判定系数 R^2 并解释其意义；
(2) 计算估计标准误差 s_e 并解释其意义。

五、实训题

实训目的：掌握相关和回归分析的原理、应用及 Stata 软件操作。

1. 从某行业中随机抽取 12 家企业，所得产量与生产费用的数据如下。

企业编号	产量(台)	生产费用(万元)	企业编号	产量(台)	生产费用(万元)
1	40	130	7	84	165
2	42	150	8	100	170
3	50	155	9	116	167
4	55	140	10	125	180
5	65	150	11	130	175
6	78	154	12	140	185

要求：
(1) 绘制产量与生产费用的散点图，判断两者之间的关系形态；
(2) 计算产量与生产费用之间的线性相关系数；
(3) 对相关系数的显著性进行检验（$\alpha=0.05$），并说明两者之间的关系强度。

2. 学生在期末考试之前用于复习的时间（单位：小时）和考试分数（单位：分）之间是否有关系？为研究这一问题，一位研究者抽取了由 8 名学生构成的一个随机样本，得到的数据如下。

复习时间 x	20	16	34	23	27	32	18	22
考试分数 y	64	61	84	70	88	92	72	77

要求：
(1) 绘制复习时间和考试分数的散点图，判断两者之间的关系形态；
(2) 计算相关系数，说明两个变量之间的关系强度。

3. 某咨询机构想研究航班正点率和乘客投诉次数之间的关系，随机调查了 10 家航空公司最近一年的相关数据，如下表所示。

航空公司编号	航班正点率(%)	乘客投诉次数(次)
1	81.8	21
2	76.6	58
3	76.6	85
4	75.7	68
5	73.8	74
6	72.2	93
7	71.2	72
8	70.8	122
9	91.4	18
10	68.5	125

要求：
(1) 绘制这 10 家航空公司航班正点率和乘客投诉次数的散点图，观察两者之间存在怎样的相关关系；
(2) 计算航班正点率和乘客投诉次数的相关系数，判断两者之间相关关系的强弱程度；
(3) 试以乘客投诉次数为因变量，以航班正点率为自变量，建立一元线性回归方程，并对结果进行分析；

(4) 依据上述回归分析结果，如果航班正点率为 70%，估计乘客的投诉次数；

(5) 依据上述回归分析结果，如果航班正点率为 70%，给出乘客投诉次数 95% 的置信区间和预测区间。

4. 我国 7 个地区某季度人均生产总值(GDP)和人均消费水平统计数据，如下表所示。

地区序号	人均 GDP(元)	人均消费水平(元)
地区 1	22 460	7 326
地区 2	11 226	4 490
地区 3	34 547	11 546
地区 4	4 851	2 396
地区 5	5 444	2 208
地区 6	2 662	1 608
地区 7	4 549	2 035

要求：

(1) 人均 GDP 为自变量，人均消费水平为因变量，绘制散点图，并说明两者之间的关系形态；

(2) 计算两个变量之间的线性关系，说明两个变量之间的关系强度；

(3) 拟合直线回归方程，并解释回归系数的实际意义；

(4) 计算判定系数，并解释其意义；

(5) 检验回归方程线性关系的显著性（$\alpha = 0.05$）；

(6) 假设某地区人均 GDP 为 15 000 元，预测其人均消费水平。

5. 某市电子工业公司有 15 个所属企业，其中 14 个企业 2013 年的设备能力和劳动生产率统计数据如下表所示。

企业编号	设备能力 x(千瓦/小时)	劳动生产率 y(千元/人)
1	2.8	6.7
2	2.8	6.9
3	3.0	7.2
4	2.9	7.3
5	3.4	8.4
6	3.9	8.8
7	4.0	9.1
8	4.8	9.8
9	4.9	10.6
10	5.2	10.7
11	5.4	11.1
12	5.5	11.8
13	6.2	12.1
14	7.0	12.4

要求：

(1) 绘制散点图，并且建立直线回归方程；

(2) 当某企业的年设备能力达到 8.0 千瓦/小时时，试预测其劳动生产率；

(3) 计算估计标准误差；

(4) 对回归方程进行显著性检验（$\alpha = 0.05$）。

6. 成本估计是回归分析在会计学上的一个重要应用。某企业会计师为了估计某个范围与某产品产量相联系的生产成本，收集了该企业一年来各月的该产品产量与总成本数据，如下表所示。

月 份	产量(件)	总成本(元)	月 份	产量(件)	总成本(元)
1	2 000	176 000	7	4 000	314 000
2	3 000	246 000	8	4 000	310 000
3	4 000	324 000	9	5 000	375 000
4	3 000	249 000	10	3 000	243 000
5	4 000	316 000	11	4 000	318 000
6	5 000	370 000	12	5 000	375 000

企业的生产计划进度表明，次年 1 月必须生产 3 000 件产品。次年 1 月按计划完成生产任务，其财务报表显示，实际生产成本是 270 000 元。

要求：

(1) 对这些数据做出数值的和图示的概述；

(2) 利用回归分析研究该产品产量与生产成本之间的关系，并至少给出生产每件产品的可变成本与总成本中的变异能被产量解释的百分比；

(3) 您是否对次年 1 月发生这样高的总成本担忧，请加以讨论。

7. 某公司在全国 20 个市场同时推销产品，下表是该公司在各个市场派出的推销员人数 x(单位:人)、支出的广告及推销费用 x_2(单位：万元)和产品年销售量 y(单位：万箱)的资料。假定各市场的其他条件相同，试对产品年销售量 y 与推销员人数 x_1 和广告及推销费用 x_2 进行相关分析。

市场序号	销售量 y(万箱)	推销员人数 x_1(人)	广告及推销费用 x_2(万元)	市场序号	销售量 y(万箱)	推销员人数 x_1(人)	广告及推销费用 x_2(万元)
1	58	7	5.11	11	121	17	11.02
2	152	18	16.72	12	112	12	9.51
3	41	5	3.20	13	50	6	3.79
4	93	14	7.03	14	82	12	6.45
5	101	11	10.98	15	48	8	4.60
6	38	5	4.04	16	127	15	13.86
7	203	23	22.07	17	140	17	13.03
8	78	9	7.03	18	150	21	15.21
9	117	16	10.62	19	39	6	3.64
10	44	5	4.76	20	90	11	9.57

第10章　多元线性回归分析

> 【学习目标】
>
> 掌握多元线性回归模型的基本假定，即回归系数的估计；能够应用 OLS 估计多元线性回归模型的参数并检验其有效性；理解几种基本的非线性回归模型；理解交互模型、定性（虚拟）变量模型的原理；能够对残差进行分析；能够应用 Stata 软件解决多元线性回归分析的实际问题。

10.1　多元线性回归模型

10.1.1　多元线性回归模型及其假定

一般地，多元线性回归模型可表示为：

$$y_i = \beta_0 + \beta_1 x_{i1} + \beta_2 x_{i2} + \cdots + \beta_k x_{ik} + \varepsilon_i \tag{10-1}$$

式中，y_i 表示个体 $i(i=1, \cdots, n)$ 在被解释变量 y 上的取值；$x_{ij}(j=1,2,\cdots,k)$ 表示个体 i 在解释变量 x_j 上的取值；$\beta_j(j=0,1,2,\cdots k)$ 表示模型的总体参数，也称待估计的总体参数。

由于上式对所有个体 i 都成立，因此有 n 个形如上式的方程。因此有：

$$\begin{aligned}
y_1 &= \beta_0 + \beta_1 x_{11} + \beta_2 x_{12} + \cdots + \beta_k x_{1k} + \varepsilon_1 \\
y_2 &= \beta_0 + \beta_1 x_{21} + \beta_2 x_{22} + \cdots + \beta_k x_{2k} + \varepsilon_2 \\
&\vdots \\
y_n &= \beta_0 + \beta_1 x_{n1} + \beta_2 x_{n2} + \cdots + \beta_k x_{nk} + \varepsilon_n
\end{aligned}$$

令 $Y = \begin{bmatrix} y_1 \\ y_2 \\ y_3 \\ y_4 \end{bmatrix}$ 为被解释变量的观测值向量；$X = \begin{bmatrix} 1 & x_{11} & \cdots & x_{1k} \\ 1 & x_{21} & \cdots & x_{2k} \\ \vdots & \vdots & \vdots & \vdots \\ 1 & x_{n1} & \cdots & x_{nk} \end{bmatrix} = \begin{bmatrix} X_1 \\ X_2 \\ \vdots \\ X_n \end{bmatrix}^T$ 为解释变量的观测值矩阵；$\beta = \begin{bmatrix} \beta_0 \\ \beta_1 \\ \vdots \\ \beta_k \end{bmatrix}$ 为总体参数向量；$\varepsilon = \begin{bmatrix} \varepsilon_1 \\ \varepsilon_2 \\ \vdots \\ \varepsilon_n \end{bmatrix}$ 为随机误差向量。

则多元线性回归模型的矩阵表示如下：

$$Y = X\beta + \varepsilon \tag{10-2}$$

与一元回归模型一样，对多元回归模型进行参数估计时仍采用 OLS 法。同样，使用这种估计方法进行参数估计需要满足以下几个基本假定。

对这一模型，有以下几个主要假定。

(1) 线性回归模型。回归模型对参数而言是线性的。这是一个模型假定，而不是统计假定。

(2) 确定性假定。在重复抽样中，解释变量 x_1, x_2,…, x_k 是确定性变量，不是随机变量，而且在重复抽样中取固定值。

(3) 解释变量不存在严格多重共线性，即各解释变量之间不存在线性关系。

(4) 误差项 ε_i 与解释变量 x_{ij} 之间不相关，即

$$\text{cov}(\varepsilon_i, x_{ij}) = 0 \quad (i=1,2,\cdots,n; j=1,2,\cdots,k)$$

也就是说 $\text{cov}(\varepsilon, X) = 0$。通常假定所有解释变量为非随机变量，这个假定自动成立。

(5) 零均值假定。在给定解释变量 x_1, x_2,…, x_k 的条件下，误差项 ε_i 具有零均值，即

$$E(\varepsilon / X) = 0$$

这意味对于一个给定的 X_i 值，对公式 (10-1) 求条件期望后得到：

$$E(y_i / x_{i1}, \cdots, x_{ik}) = \beta_0 + \beta_1 x_{i1} + \beta_2 x_{i2} + \cdots + \beta_k x_{ik} \tag{10-3}$$

公式 (10-3) 称为总体回归方程、总体回归函数或总体回归直线。

(6) 同方差假定。给定解释变量的任何值，误差项都有相同的方差，也就是说

$$\text{Var}(\varepsilon_i) = \sigma_i^2 = \sigma^2 \quad (i=1,2,\cdots,n)$$

(7) 无自相关假定。每个误差项 ε_i 为独立分布，即 $\text{cov}(\varepsilon_i, \varepsilon_j) = 0$ ($i \neq j$)。

(8) 误差项 ε_i 是一个服从正态分布的随机变量且独立。正态分布假定主要应用于对回归参数的 OLS 估计值进行统计检验，而且只有在小样本情况下才需要特别注意这个问题。对于大样本来说，根据中心极限定理，即使误差项不满足正态分布，仍然可以对回归参数的估计值进行统计推断。

10.1.2 多元线性回归中估计的回归方程

由于总体回归参数 $\beta_j (j=0,1,2,\cdots k)$ 是未知的，所以必需利用观测值去估计，得到 $\beta_j (j=0,1,2,\cdots k)$ 的估计量 $\hat{\beta}_j (j=0,1,2,\cdots k)$，再用 $\hat{\beta}_j (j=0,1,2,\cdots k)$ 分别代替 $\beta_j (j=0,1,2,\cdots k)$，就得到多元线性回归中估计的回归方程 (样本回归直线或样本回归方程) 为：

$$\hat{y}_i = \hat{\beta}_0 + \hat{\beta}_1 x_{i1} + \hat{\beta}_2 x_{i2} + \cdots + \hat{\beta}_k x_{ik}$$

该方程中的截距项 $\hat{\beta}_0$ 是在所有被解释变量 ($x_{i1},\cdots,x_{ik}$) 等于 0 时，被解释变量 y_i 的预测值。在实际研究中，截距项并非总是有意义的，因为解释变量取 0 值在很多情况下是没有意义的。例如，在研究教育、年龄对收入的影响时，假设 x_1 为受教育年限，x_2 为年龄，那么回归估计的截距则表示一个受教育年限为 0 且年龄为 0 岁的人的平均收入。很显然，这种情况没有任何实际意义。尽管如此，在回归方程估计中，截距项仍然是必不可少的。与一元回归

的情况有所不同,方程的估计值 $\hat{\beta}_j (j=0,1,2,\cdots k)$ 被称作偏回归系数,它表示在其他解释变量不变的条件下,第 j 个解释变量的单位变动对被解释变量均值的影响。

10.1.3 多元线性回归模型的回归系数估计

样本回归方程中的 $\hat{\beta}_j (j=0,1,2,\cdots k)$ 仍然是根据 OLS 法求得,也就是使残差平方和残差平方和最小,即

$$\min_{\hat{\beta}_0,\hat{\beta}_1,\cdots,\hat{\beta}_k} \sum_{i=1}^{n} e_i^2 = \sum_{i=1}^{n} (y_i - \hat{\beta}_0 - \hat{\beta}_1 x_{i1} - \cdots - \hat{\beta}_k x_{ik})^2 \tag{10-4}$$

根据微积分知识,此最小化问题的一阶条件为:

$$\begin{cases} \dfrac{\partial}{\partial \hat{\beta}_0} \sum_{i=1}^{n} e_i^2 = \sum 2e_i(-1) = -\sum_{i=1}^{n} 2(y_i - \hat{\beta}_0 - \hat{\beta}_1 x_{i1} - \cdots - \hat{\beta}_k x_{ik}) = 0 \\ \dfrac{\partial}{\partial \hat{\beta}_1} \sum_{i=1}^{n} e_i^2 = \sum 2e_i(-x_{i1}) = -\sum_{i=1}^{n} 2(y_i - \hat{\beta}_0 - \hat{\beta}_1 x_{i1} - \cdots - \hat{\beta}_k x_{ik})x_{i1} = 0 \\ \vdots \\ \dfrac{\partial}{\partial \hat{\beta}_k} \sum_{i=1}^{n} e_i^2 = \sum 2e_i(-x_{ik}) = -\sum_{i=1}^{n} 2(y_i - \hat{\beta}_0 - \hat{\beta}_1 x_{i1} - \cdots - \hat{\beta}_k x_{ik})x_{ik} = 0 \end{cases}$$

上述 $(k+1)$ 个方程称为正规方程组,用矩阵表示为:

$$\begin{bmatrix} \sum e_i \\ \sum x_{i1} e_i \\ \vdots \\ \sum x_{ik} e_i \end{bmatrix} = \begin{bmatrix} 1 & 1 & \cdots & 1 \\ x_{11} & x_{21} & \cdots & x_{n1} \\ \vdots & \vdots & \cdots & \vdots \\ x_{1k} & x_{2k} & \cdots & x_{nk} \end{bmatrix} \begin{bmatrix} e_1 \\ e_2 \\ \vdots \\ e_n \end{bmatrix} = X'e = 0$$

从 $e_i = y_i - (\hat{\beta}_0 + \hat{\beta}_1 x_{i1} + \cdots + \hat{\beta}_k x_{ik})$ 出发,令 $\boldsymbol{e} = \begin{bmatrix} e_1 \\ e_2 \\ \vdots \\ e_n \end{bmatrix}$

可将残差向量写为 $e = Y - X\hat{\beta}$,将其代入正规方程组可得 $X'(Y - X\hat{\beta}) = 0$。假设 $(X'X)^{-1}$ 存在,可求解 OLS 估计量,即

$$\hat{\beta} = (X'X)^{-1} X'Y \tag{10-5}$$

【例 10-1】古董座钟收藏者认为古董座钟拍卖价格与座钟的使用年限及竞拍人数有关,相关数据如表 10-1 所示,现考虑如下理论回归模型:

$$y = \beta_0 + \beta_1 x_1 + \beta_2 x_2 + \varepsilon$$

式中,y 表示拍卖价格(美元);x_1 表示座钟的使用年限(年);x_2 表示竞拍人数。

表 10-1 古董座钟价格回归模型相关数据

年 限	竞拍人数	拍卖价格	年 限	竞拍人数	拍卖价格
127	13	1 235	170	14	2 131
115	12	1 080	182	8	1 550
127	7	845	162	11	1 884
150	9	1 522	184	10	2 041
156	6	1 047	143	6	845
182	11	1 979	159	9	1 483
156	12	1 822	108	14	1 055
132	10	1 253	175	8	1 545
137	9	1 297	108	6	729
113	9	946	179	9	1 792
137	15	1 713	111	15	1 175
117	11	1 024	187	8	1 593
137	8	1 147	111	7	785
153	6	1 092	115	7	744
117	13	1 152	194	5	1 356
126	10	1 336	168	7	1 262

试建立古董座钟拍卖价格(y)、使用年限(x_1)及竞拍人数(x_2)的线性回归方程,并解释各回归系数的含义。

解:由 Stata 输出的回归结果如下:

```
     Source |       SS       df       MS              Number of obs =      32
                                                      F(  2,    29) =  120.19
      Model | 4283062.96      2  2141531.48           Prob > F      =  0.0000
   Residual |  516726.54     29  17818.1565           R-squared     =  0.8923
                                                      Adj R-squared =  0.8849
      Total |  4799789.5     31  154831.919           Root MSE      =  133.48

          y |      Coef.   Std. Err.      t    P>|t|     [95% Conf. Interval]
         x1 |   12.74057   .9047403    14.08   0.000     10.89017    14.59098
         x2 |   85.95298   8.728523     9.85   0.000     68.10115    103.8048
      _cons |  -1338.951   173.8095    -7.70   0.000    -1694.432   -983.4711
```

根据回归结果,得到古董座钟拍卖价格(y)、使用年限(x_1)及竞拍人数(x_2)的线性回归方程为:

$$\hat{y} = -1338.951 + 12.741 x_1 + 85.953 x_2$$

各回归系数的实际意义为:

$\hat{\beta}_1 = 12.741$ 表示,在竞拍人数不变的条件下,使用年限每增加 1 年,古钟的拍卖价格平均增加 12.741 美元;

$\hat{\beta}_2 = 85.953$ 表示,在使用年限不变的条件下,竞拍人数每增加 1 人,古钟的拍卖价格平均增加 85.953 美元。

10.2　多元线性回归模型的检验

10.2.1　拟合优度检验

1. 多重决定系数

与一元回归类似，对多元线性回归方程，需要用多重决定系数来评价其拟合程度。在一元回归中曾介绍过被解释变量离差平方和的分解方法，对多元回归中被解释变量离差平方和的分解也一样，同样有：

$\text{SST} = \sum (y_i - \bar{y})^2$ 为总离差平方和；

$\text{SSR} = \sum (\hat{y}_i - \bar{y})^2$ 为回归平方和；

$\text{SSE} = \sum (y_i - \hat{y}_i)^2$ 为残差平方和。

$$\text{SST} = \text{SSR} + \text{SSE} \tag{10-6}$$

自由度：$(n-1) = (n-k-1) + k$。

自由度是数理统计中的一个概念。统计量的自由度，是指统计量可自由变化的样本观测值的个数，它等于样本观测值个数减去对观测值的约束条件个数。例如，样本均值 $\bar{x} = \frac{1}{n}\sum x_i$ 的自由度为 $(n-1)$，因为其使用了样本均值，线性关系式 $\bar{x} = \frac{1}{n}\sum x_i$ 对样本观测值形成了一个约束条件。

在公式(10-6)中，总离差平方和 SST 反映了被解释变量观测值总的变异程度；回归平方和 SSR 反映了被解释变量回归估计值总的变异程度，它是被解释变量观测值总离差中由解释变量解释的那部分离差，因而也被称为解释离差；残差平方和 SSE 是总离差中未被解释变量解释的那部分离差。显然，回归平方和 SSR 越大，残差平方和 SSE 就越小，从而被解释变量观测值总离差中能由解释变量解释的那部分离差就越大，模型对观测数据的拟合程度就越高。因此，我们定义多重决定系数或决定系数为回归平方和占总离差的比重，用来表示解释变量对被解释变量的解释程度，即在 y 的总离差平方和中，解释变量 $x_1, x_2, \cdots, x_k$ 联合解释的百分比。

$$R^2 = \frac{\text{解释变差}}{\text{总变差}} = \frac{\text{SSR}}{\text{SST}} = \frac{\sum (\hat{y}_i - \bar{y})^2}{\sum (y_i - \bar{y})^2} \tag{10-7}$$

或者

$$R^2 = 1 - \frac{\text{SSE}}{\text{SST}} = \frac{\sum e_i^2}{\sum (y_i - \bar{y})^2} \tag{10-8}$$

R^2 是介于 0 到 1 的一个数。R^2 越大，模型对数据的拟合程度越好，解释变量对被解释变量的解释能力越强；当 $R^2=1$ 时，被解释变量的变化 100% 由回归直线解释，所有观测点都落在回归直线上；当 $R^2=0$ 时，解释变量与被解释变量之间没有任何线性关系。

2. 修正的决定系数

在应用过程中人们发现，随着模型中解释变量的增多，多重决定系数 R^2 的值往往会变大，从而增加了模型的解释功能，这一事实已从理论上得到证实。这就使人们产生了一个错觉：要使模型拟合得好，就必须增加解释变量。但是，在样本容量一定的情况下，增加解释变量将使待估参数的个数增加，从而损失自由度，而且在实际应用中，有时增加的解释变量并非必要。有些解释变量对被解释变量的影响很小，增加这些解释变量对减小残差平方和没有多大作用。但是由估计式 $\hat{\sigma}^2 = \dfrac{\sum e_i^2}{n-k-1}$ 可以知道，引入的解释变量数目越多，k 越大。由于 $\sum e_i^2$ 减小不明显，那么 σ^2 的无偏估计值 $\hat{\sigma}^2$ 将增大。$\hat{\sigma}^2$ 增大无论对推测总体参数的置信区间，还是对预测区间的估计，都意味着精确度降低。因此不重要的解释变量不应该引入。不应该根据决定系数 R^2 是否增大来决定是否引入某个解释变量。所以，在比较被解释变量相同而解释变量个数不同的两个模型的拟合程度时，不能简单地对比多重决定系数。为此，人们引入了修正的样本决定系数 $\bar{R}^2$，其计算公式为：

$$\bar{R}^2 = 1 - \frac{\sum e_i^2/(n-k-1)}{\sum (y_i-\bar{y})^2/(n-1)} \tag{10-9}$$

在其他条件不变的情况下，k 越大，$\bar{R}^2$ 越小。因此，该指标综合了精度和变量个数两个因素。$\bar{R}^2$ 不随解释变量个数的增加而增加，用来判别拟合优度比 R^2 更有效。当增加一个对被解释变量有较大影响的解释变量时，残差平方和 $\sum e_i^2$ 减小比 $(n-k-1)$ 减小更显著，修正的决定系数 $\bar{R}^2$ 会增加。如果增加一个对被解释变量没有多大影响的解释变量，残差平方和 $\sum e_i^2$ 减小没有 $(n-k-1)$ 减小明显，$\bar{R}^2$ 会减小，表明不应该引入这个不重要的解释变量。

利用表 10-1 的数据，由 Stata 输出的结果得知：多重决定系数 $R^2=0.8849=88.49\%$，表示在古董座钟价格的离差中，能被古董座钟价格与年限和竞拍人数的多元回归方程解释的比例为 88.49%；修正的决定系数 $\bar{R}^2=0.8823=88.23\%$，其意义与 R^2 类似，表示在用样本量和模型中解释变量的个数进行调整后，在古董座钟价格的离差中，能被古董座钟价格与年限和竞拍人数的多元回归方程解释的比例为 88.523%。

需要说明的是，在实际应用中，我们往往希望所建模型的 $\bar{R}^2$ 或 R^2 越大越好。但应注意，决定系数只是对模型拟合优度的度量，$\bar{R}^2$ 和 R^2 越大，只说明列入模型中的解释变量对被解释变量整体影响程度越大，并非说明模型中各个解释变量对被解释变量的影响程度显著。在回归分析中，不仅要使模型的拟合度高，而且还要得到总体回归系数的可靠估计量。因此，在选择模型时，不能单纯地凭决定系数的高低断定模型的优劣，有时为了通盘考虑模型的可靠度及其经济意义可以适当降低对决定系数的要求。

3. 随机误差项方差的估计

在多元回归分析中，对模型及其回归系数进行检验时需要用到随机误差项的方差 σ^2，但是 ε_i 不能直接观测，故 σ^2 也是未知的，可用样本回归的残差 e_i 来代替 ε_i，对 σ^2 进行估计。可以证明，在最小二乘估计的基础上，σ^2 的无偏估计为：

$$\hat{\sigma}^2 = \frac{\sum e_i^2}{n-k-1} = \frac{\sum(y_i - \hat{y}_i)^2}{n-k-1} \tag{10-10}$$

式中，$n-k-1$ 表示自由度；$k+1$ 表示多元线性回归模型中待估计的回归系数的个数。

σ^2 的无偏估计的标准差为：

$$\hat{\sigma} = \sqrt{\frac{\sum e_i^2}{n-k-1}} = \sqrt{\frac{\sum(y_i - \hat{y}_i)^2}{n-k-1}} \tag{10-11}$$

公式(10-11)被称为回归方程的估计标准误差，它反映了用于估计的回归方程预测被解释变量时的预测误差，也用来衡量回归方程的拟合程度。

在 Stata 输出的回归结果中也直接给出了 $\hat{\sigma}$ 的值，$\hat{\sigma} = 133.48$，表示根据所建立的多元回归方程，用年限和竞拍人数来预测古董座钟拍卖价格时，平均预测误差为 133.48 美元。

10.2.2 回归模型的总体显著性检验：F 检验

总体显著性检验是检验全部解释变量对被解释变量的共同影响是否显著。

即检验方程 $y_i = \beta_0 + \beta_1 x_{i1} + \beta_2 x_{i2} + \cdots + \beta_k x_{ik} + \varepsilon_i$ 中的参数是否显著不为 0。

按照假设检验的原理与程序，总体显著性检验的步骤如下。

第 1 步：提出假设。

$H_0: \beta_1 = \beta_2 = \cdots = \beta_k = 0$；$H_1: \beta_1, \beta_2, \cdots, \beta_k$ 至少有一个不等于 0。

第 2 步：计算检验统计量 F。$F = \dfrac{\text{SSR}/k}{\text{SSE}/(n-k-1)} \sim F(k, n-k-1)$

由于服从正态分布，根据数理统计学中的定义，y_i 的一组样本的平方和服从 χ^2 分布。所以有

$$\text{SSR} = \sum(\hat{y}_i - \bar{y})^2 \sim \chi^2(k)$$
$$\text{SSE} = \sum(y_i - \hat{y}_i)^2 \sim \chi^2(n-k-1)$$

进一步根据数理统计学中的定义，可以证明，在 H_0 成立的条件下，统计量

$$F = \frac{\text{SSR}/k}{\text{SSE}/(n-k-1)} \sim F(k, n-k-1) \tag{10-12}$$

第 3 步：做出统计决策。给定显著性水平 α，根据分子自由度=k，分母自由度=$n-k-1$ 查 F 分布表得到 F。如图 10-1 所示，若 $F > F_\alpha$，则拒绝原假设；若 $F < F_\alpha$，则不拒绝原假设。根据 Stata 输出的结果，可直接利用 P 值做出决策：若 $P < \alpha$，则拒绝原假设；若 $P > \alpha$，则不拒绝原假设。

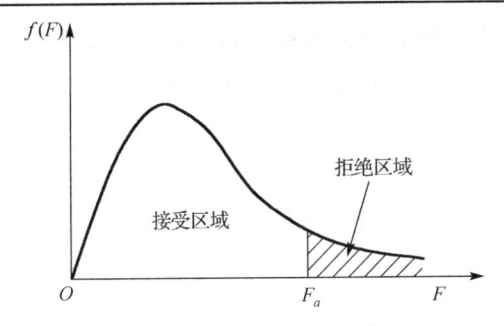

图 10-1　F 检验的拒绝区域和接受区域

【例 10-2】根据【例 10-1】建立的回归方程，对回归方程线性关系的显著性进行检验（α =0.05）。

解：

第 1 步：提出假设。

$H_0: \beta_1 = \beta_2 = 0$；$H_1: \beta_1, \beta_2$ 至少有一个不等于 0。

第 2 步：计算检验统计量 F（可直接用 Stata 输出的结果，其中有 F 统计量的值）。

$$F = \frac{\text{SSR}/k}{\text{SSE}/(n-k-1)} = 120.188$$

第 3 步：做出统计决策。给定显著性水平 α =0.05，根据分子自由度=2，分母自由度=29 查 F 分布表可知 $F = 120.188 > F_{\alpha=0.05}(2,29) = 3.33$，所以拒绝原假设 H_0。这意味着古董座钟的价格与年限和竞拍人数之间的线性关系是显著的。

也可直接将 Stata 输出的方差分析部分中的 P 值与给定的显著性水平 α =0.05 进行比较，由于 P 值=0.000<α =0.05，所以拒绝原假设 H_0。

F 检验表明：古董座钟的价格与年限和竞拍人数之间的线性关系显著，但这并不意味着古董座钟价格与每个变量之间的关系都显著，因为 F 检验说明的是总体的显著性。要判断每个解释变量对古董座钟价格的影响是否显著，需要对各回归系数分别进行 t 检验。

一般来说，伴随着决定系数 R^2 和修正的决定系数 $\bar{R}^2$ 的增加，F 统计量的值将不断增加；反过来也如此。这说明两者之间具有一致性。但是，决定系数和修正的决定系数只能提供一个模糊的推测，它们的值要达到多大才算模型通过了检验，并没有确定的界限。而 F 检验则不同，它可以在给定显著性水平下，给出统计意义上严格的结论。

10.2.3　回归系数的检验

如果模型通过了 F 检验，则表明模型中所有解释变量对被解释变量的"总体影响"是显著的，但这并不意味着模型中的每个解释变量对被解释变量都有显著影响，或者说并不是每个解释变量的单独影响都是显著的。只有那些参数不为零的变量才应当保留在模型中，而参数为零的变量应当排除在模型之外。很显然，如果解释变量的参数为零，它与被解释变量便不存在依存关系，对被解释变量也没有什么影响，自然对被解释变量的变动也不具备解释功能，所以不应当保留在模型中。根据这一思路，可以将参数为零的可能性大小，作为模型估计式解释变量选择是否正确的标准。

多元回归分析中对各个回归系数的检验，目的在于检验当其他解释变量不变时，该回归系数对应的解释变量对被解释变量是否有显著影响。检验方法与简单线性回归的检验方法基本相同。

在回归分析中，对于多元线性回归模型 $y_i = \beta_0 + \beta_1 x_{i1} + \beta_2 x_{i2} + \cdots + \beta_k x_{ik} + \varepsilon_i$ 的回归系数的估计量 $\hat{\beta}_j (j=0,1,2,\cdots k)$ 是随着样本观测值的变化而变化的一个随机变量，即对于不同的样本观测值，回归系数的估计量 $\hat{\beta}_j (j=0,1,2,\cdots k)$ 的值是不相同的。但若回归模型满足基本假定，则回归系数的估计量 $\hat{\beta}_j (j=0,1,2,\cdots k)$ 服从均值为 $\hat{\beta}_j (j=0,1,2,\cdots k)$、方差为 $D(\hat{\beta}_j)(j=0,1,2,\cdots,k)$ 的正态分布，这一点与一元线性回归分析类似（证明从略），即 $\hat{\beta}_j \sim N(\beta_j, D(\hat{\beta}_j))$ $(j=0,1,2,\cdots k)$。

因为 $D(\hat{\beta}_j)$ 涉及随机误差项的方差 σ^2，而 σ^2 是未知的，故需用样本方差即 σ^2 的估计量 $\hat{\sigma}^2$ 来代替构造统计量，所以所构造的统计量为：

$$t_j = \frac{\hat{\beta}_j - \beta_j}{s_{\hat{\beta}_j}} \sim t(n-k-1) \tag{10-13}$$

式中，$S_{\hat{\beta}_j}(j=0,1,2,\cdots,k)$ 表示回归系数 $\hat{\beta}_j(j=0,1,2,\cdots k)$ 的抽样分布的标准差，即

$$s_{\hat{\beta}_j} = \frac{\hat{\sigma}}{\sqrt{\sum x_i^2 - \frac{1}{n}(\sum x_i)^2} \cdot (1-R_j^2)} \tag{10-14}$$

回归系数的显著性检验的具体步骤如下。

第 1 步：提出假设。对于任意 $\hat{\beta}_j (j=0,1,2,\cdots k)$，有 $H_0: \beta_j = 0$；$H_1: \beta_j \neq 0$。

第 2 步：计算检验统计量 t。$t = \dfrac{\hat{\beta}_j}{s_{\hat{\beta}_j}}$。

第 3 步：做出决策。确定显著性水平 α，并根据自由度 df=n−k−1 查 t 分布表，找到相应的临界值 $t_{\alpha/2}$。若 $|t| > t_{\alpha/2}$，则拒绝 H_0；若 $|t| < t_{\alpha/2}$，则不拒绝 H_0。

【例 10-3】根据【例 10-1】所建立的回归方程，对回归方程中各回归系数的显著性进行检验（$\alpha = 0.05$）。

解：由 Stata 的回归结果可知，$t_1 = 14.08$，$t_2 = 9.85$。确定显著性水平 $\alpha = 0.05$，并根据自由度 df=n−k−1=29 查 t 分布表，找到相应的临界值 $t_{\alpha/2} = t_{0.025} = 2.045$，可见 t_1 和 t_2 都大于 2.045。这表明年限和竞拍人数对古董座钟价格的影响都是显著的。直接用 P 值进行比较更为方便：β_1 和 β_2 所对应的 P 值都小于 0.05，通过了显著性检验。

10.3 非线性回归模型

本书主要考虑对参数是线性的，对变量可以是也可以不是线性的模型。下面考虑一些常用的回归模型，它们对参数是线性的，但是对变量是非线性的。

10.3.1 对数线性模型

模型形式：$\ln y = \beta_0 + \beta_1 \ln x + \varepsilon$。

该模型是 $y = A x^{\beta_1} e^{\varepsilon}$ 将两边取对数，做恒等变换的另一种形式，其中 $\beta_0 = \ln A$。在公式(10-15)中，lny 对参数 β_0 和 β_1 是线性的，而且变量的对数形式也是线性的。因此，将以上模型称为对数线性(log-linear)模型。对于对数线性回归模型，通过对数变换可以转化为线性模型。具体变换方法如下：

令 $y^* = \ln y$，$x^* = \ln x$，代入模型将其转化为线性回归模型，即

$$y^* = \beta_0 + \beta_1 x^* + \varepsilon \tag{10-15}$$

变换后的模型不仅参数是线性的，变量之间的关系也是线性的。对于变换后的模型，如果它满足线性回归模型的基本假定，则可以用普通最小二乘法来估计其参数，并且得到估计量是最优的线性无偏估计量。

模型特点：在实际经济活动分析中，对数线性模型的应用是非常广泛的，其原因在于参数 β_1 度量了被解释变量 y 关于解释变量 x 的弹性，即

$$\beta_1 = \frac{\mathrm{d}(\ln y)}{\mathrm{d}(\ln x)} = \frac{\mathrm{d}y / y}{\mathrm{d}x / x} \tag{10-16}$$

β_1 表示解释变量 x 变动 1%，被解释变量 y 将变动 β_1%。如果模型中 y 代表商品的需求量，x 代表商品本身的价格，则 β_1 就是需求价格弹性；如果 x 代表替代商品价格，则 β_1 就是需求交叉弹性；如果 x 代表消费者收入水平，则 β_1 就是需求收入弹性。由于弹性是经济分析中的一个十分重要的指标，如果所研究的经济关系可以用对数线性模型描述，则估计模型之后就可以直接利用系数进行弹性分析。因此，对数线性模型是人们经常采用的一类非线性回归模型。

模型适用对象：对观测值取对数，将取对数后的观测值(lnx, lny)描成散点图，如果近似为一条直线，则适合用对数线性模型来描述 x 和 y 之间的变量关系。

【例 10-4】表 10-2 给出了个人消费总支出(pc)、耐用品支出(dur)、非耐用品出(nondur)和劳务支出(serv)方面的数据，均以 1992 年的 10 亿美元计。试建立耐用品支出对个人消费总支出的回归模型。

表 10-2 个人消费总支出及其类别

观　　测	pc	dur	nondur	serv	观　　测	pc	dur	nondur	serv
1993- I	4 286.8	504	1 337	2 445.3	1996- I	4 692.1	611	1 433.5	2 648.5
1993- II	4 322.8	519.3	1 347.8	2 455.9	1996- II	4 746.6	629.5	1 450.4	2 668.4
1993-III	4 366.6	529.9	1 356.8	2 480	1996-III	4 768.3	626.5	1 454.7	2 688.1
1993-IV	4 398	542.1	1 361.8	2 494.4	1996-IV	4 802.6	637.5	1 465.1	2 701.7
1994- I	4 439.4	550.7	1 378.4	2 510.9	1997- I	4 853.4	656.3	1 477.9	2 722.1
1994- II	4 472.2	558.8	1 385.5	2 531.4	1997- II	4 872.7	653.8	1 477.1	2 743.6
1994-III	4 498.2	561.7	1 393.2	2 543.8	1997-III	4 947	679.6	1 495.7	2 775.4
1994-IV	4 534.1	576.6	1 402.5	2 555.9	1997-IV	4 891	648.8	1 494.3	2 804.8
1995- I	4 555.3	575.2	1 410.4	2 570.4	1998- I	5 055.1	710.3	1 521.2	2 829.3

观测	pc	dur	nondur	serv	观测	pc	dur	nondur	serv
1995-II	4 593.6	583.5	1 415.9	2 594.8	1998-II	5 130.2	729.4	1 540.9	2 866.8
1995-III	4 623.4	595.3	1 418.5	2 610.3	1998-III	5 181.8	733.7	1 549.1	2 904.8
1995-IV	4 650	602.4	1 425.6	2 622.9					

解：将耐用品支出的对数相对个人消费总支出的对数描点，将看到两者之间存在线性关系，因此，对数模型可以适用。由 Stata 输出的回归结果如下：

```
      Source |       SS       df       MS              Number of obs =      23
-------------+------------------------------           F(1, 21)      = 4212.54
       Model |  .246717771     1  .246717771           Prob > F      =  0.0000
    Residual |  .001229915    21  .000058567           R-squared     =  0.9950
-------------+------------------------------           Adj R-squared =  0.9948
       Total |  .247947686    22  .011270349           Root MSE      =  .00765

------------------------------------------------------------------------------
       lndur |      Coef.   Std. Err.      t    P>|t|     [95% Conf. Interval]
-------------+----------------------------------------------------------------
        lnpc |   1.943947   .0299511    64.90   0.000     1.88166    2.006234
       _cons |  -10.01934   .2530918   -39.59   0.000    -10.54567   -9.493006
------------------------------------------------------------------------------
```

根据回归结果得到的线性回归方程为：

$$\ln \hat{dur} = -10.019\,34 + 1.943\,947 \ln pc$$

dur 对 pc 的弹性约为 1.94，这表明，若个人消费总支出提高 1%，耐用品支出则提高约 1.94%。因此，耐用品支出很容易受到个人消费总支出变动的影响。这就是耐用品生产者总是关注个人收入和个人消费支出变动的原因之一。

10.3.2 半对数模型

在经济变量的变动规律研究中，测定其增长率与衰减率是一个重要方面，如人口增长率、劳动增长率、GDP 增长率等是大家十分关注的指标。在回归分析中可以用半对数模型来测度这些增长率。

模型形式：

$$y = \beta_0 + \beta_1 \ln x + \varepsilon \tag{10-17}$$

$$\ln y = \beta_0 + \beta_1 x + \varepsilon \tag{10-18}$$

由于模型中只有某一侧的变量为对数形式，所以称为半对数模型，显然，经简单的变量变换也可以将其转化成线性回归模型。

模型特点：半对数模型中的回归系数也有很直观的含义。

对于模型 $y = \beta_0 + \beta_1 \ln x + \varepsilon$，有：

$$\beta_1 = \frac{dy}{d(\ln x)} = \frac{dy}{dx/x}$$

表示 x 每变动 1% 时，y 将变动的绝对量，即变动 β_1% 个单位。

对于模型 $\ln y = \beta_0 + \beta_1 x + \varepsilon$，有：

$$\beta_1 = \frac{\mathrm{d}\ln(y)}{\mathrm{d}x} = \frac{\mathrm{d}y/y}{\mathrm{d}x}$$

表示 x 每变动 1 个单位时，y 将变动的百分比，即变动 $100\beta_1$%。特别地，若 x 为时间变量（年份），则系数 β_1 衡量了 y 的年均增长速度。正因为如此，半对数模型又被称为增长模型，通常用这类模型来测度变量的增长率。

模型适用范围：当 x 变动一个相对量时，y 以一个固定的绝对量随之变动，可用公式（10-17）来描述；当 x 变动一个绝对量时，y 以一个固定的相对量随之变动，可用公式（10-18）来描述。例如，以 y 代表 GDP，t 为时间趋势变量，可以通过估计下面的半对数模型 $\ln y = \beta_0 + \beta_1 t + \varepsilon$ 得到 GDP 的年增长率的估计值，这里 β_1 表示 GDP 的增长率。

【例 10-5】 使用表 10-2 中给出的劳务支出数据，试建立劳务支出的回归模型。

解：由 Stata 输出的回归结果如下：

Source	SS	df	MS		Number of obs	=	23
					F(1, 21)	=	1960.95
Model	.055803821	1	.055803821		Prob > F	=	0.0000
Residual	.000597608	21	.000028458		R-squared	=	0.9894
					Adj R-squared	=	0.9889
Total	.056401429	22	.002563701		Root MSE	=	.00533

lnserv	Coef.	Std. Err.	t	P>|t|	[95% Conf. Interval]
t	.0074258	.0001677	44.28	0.000	.007077 .0077745
_cons	7.789009	.0022993	3387.62	0.000	7.784227 7.79379

根据回归结果（$7.789\,009 \approx 7.789$，$0.007\,425\,8 \approx 0.007\,43$）得到的线性回归方程为：

$$\ln\hat{\mathrm{serv}} = 7.789 + 0.007\,43t$$

如结果所示，1993 年第 1 季度到 1998 年第 3 季度期间，劳务支出以（每季度）0.743% 的速度增加。粗略地讲，这等于 2.97% 的年增长率。注意增长模型中趋势变量的系数 β_2 给出的是瞬时（指一个时点的）增长率而不是复合（指一个时期的）增长率。

10.3.3 倒数模型

在社会经济生活中，某些经济变量与其他经济变量的倒数存在数量依存关系。例如，工资变化率与失业率、平均固定成本与产量等经济变量之间，就存在这种类型的依存关系。

把形如

$$y = \beta_0 + \beta_1 \frac{1}{x} + \varepsilon \tag{10-19}$$

$$\frac{1}{y} = \beta_0 + \beta_1 \frac{1}{x} + \varepsilon \tag{10-20}$$

的模型称为倒数模型。

令 $y^* = \frac{1}{y}$，$x^* = \frac{1}{x}$，即进行变量的倒数变换，就可以将其转化成线性回归模型。

倒数变换模型有一个明显的特征：随着 x 的无限扩大，y 将趋于极限值 β_0（或 $1/\beta_0$），即有一个渐近下限或上限。有些经济现象(如平均固定成本曲线、商品的成长曲线、恩格尔曲线、菲利普斯曲线等)有类似的变动规律,可以用倒数模型进行描述。

【例 10-6】使用表 10-3 中的数据,试建立儿童死亡率(CM)对人均 GNP(PGNP)的回归模型。

表 10-3　64 个国家的生育率及其他数据

观测	CM	FLFP	PGNP	TFR	观测	CM	FLFP	PGNP	TFR
1	128	37	1 870	6.66	33	142	50	8 640	7.17
2	204	22	130	6.15	34	104	62	350	6.60
3	202	46	310	7.00	35	287	31	230	7.00
4	197	65	570	6.25	36	41	66	1 620	3.91
5	96	76	2 050	3.81	37	312	11	190	6.70
6	209	26	200	6.44	38	77	88	2 090	4.20
7	170	45	670	6.19	39	142	22	900	5.43
8	240	29	300	5.89	40	262	22	230	6.50
9	241	11	120	5.89	41	215	12	140	6.25
10	55	55	290	2.36	42	246	9	330	7.10
11	75	87	1 180	3.93	43	191	31	1010	7.10
12	129	55	900	5.99	44	182	19	300	7.00
13	24	93	1 730	3.50	45	37	88	1 730	3.46
14	165	31	1 150	7.41	46	103	35	780	5.66
15	94	77	1 160	4.21	47	67	85	1 300	4.82
16	96	80	1 270	5.00	48	143	78	930	5.00
17	148	30	580	5.27	49	83	85	690	4.74
18	98	69	660	5.21	50	223	33	200	8.49
19	161	43	420	6.50	51	240	19	450	6.50
20	118	47	1080	6.12	52	312	21	280	6.50
21	269	17	290	6.19	53	12	79	4 430	1.69
22	189	35	270	5.05	54	52	83	270	3.25
23	126	58	560	6.16	55	79	43	1 340	7.17
24	12	81	4 240	1.80	56	61	88	670	3.52
25	167	29	240	4.75	57	168	28	410	6.09
26	135	65	430	4.10	58	28	95	4 370	2.86
27	107	87	3 020	6.66	59	121	41	1 310	4.88
28	72	63	1 420	7.28	60	115	62	1 470	3.89
29	128	49	420	8.12	61	186	45	300	6.90
30	27	63	19 830	5.23	62	47	85	3 630	4.10
31	152	84	420	5.79	63	178	45	220	6.09
32	224	23	530	6.50	64	142	67	560	7.20

注:CM 表示儿童死亡率,每千名儿童中每年不足 5 岁便死亡的儿童人数;

FLFP 表示妇女识字率,%;

PGNP 表示 1980 年的人均 GNP;

TFR 表示 1980–1985 年的总生育率,即一位妇女生育的平均子女数,用给定年份按年龄划分的生育率表示。

在图 10-2 中描出儿童死亡率(CM)和人均 GNP 的散点图。从中可以看到:假定所有其他变量保持不变,随着人均 GNP 的增加,预计儿童死亡率会因人们能承担更多的健康医疗费用而下降。但这种关系不是一条直线：随着人均 GNP 的增加，CM 首先明显下降，但随着人均 GNP 的继续增加，CM 的下降有所减弱。

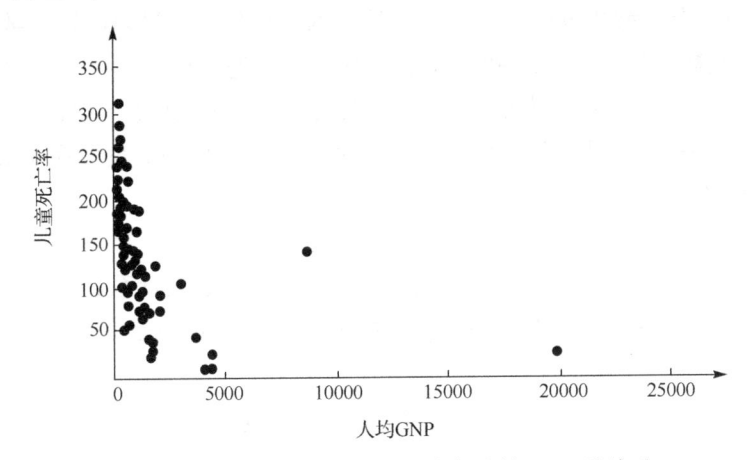

图 10-2　64 个国家中儿童死亡率与人均 GNP 的关系

如果拟合倒数模型，由 Stata 输出的回归结果如下：

Source	SS	df	MS			
Model	166946.584	1	166946.584	Number of obs	=	64
Residual	196731.416	62	3173.08736	F(1, 62)	=	52.61
				Prob > F	=	0.0000
				R-squared	=	0.4591
				Adj R-squared	=	0.4503
Total	363678	63	5772.66667	Root MSE	=	56.33

CM	Coef.	Std. Err.	t	P>|t|	[95% Conf. Interval]
PGNP的倒数	27273.16	3759.999	7.25	0.000	19757.03	34789.3
_cons	81.79436	10.83206	7.55	0.000	60.14138	103.4473

根据回归结果得到的线性回归方程为(回归结果保留三位小数)：

$$\hat{CM} = 81.794 + 27\,237.16 \times (1/PGNP)$$

随着人均 GNP 无限增加，儿童死亡率趋近其渐近值，即每千名儿童中约死亡 82 人。(1/PGNP)的正系数意味着儿童死亡率随着人均 GNP 反向变化。

10.3.4　函数形式的选择

本章讨论了经验模型可以利用的几种函数形式。在双变量的情形中，由于通过对变量描点就能基本上知道哪个模型合适，所以特定函数形式的选择就相对容易。当考虑涉及不止一个回归元的多元回归模型时，这种选择将困难得多，我们在下面两章中讨论这个问题时将会认识到这一点。不可否认，在对经验估计选择适当模型时，需要大量的技巧和经验，但仍有一些指导原则可以参考。

(1) 模型背后的理论(如菲利普斯曲线)可能给出了一个特定的函数形式。

(2) 最好能求出被解释变量相对解释变量的变化率(即斜率)和被解释变量对解释变量的弹性。

(3) 所选模型的系数应该满足一定的先验预期。例如，如果考虑对汽车的需求是价格和其他变量的函数，那么就应该预期价格变量的系数为负。

(4) 有时不止一个模型能较好地拟合一个给定的数据集。假设对同样的数据拟合了一个线性模型和一个倒数模型。在这两种情况下，系数都与先验预期相一致，也都是统计显著的。一个重要的区别在于，线性模型的 R^2 值比倒数模型的 R^2 值大。因此，人们会略微倾向于使用线性模型。但一定要注意，在比较两个 R^2 值时，两个模型的被解释变量必须相同，而解释变量则可采用任何形式。

(5) 通常不应该过分强调 R^2 这一度量，也就是说，并非模型的 R^2 值越大就越好，这一点将在下一章中讨论。更重要的地方在于所选模型的理论基础、估计系数的符号及其统计显著性。如果一个模型从这些准则来看都很不错，那么较低的 R^2 值也是完全可以接受的。

10.4 交互模型

在【例 10-1】中建立的回归模型为：$y = \beta_0 + \beta_1 x_1 + \beta_2 x_2 + \varepsilon$。

这一模型意味着每个解释变量对被解释变量的作用不受其他解释变量取值的影响，即只存在主效应(main effect)。然而，在现实生活中，某个解释变量对被解释变量的作用很可能依赖于其他解释变量的取值，即存在条件效应(conditinal effect)。例如，身高对一个人每天从食物中摄入总热量的影响可能依赖于这个人的体重。同样，月收入高低对化妆品支出的影响可能和消费者的性别有关。

为了应对此类包含条件效应的研究问题，需要在回归模型中引入交互项(interaction term)。交互项就是两个或多个解释变量的乘积。

例如，包含两个解释变量的回归模型为：

$$y_i = \beta_0 + \beta_1 x_{i1} + \beta_2 x_{i2} + \varepsilon_i \tag{10-21}$$

通过建立 x_1 和 x_2 的乘积项可构造两者的交互项 $x_1 x_2$，得到模型：

$$y_i = \beta_0 + \beta_1 x_{i1} + \beta_2 x_{i2} + \beta_3 x_{i1} x_{i2} + \varepsilon_i \tag{10-22}$$

在以上两个模型中，如果对某个解释变量求偏导，则可以得到该解释变量变化对被解释变量的影响。例如，在不包含交互项的回归模型(10-21)中，对 x_1 求偏导，得到：

$$\frac{\partial y}{\partial x_1} = \beta_1$$

显然，x_1 的变化对被解释变量变化的影响是一个确定值 β_1。然而，如果在包含交互项的回归模型(10-22)中同样对 x_1 求偏导，则得到：

$$\frac{\partial y}{\partial x_1} = \beta_1 + \beta_2 x_2$$

此时，x_1 对被解释变量 y 的影响变成了与交互项中另一个解释变量 x_2 有关的函数，同样，对 x_2 求偏导也会得到相同的结论。

【例 10-7】假设座钟的收藏者已经观察了许多拍卖活动，他们相信与座钟使用年限有关的拍卖价格的增长比率或随着竞拍人数的增加而上升。建立如下模型：

$$y_i = \beta_0 + \beta_1 x_{i1} + \beta_2 x_{i2} + \beta_3 x_{i1} x_{i2} + \varepsilon_i$$

先使用 gen 命令产生交互项：gen $x_1x_2=x_1*x_2$

由 Stata 输出的回归结果如下：

Source	SS	df	MS		
Model	4578427.37	3	1526142.46	Number of obs =	32
Residual	221362.133	28	7905.79047	F(3, 28) =	193.04
				Prob > F =	0.0000
				R-squared =	0.9539
				Adj R-squared =	0.9489
Total	4799789.5	31	154831.919	Root MSE =	88.915

y	Coef.	Std. Err.	t	P>|t|	[95% Conf. Interval]
x1	.8781425	2.032156	0.43	0.669	-3.28454 5.040825
x2	-93.26482	29.89162	-3.12	0.004	-154.495 -32.03462
x1x2	1.297846	.2123326	6.11	0.000	.8629022 1.732789
_cons	320.458	295.1413	1.09	0.287	-284.1115 925.0275

根据回归结果得到的回归方程为（回归结果保留三位小数）：

$$\hat{y} = 320.458 + 0.878x_1 - 93.265x_2 + 1.298x_1x_2$$

回归结果显示，与座钟使用年限有关的拍卖价格的增长比率随着竞拍人数的增加而上升，即使用年限与竞拍人数之间有交互作用。

注意：一旦模型中确认交互效应很重要，就需要对一次项进行 t 检验，它们必须保留在模型中，而不考虑与之相关的 P 值的大小。

10.5 多个回归系数的联合检验

在多元回归中，我们有时候会对若干回归系数是否同时统计显著感兴趣，或者对是否可以删除回归模型中的若干解释变量感兴趣。这就涉及多元回归中对多个回归系数进行联合检验的情况。

为了理解如何进行联合检验，可以考虑教育（edu）、工作经历（exp）和工作经历的平方（$\exp^2$）对收入对数（logearn）的回归模型：

$$\log \text{earn} = \beta_0 + \beta_1 \text{edu} + \beta_2 \exp + \beta_3 \exp^2 + \varepsilon \tag{10-23}$$

将该模型被称为非限制性模型（unrestricted model），记为 U，因为模型允许对三个解释变量的系数进行自由估计。现在，假设想要对工作经历和工作经历的平方是否同时为 0 加以检验。如果它们同时为 0，公式（10-23）被简化为：

$$\log \text{earn} = \beta_0 + \beta_1 \text{edu} + \varepsilon \tag{10-24}$$

该模型被称为限制性模型（restricted model），记为 R，因为该模型将工作经历和工作经历的平方的回归系数均限定为 0。换句话说，这里，对于总体的原假设为 $H_0: \beta_2 = \beta_3 = 0$；而备择假设 H_1 则为 β_2 和 β_3 不同时为零。

由于去掉了两个解释变量，因此，限制性模型（10-24）的残差平方和（SSE）肯定不小于非限制性模型（10-23）的残差平方和（SSE）。如果上述原假设 H_0 成立，那么去掉工作经历和工作经历的平方后，回归模型(10-24)对收入的解释能力应该与模型(10-23)的差别不大，或者从残差平方和的角度说，模型(10-24)的 SSE 将只是略大于模型(10-23)的 SSE。这时可以构造以下检验统计量来对原假设进行检验：

$$\frac{(\text{SSE}_R - \text{SSE}_U)/q}{\text{SSE}_U/(n-k)} \tag{10-25}$$

式中，q 表示原假设 H_0 所限制的自由度，即限制性模型和非限制性模型之间相差的回归系数的数量，k 表示非限制性模型所包含的回归系数的数量。此式中，分子是残差平方和的增量与原假设所隐含的参数限制条件数之比，而分母是非限制性模型的残差平方和与该模型的自由度之比。如果 H_0 成立，则式(10-25)所表示的统计量服从自由度为$(q, n-k)$ 的 F 分布。

【例 10-8】用 CHIP88 数据来检验模型(10-23)联合检验 β_2 和 β_3 的系数是否同时为 0。

运行模型(10-23)和模型(10-24)，Stata 回归结果为：

```
      Source |       SS           df       MS      Number of obs   =    15,862
-------------+----------------------------------   F(3, 15858)     =   1646.82
       Model |  700.865055         3   233.621685  Prob > F        =    0.0000
    Residual |  2249.65494    15,858   .141862463  R-squared       =    0.2375
-------------+----------------------------------   Adj R-squared   =    0.2374
       Total |  2950.51999    15,861   .186023579  Root MSE        =    .37665

     logearn |      Coef.   Std. Err.      t    P>|t|     [95% Conf. Interval]
         edu |   .0384505   .0010237    37.56   0.000     .036444    .0404571
         exp |   .0443553   .0010794    41.09   0.000     .0422396   .046471
        exp2 |  -.000608    .0000256   -23.73   0.000    -.0006582  -.0005578
       _cons |   6.453894   .0162082   398.19   0.000     6.422124   6.485664


      Source |       SS           df       MS      Number of obs   =    15,862
-------------+----------------------------------   F(1, 15860)     =    247.67
       Model |  45.3660347         1   45.3660347  Prob > F        =    0.0000
    Residual |  2905.15396    15,860   .183174903  R-squared       =    0.0154
-------------+----------------------------------   Adj R-squared   =    0.0153
       Total |  2950.51999    15,861   .186023579  Root MSE        =    .42799

     logearn |      Coef.   Std. Err.      t    P>|t|     [95% Conf. Interval]
         edu |   .017128    .0010884    15.74   0.000     .0149947   .0192613
       _cons |   7.255791   .0121011   599.60   0.000     7.232071   7.27951
```

据此，可以计算对 $H_0: \beta_2 = \beta_3 = 0$ 进行检验的 F 统计量为：

$$F = \frac{(\text{SSE}_R - \text{SSE}_U)/q}{\text{SSE}_U/(n-k)}$$

$$= \frac{(2\,905.16 - 2\,249.65)/2}{2\,249.65/(15\,862-4)}$$

$$= 2\,310.33$$

显然，该 F 值表明结果在 5%水平上统计显著，因此应当拒绝原假设 H_0，即认为 β_2 和 β_3 不同时为零。

也许有读者会注意到，在模型(10-23)的输出结果中，针对工作经历和工作经历的平方的检验都在5%水平上统计显著。那么，是否可以认为，该联合检验的结果与分别对两者进行t检验所组成的一组检验结果是等价的呢？答案是否定的。因为联合检验所检验的是一组解释变量的回归系数是否同时显著地不等于零或某个假设值，而不是组中某个解释变量是否显著。实际上，即使一组解释变量中绝大多数解释变量的t检验都不显著，联合F检验也可能会是统计显著的。另外，后面讲到多元回归模型的整体检验时，读者还会发现，对多个系数的联合F检验其实是对模型整体或决定系数R^2检验的一个特例。

10.6 定性(虚拟)变量模型

多元回归模型也可以包括定性变量模型或分类变量模型。与定量变量不同，定性变量模型不能用数值刻画。因此，在拟合模型之前，必须对定性变量用数字(称为水平)进行编码。由于数字是任意分配到不同水平的，因此这些编码的定性变量被称为虚拟变量。

虚拟变量的个数要少于定性变量的水平数。对于有k个水平的定性变量，使用$k-1$个虚拟变量。

例如，性别这个定性变量。需要引入一个虚拟变量：

$$D_1 = \begin{cases} 1 & \text{男性} \\ 0 & \text{女性} \end{cases}$$

例如，学历这个定性变量，可以分为大专以下、本科、研究生三个水平。需要引入两个虚拟变量：

$$D_1 = \begin{cases} 1 & \text{大专以下} \\ 0 & \text{其他} \end{cases} ; \quad D_2 = \begin{cases} 1 & \text{本科} \\ 0 & \text{其他} \end{cases}$$

又如季节这个定性变量。需要引入三个虚拟变量：

$$D_1 = \begin{cases} 1 & \text{第二季度} \\ 0 & \text{其他} \end{cases} ; \quad D_2 = \begin{cases} 1 & \text{第三季度} \\ 0 & \text{其他} \end{cases} ; \quad D_3 = \begin{cases} 1 & \text{第四季度} \\ 0 & \text{其他} \end{cases}$$

加入虚拟变量的途径有两种基本类型：加法类型和乘法类型。

(1)加法类型。加法类型引入虚拟解释变量，是在所设定的计量经济模型中，根据所研究问题中数值变量的影响作用，按照虚拟变量设置规则，直接在所设定的模型中加入适当的虚拟变量，此时虚拟变量与其他解释变量在设定模型中是相加关系。用加法形式引入虚拟解释变量，其作用是改变了设定模型的截距水平。

【例10-9】居民家庭的教育费用支出除了受收入水平的影响，还与子女的年龄结构密切相关。如果家庭中有适龄子女(6~21岁)，教育费用支出就多。因此，为了反映"子女年龄结构"这一定性因素，设置虚拟变量如下：

$$D = \begin{cases} 1 & \text{有适龄子女} \\ 0 & \text{无适龄子女} \end{cases}$$

将家庭教育费用支出函数写成 $y_i = \beta_0 + \beta_1 x_i + \beta_2 D_i + \varepsilon_i$，即以加法形式引入虚拟变量。该消费函数又可以表示成以下等价形式：

无适龄子女家庭的教育费用支出函数($D=0$)：$y_i = \beta_0 + \beta_1 x_i + \varepsilon_i$；

有适龄子女家庭的教育费用支出函数($D=1$)：$y_i = (\beta_0 + \beta_2) + \beta_1 x_i + \varepsilon_i$。

该模型可以用来表示虚拟变量对截距的影响，如图 10-3 所示。

图 10-3 表明，两类家庭消费函数的斜率(边际消费倾向)相同，但截距不同。因此，设置虚拟变量确实能描述定性因素的影响，并且以加法方式引入虚拟变量时，实际上反映的是定性因素对截距的影响，即平均水平的差异情况：在相同的收入水平情况下，有适龄子女家庭的教育费用平均要比无适龄子女家庭的教育费用多支出 β_2 个单位。

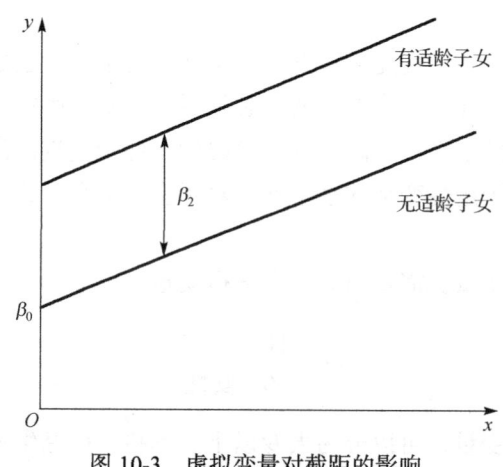

图 10-3 虚拟变量对截距的影响

(2)乘法类型。乘法类型引入虚拟解释变量，是在所设定的计量经济模型中，将虚拟解释变量与其他解释变量相乘作为新的解释变量出现在模型中，以达到其调整设定模型斜率系数的目的。

用乘法形式引入虚拟解释变量的主要作用在于：①对两个回归模型进行比较；②对因素之间的交互影响进行分析；③提高模型对现实经济现象的描述精度。

定性因素的影响不仅表现在截距上，有时还会影响斜率。

【例 10-10】引用【例 10-9】，随着收入水平的提高，家庭教育费用支出的边际消费倾向可能会发生变化。为了反映定性因素对斜率的影响，可以用乘法方式引入虚拟变量，将家庭教育费用支出函数写成：

$$y_i = \beta_0 + \beta_1 x_i + \beta_2 D_i \cdot x_i + \varepsilon_i$$

该消费函数等价于

$$y_i = \begin{cases} \beta_0 + (\beta_1 + \beta_2) x_1 & \text{有适龄子女} \\ \beta_0 + \beta_1 x_1 & \text{无适龄子女} \end{cases}$$

该模型可以用来表示虚拟变量对斜率的影响，如图 10-4 所示。

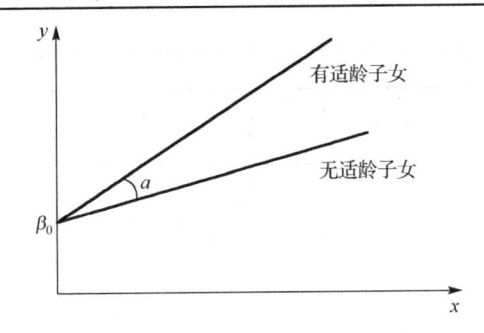

图 10-4　虚拟变量对斜率的影响

图 10-4 表明，以乘法方式引入虚拟变量，反映的是定性因素对斜率的影响，系数描述了定性因素的影响程度。虚拟变量只影响斜率而不影响截距的模型，被称为乘法模型。

(3) 一般方式。用不同方式引入虚拟变量将反映不同的影响效果，所以设置虚拟变量时，最好先根据散点图或经济分析，大致判断定性因素的影响类型(影响截距还是斜率)，然后再用加法方式或乘法方式在模型中设置虚拟变量。

在实际应用中，事先往往难以确定定性因素的影响类型。因此，一般是直接以加法和乘法方式引入虚拟变量，然后再利用，即先检验判断其系数是否显著地不等于零，再确定虚拟变量的具体引入方式。

如果随着收入水平的提高，家庭教育费用除了有无适龄子女差异，其家庭教育费用支出的边际消费倾向也可能会发生变化。因此，可以将加法模型和乘法模型结合起来，得到如下模型：

$$y_i = \beta_0 + \beta_1 x_i + \beta_2 D_i x_i + \beta_3 D_i + \varepsilon_i$$

该模型可以用来表示截距和斜率都发生变化的模型，如图 10-5 所示。

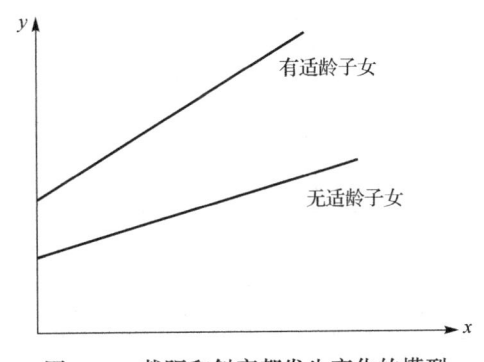

图 10-5　截距和斜率都发生变化的模型

【例 10-11】关于家庭储蓄的模型。随机调查美国旧金山地区 20 个家庭的储蓄情况，数据如表 10-4 所示，拟建立年储蓄额 y(千美元)对年收入 x(千美元)和住房状况的回归模型。D 表示住房状况：

$$D = \begin{cases} 1 & 有房户 \\ 0 & 无房户 \end{cases}$$

表 10-4　年储蓄额、年收入和住房状况数据

y	x	D	y	x	D
1.0	20	0	0.3	9	0
1.3	24	0	0.0	6	0
0.7	12	0	1.0	18	0
0.8	16	0	2.0	20	1
0.5	11	0	0.4	12	0
2.4	32	1	0.7	14	0
0.3	10	0	1.5	15	1
3.2	40	1	1.6	16	1
2.8	32	1	0.6	15	0
0.0	7	0	0.6	14	0

引入虚拟变量的 Stata 回归结果如下：

Source	SS	df	MS		
Model	15.4952861	2	7.74764306	Number of obs =	20
Residual	.230214086	17	.013542005	F(2, 17) =	572.12
				Prob > F =	0.0000
				R-squared =	0.9854
				Adj R-squared =	0.9836
Total	15.7255002	19	.827657906	Root MSE =	.11637

y	Coef.	Std. Err.	t	P>|t|	[95% Conf. Interval]
x	.0674741	.0039955	16.89	0.000	.0590442 .075904
D	.8272855	.0753715	10.98	0.000	.6682656 .9863054
_cons	-.3203666	.0620169	-5.17	0.000	-.4512108 -.1895224

不引入虚拟变量的 Stata 回归结果如下：

Source	SS	df	MS		
Model	13.8638141	1	13.8638141	Number of obs =	20
Residual	1.86168611	18	.103427006	F(1, 18) =	134.04
				Prob > F =	0.0000
				R-squared =	0.8816
				Adj R-squared =	0.8750
Total	15.7255002	19	.827657906	Root MSE =	.3216

y	Coef.	Std. Err.	t	P>|t|	[95% Conf. Interval]
x	.0963133	.0083188	11.58	0.000	.0788361 .1137905
_cons	-.5667726	.1597668	-3.55	0.002	-.9024303 -.2311149

利用引入虚拟变量的 Stata 回归结果，可得到如下回归方程（回归结果保留三位小数）：

$$\hat{y} = -0.320 + 0.067x_t + 0.827D$$

由此可以得到有房户的储蓄函数为：$\hat{y} = 0.507 + 0.067x$ （$D=1$）

租房户的储蓄函数为：$\hat{y} = -0.320 + 0.067x$ （$D=0$）

当不引入虚拟变量时，得到如下回归方程（回归结果保留三位小数）：

$$\hat{y} = -0.567 + 0.096x$$

引入虚拟变量后，方程的决定系数 R^2、F 统计量和 t 统计量的值有所增加，说明引入虚拟变量非常必要。

10.7 残差分析

在回归模型中，假定 ε_i 是期望值为 0、方差相等且服从正态分布的一个随机变量。如果关于 ε_i 的假定不成立，那么，所做的检验，以及估计和预测也许站不住脚。确定有关 ε_i 的假定是否成立的方法之一就是进行残差分析。

残差是被解释变量的观测值 y_i 与根据估计的回归方程求出的预测值 $\hat{y}_i$ 之差，用 e 表示。它反映了用估计的回归方程去预测 y_i 而引起的误差。第 i 个观测值的残差可以写为：

$$e_i = y_i - \hat{y}_i$$

可以通过对残差图的分析来判断对误差项 ε_i 的假定是否成立。

10.7.1 随机误差项零均值

绘制关于 x 的残差图，通过考察残差图的形态，可分析出 $E(\varepsilon_i|x_i)=0$ 的假定是否满足。

图 10-6 是不同形态的残差图，其中 (a) 和 (b) 中随机误差项的均值为 0，而 (c) 中随机误差项的均值不为 0。

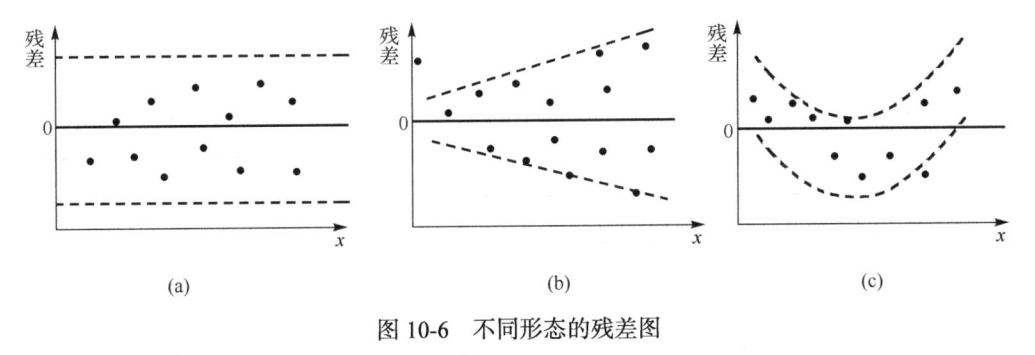

图 10-6 不同形态的残差图

10.7.2 随机误差项同方差

残差图还有助于检验同方差假设的偏离程度。例如，残差—预测值的残差图可能显示出图 10-7 所示的某种模式。在这些图中，残差取值范围随着预测值 $\hat{y}_i$ 的增大而增大（或减小），意味着随机误差项的方差随着预测值的增大而变得越来越大（或越来越小）。因为 $\hat{y}_i$ 在模型中依赖解释变量 x，也就暗示在给定解释变量 x 的情况下，随机误差项的方差并不相同。

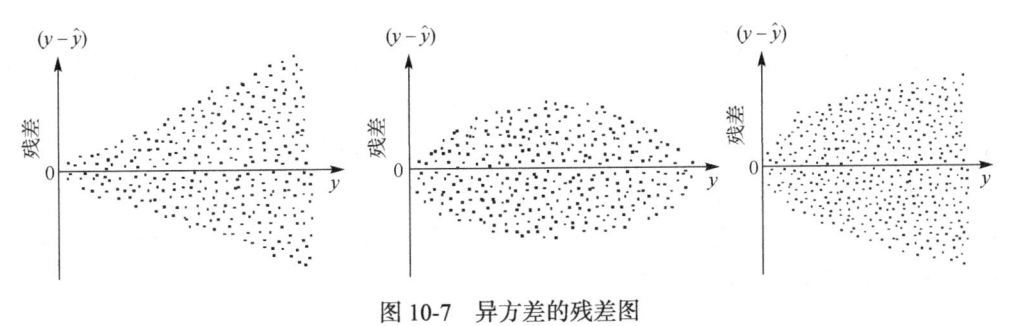

图 10-7 异方差的残差图

【例 10-12】 利用残差检测社会工作者收入模型是否为同方差。表 10-5 给出的数据是 50 个社会工作者的收入 (y) 和工作年限 (x)。

表 10-5　50 个社会工作者的收入和工作年限数据

x	y(美元)	x	y(美元)	x	y(美元)
7	26 075	21	43 628	28	99 139
28	79 370	4	16 105	23	52 624
23	65 726	24	65 644	17	50 594
18	41 983	20	63 022	25	53 272
19	62 308	20	47 780	26	65 343
15	41 154	15	38 853	19	46 216
24	53 610	25	66 537	16	54 288
13	33 697	25	67 447	3	20 844
2	22 444	28	64 785	12	32 586
8	32 562	26	61 581	23	71 235
20	43 076	27	70 678	20	36 530
21	56 000	20	51 301	19	52 745
18	58 667	18	39 346	27	67 282
7	22 210	1	24 833	25	80 931
2	20 521	26	65 929	12	32 303
18	49 727	20	41 721	11	38 371
11	33 233	26	82 641		

社会工作者收入模型的 Stata 回归结果如下：

```
    Source |       SS       df       MS              Number of obs =      50
-----------+------------------------------           F(1, 48)      =  177.25
     Model |  1.3239e+10     1  1.3239e+10           Prob > F      =  0.0000
  Residual |  3.5851e+09    48   74688594.1          R-squared     =  0.7869
-----------+------------------------------           Adj R-squared =  0.7825
     Total |  1.6824e+10    49   343343348           Root MSE      =  8642.3

         y |      Coef.   Std. Err.      t    P>|t|     [95% Conf. Interval]
-----------+----------------------------------------------------------------
         x |   2141.309   160.8358    13.31   0.000     1817.927    2464.691
     _cons |   11369.42   3160.249     3.60   0.001     5015.309    17723.52
```

解：Stata 输出结果表明，一阶模型对数据拟合充分。R^2 值说明模型可解释收入样本变异性的 78.69%。β_1 的 t 检验值为 13.31，高度显著 ($p \approx 0$)，意味着模型对预测 y 值贡献了信息。然而，残差图（见图 10-8 和图 10-9）显示该模型存在潜在问题。注意残差变异性的"锥形"：当估计的平均收入增加时，残差增大，这意味着常数方差的假设不满足。

一种使随机误差项 ε 的方差平稳化的方法是对被解释变量 y 转换后重新拟合模型。对于经济数据（如收入）一种有用的方差稳定变换就是将 y 取自然对数，记为 $\ln y$。应用模型 $\ln y = \beta_0 + \beta_1 x + \varepsilon$ 拟合表 10-5 中的数据。

第 10 章　多元线性回归分析

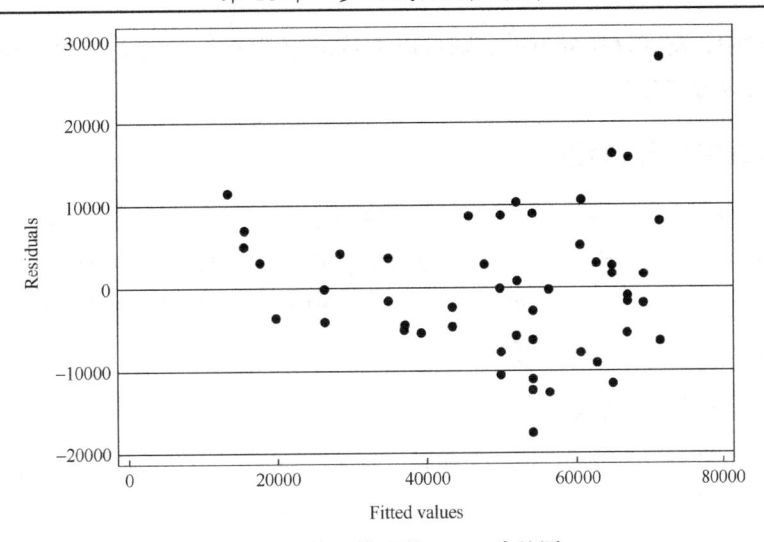

图 10-8　收入模型的 **Stata** 残差图

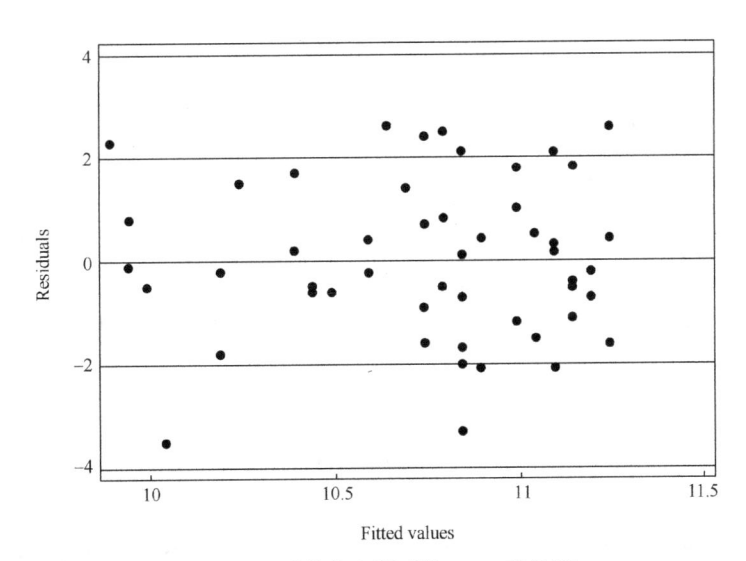

图 10-9　对数收入模型的 **Stata** 残差图

对数社会工作者收入模型的 Stata 回归结果如下：

Source	SS	df	MS		
Model	7.20560483	1	7.20560483	Number of obs =	50
Residual	1.12804417	48	.02350092	F(1, 48) =	306.61
				Prob > F =	0.0000
				R-squared =	0.8646
				Adj R-squared =	0.8618
Total	8.333649	49	.170074469	Root MSE =	.1533

lny	Coef.	Std. Err.	t	P>|t|	[95% Conf. Interval]
x	.0499564	.002853	17.51	0.000	.0442201	.0556926
_cons	9.841791	.0560579	175.56	0.000	9.729079	9.954503

可以看到对数变换平稳了误差方差。注意"锥形"消失了；当平均收入增加时，残差方差没有明显的趋势。因此，可以相信使用对数模型所做的推断比没有变形的模型更合理。

如果经过检验，发现存在异方差，则可以大致采用"OLS+异方差自相关稳健标准误"或加权最小二乘法等方法处理。

10.7.3 随机误差项无自相关

通过对残差分布图的分析，可以大致判断随机误差项的变化特征。由于回归残差 e_t[①]可以作为随机误差项 ε_t 的估计值，随机误差项 ε_t 的性质应该在残差 e_t 中反映出来。因此，可以通过残差 e_t 是否存在自相关性来判断随机项 ε_t 的自相关性。如果随着时间的推移，残差分布呈现出周期性的变化，说明很可能存在自相关性。

1. 按时间顺序绘制残差图

如图 10-10 和图 10-11 所示，以 t 为横轴，以 e_t 为纵横，绘出 e_t 随时间变化的图形。如果 e_t 随时间的变化而呈现有规律的变动，说明 e_t 存在自相关，进一步推断随机误差项 e_t 存在自相关。

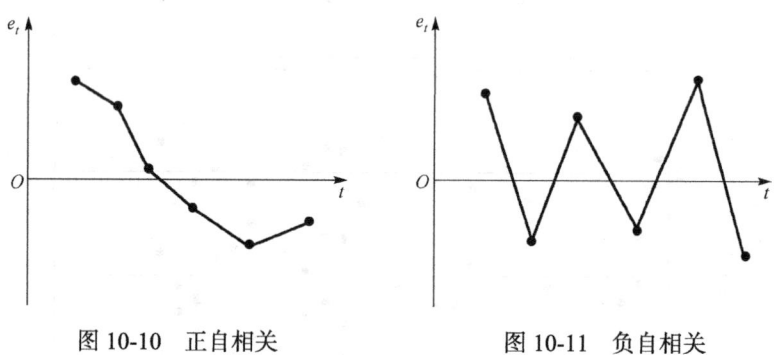

图 10-10　正自相关　　　　　图 10-11　负自相关

2. 绘制 e_t 与 e_{t-1} 散点图

因为残差 e_t 是随机误差项 ε_t 的估计，所以在对模型参数估计后，相应地计算出残差 e_t，由残差 e_t 的图形来直观地判断 ε_t 的自相关性。计算 e_t 与 e_{t-1}，然后绘制 e_t 与 e_{t-1} 的二维坐标图，以 e_t 为纵轴，e_{t-1} 为横轴，作 e_t 与 e_{t-1} 的散点图。如果图形存在系统性变动，则误差项 ε_t 可能存在自相关，如图 10-12 和图 10-13 所示。

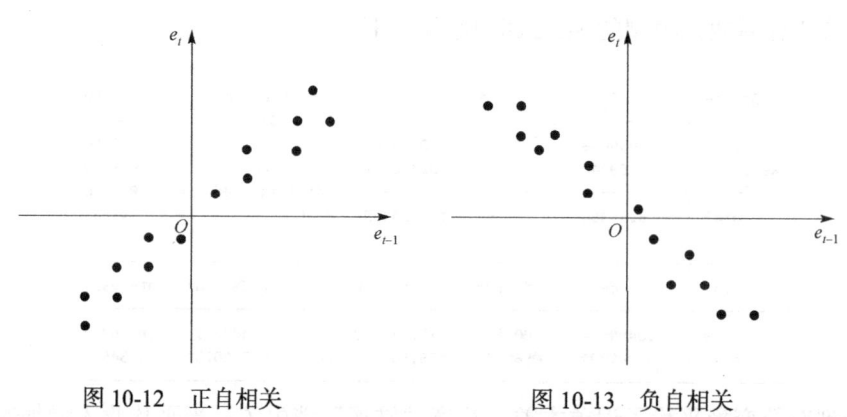

图 10-12　正自相关　　　　　图 10-13　负自相关

[①] 由于时间序列数据经常存在自相关，而横截面数据一般不存在自相关，因此，**本节残差的下标用 t 来表示**。

3. DW 检验

DW 检验(Durbin and Watson，1950)是较早出现的自相关检验，现已不常用。它的主要缺点是只能检验一阶自相关。如果解释变量包括被解释变量的滞后值，则不能使用 DW 检验。

DW 检验的统计量为：

$$DW \equiv d \equiv \frac{\sum_{t=2}^{n}(e_t - e_{t-1})^2}{\sum_{t=1}^{n} e_t^2} = \frac{\sum_{t=2}^{n} e_t^2 - 2\sum_{t=2}^{n} e_t e_{t-1} + \sum_{t=2}^{n} e_{t-1}^2}{\sum_{t=2}^{n} e_t^2}$$

$$\approx 2 - 2\frac{\sum_{t=2}^{n} e_t e_{t-1}}{\sum_{t=2}^{n} e_t^2} \equiv 2(1 - \hat{\rho}_1) \tag{10-26}$$

式中，$\hat{\rho}_1$ 表示残差的一阶自相关系数。因此，大致而言，当 $d=2$ 时，$\hat{\rho}_1=0$，无一阶自相关；当 $d=0$ 时，$\hat{\rho}_1 \approx 1$，存在一阶正自相关；当 $d=4$ 时，$\hat{\rho}_1 \approx -1$，存在一阶负自相关。

DW 检验的另一缺点是，其 d 统计量还依赖数据矩阵 X，无法制成统计表，而必须使用其上限分布 d_U 与下限分布 $d_L (d_L < d < d_U)$ 来间接地检验。但即便如此，也仍然存在"无结论区域"。从 DW 统计量的表达式来看，其本质就是残差的一阶自相关系数，故不能指望它提供太多的信息。

DW 检验的具体检验方法，根据 d_U 与 d_L 的临界值，可做如下判断，如图 10-14 所示。

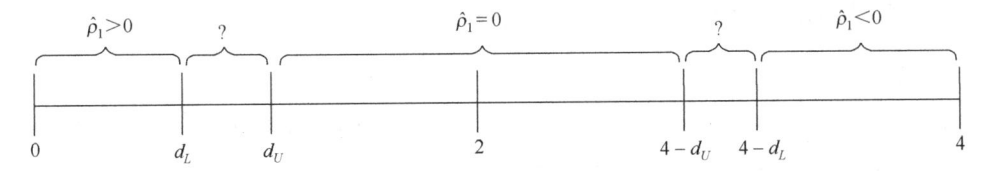

图 10-14 DW 检验的无结论区域

(1) 如果 $0 < d \leq d_L$ 则存在正自相关；(2) 如果 $d_L < d < d_U$，则无法确定；(3) 如果 $d_U \leq d \leq 4 - d_L$，则无自相关；(4) 如果 $4 - d_U < d < 4 - d_L$，则无法确定；(5) 如果 $d \geq 4 - d_L$，则存在负自相关。

如果经过检验，发现存在自相关，则可以大致采用以下四种处理方法：OLS+异方差自相关稳健标准误法；准差分法；广义最小二乘法；修改模型设定。

10.7.4 随机误差项服从正态分布

统计检验过程是建立在假设随机误差 ε_i 服从正态分布的基础之上的。既然不能直接观察真实的误差项 ε_i，那么，如何证实 ε_i 确实服从正态分布呢？我们有 ε_i 的近似值——残差 $e_i e_i$，因此，可通过 e_i 来获悉 ε_i 的正态性。

1. 标准化残差

可以通过对标准化残差的分析来完成正态性假设的检验。在回归模型的假设下，总体随机误差 ε_i 服从均值为 0，标准差为 σ 的总体分布。因此，误差除以它们的标准差应该服从标准正态分布：

$$\varepsilon_i / \sigma \sim N(0, 1),$$

因此，残差除以它们的估计标准差 s 将得到一个标准残差。观察这些残差的直方图能告诉我们正态分布的假设是否有效。

在【例 10-1】中 Stata 输出的标准化残差直方图如图 10-15 所示。

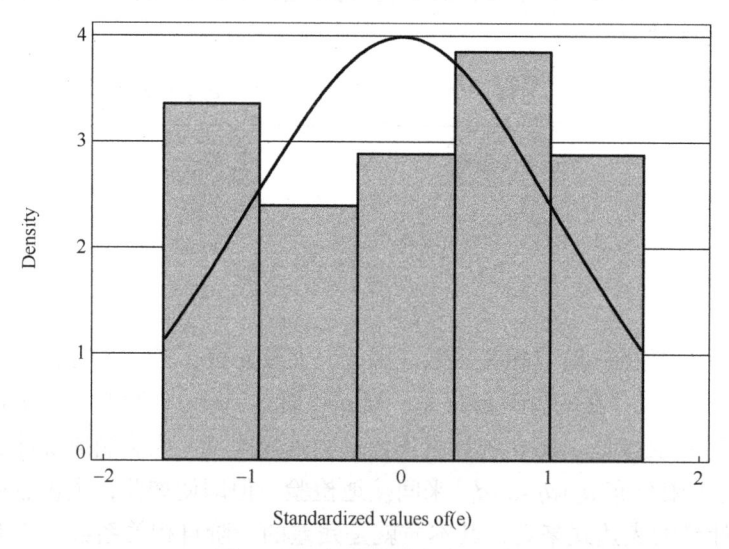

图 10-15 标准化残差直方图

通过图 10-15 可以看出，古董座钟回归的标准化残差离标准正态分布有一定的差距，可初步判断古董座钟回归的残差基本不服从正态分布。

2. JB 检验

一种常用的正态性检验是 Jarqe-Bera（雅克—贝拉）检验，简称 JB 检验，在许多统计软件中也都包括这种检验方法。它是依据 OLS 残差，对大样本的一种检验方法（或称为渐近检验）。计算偏度系数 S（对概率密度函数对称性的度量）：

$$S = \frac{\sum (x_i - \bar{x})^3}{n\sigma_x^3} \tag{10-27}$$

计算峰度系数 K（对概率密度函数"胖瘦"的度量）：

$$S = \frac{\sum (x_i - \bar{x})^4}{n\sigma_x^4} \tag{10-28}$$

对于正态分布变量，偏度为 0，峰度为 3 建立 JB 统计量：

$$\text{JB} = \frac{n}{6}\left[S^2 + \frac{(K-3)^2}{4}\right] \tag{10-29}$$

式中，n 表示样本容量；S 表示偏度；K 表示峰度。

可以证明，在正态性假定下，上式给出的 JB 统计量渐进地服从自由度为 2 的 χ^2 分布，用符号表示为：

$$\text{JB} \sim \chi^2(2)$$

从公式 (10-29) 可以看出，如果变量服从正态分布，则 S 为零，K 为 3，因而 JB 统计量的值为零。但是如果变量不是正态变量，则 JB 统计量将为一个逐渐增大值。在某一显著性水平 α 下，根据公式 (10-29) 计算的 JB 值超过临界的 χ^2 值，则拒绝正态分布的原假设；但如果没有超过临界的 χ^2 值，则不能拒绝原假设。

在【例 10-1】中 Stata 输出的残差统计量结果如下：

variable	mean	sd	variance	cv	skewness	kurtosis
e	-1.79e-07	129.1069	16668.6	-7.22e+08	.0358212	1.769218

从 Stata 输出的残差统计量结果（保留三位小数）可以看出偏度系数 $S = 0.038$，峰度系数 $K = -1.769$，带入公式 (10-29) 计算的 JB 统计量的值等于 30.332，对于显著性水平 $\alpha = 0.05$，$\chi^2(2) = 5.99147$，这表明计算得到的 JB 统计量是统计显著的。因此不能接受原假设：古董座钟回归的残差不服从正态分布。

如果经过检验拒绝正态分布的原假设，一种解决的办法就是重新修改模型的函数形式或者查看有无异常值。

如果修改【例 10-1】的模型，把古董座钟价格取自然对数，将其作为被解释变量重新进行多元回归，Stata 输出的结果如下：

Source	SS	df	MS		Number of obs	=	32
					F(2, 29)	=	152.88
Model	2.57157704	2	1.28578852		Prob > F	=	0.0000
Residual	.243901877	29	.00841041		R-squared	=	0.9134
					Adj R-squared	=	0.9074
Total	2.81547892	31	.090821901		Root MSE	=	.09171

lny	Coef.	Std. Err.	t	P>|t|	[95% Conf. Interval]
x1	.0098278	.0006216	15.81	0.000	.0085565 .0110991
x2	.0673794	.0059968	11.24	0.000	.0551147 .0796442
_cons	5.080685	.1194127	42.55	0.000	4.836459 5.324912

标准化残差直方图和残差图如图 10-16 和图 10-17 所示。

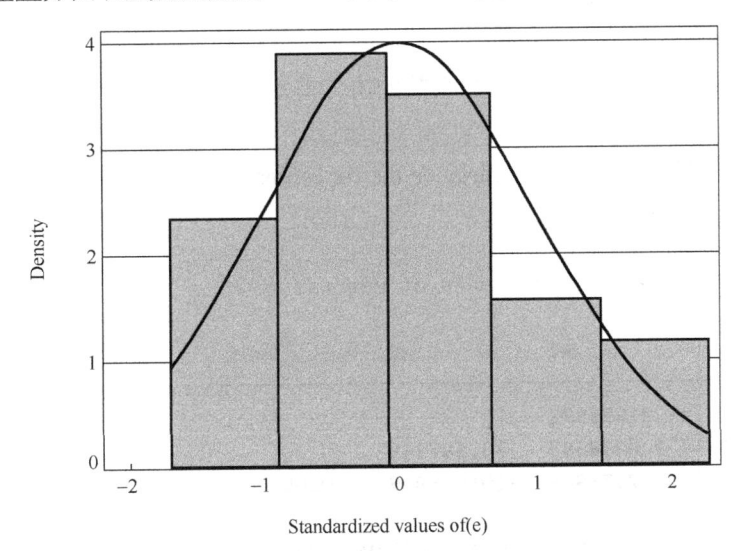

图 10-16　标准化残差直方图

图 10-17 残差图

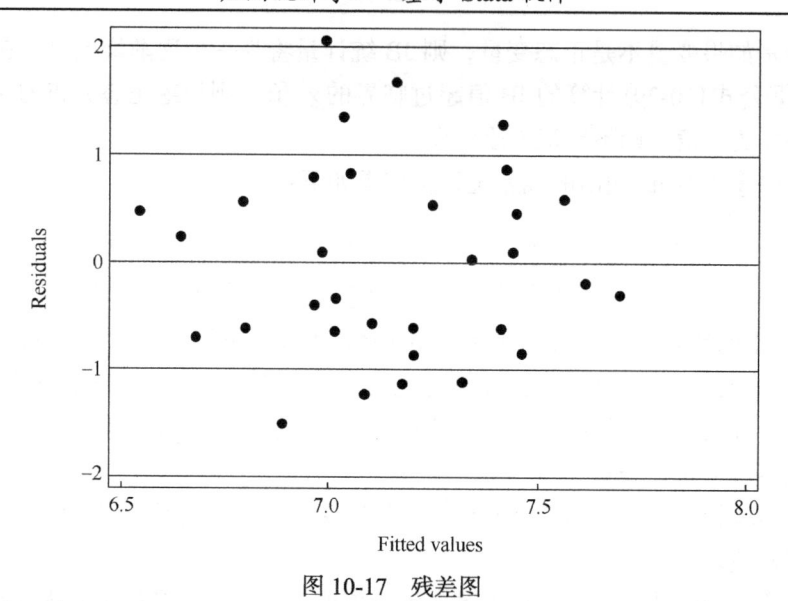

经过计算可知，JB 统计量值等于 2.84。因此不能拒绝原假设：古董座钟回归的残差服从正态分布。

10.8 用 Stata 软件对多元回归的系数进行检验

regress 命令的格式如下：

.regress depvar indepvars [if] [in] [weight] [,options]

常用的选项（options）有：

noconstant　不加常数项做线性回归

level(#)设定置信水平（默认为95%）

noheader　不报告输出表名

以 clock.dta 为例，如果要显示回归系数的协方差矩阵，可输入命令：

. vce

其中，"vce"表示"variance covariance matrix estimated"。

Stata 输出的结果如下：

```
Covariance matrix of coefficients of regress model

      e(V) |         x1          x2       _cons
-----------+------------------------------------
        x1 |  .81855502
        x2 |  2.0038685   76.187119
     _cons | -137.73869  -1016.5942   30209.732
```

对于回归方程 $\hat{y}=-1\,338.951+12.741x_1+85.953x_2+\varepsilon$,

考虑检验 β_1 是否等于 15。检验原假设"$H_0: \beta_1=15$",可使用命令:

. test year=15

此命令检验的原假设为变量 year 的系数等于 15。

Stata 输出的结果如下:

```
 ( 1)  x1 = 15

       F(  1,   29) =    6.24
            Prob > F =   0.0184
```

由于 P 值为 0.018 4,故拒绝原假设。

也可以检验 x_1 和 x_2 的系数是否相等,即检验 $H_0: \beta_1=\beta_2$。可输入命令:

.test x1=x2

Stata 输出的结果如下:

```
 ( 1)  x1 - x2 = 0

       F(  1,   29) =   73.43
            Prob > F =   0.0000
```

由于 P 值为 0.000 0,故拒绝原假设。

.hist e, normal

此命令用于画残差的直方图并附上正态分析图,检验残差是否服从正态分布。如图 10-18 所示,残差并不服从正态分布。

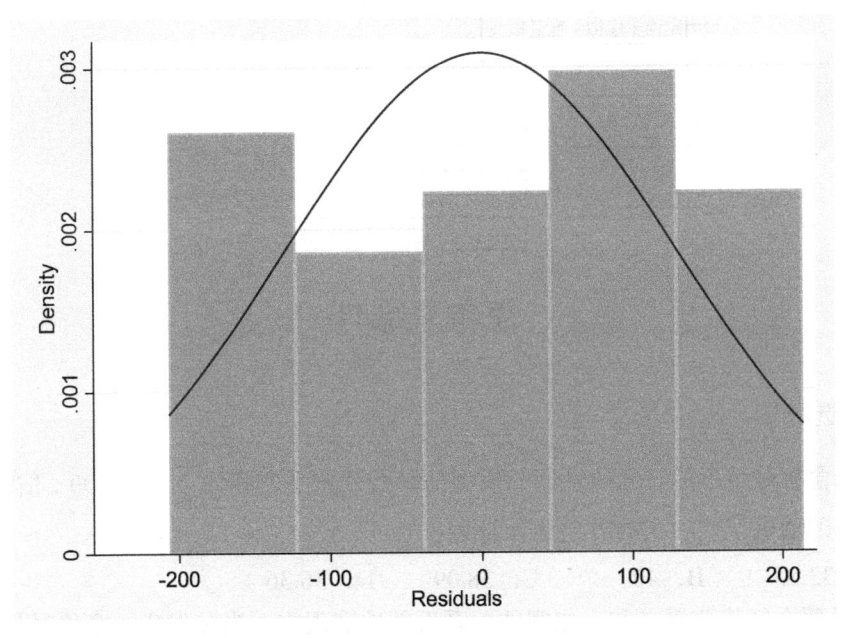

图 10-18 残差的直方图

本章知识结构图

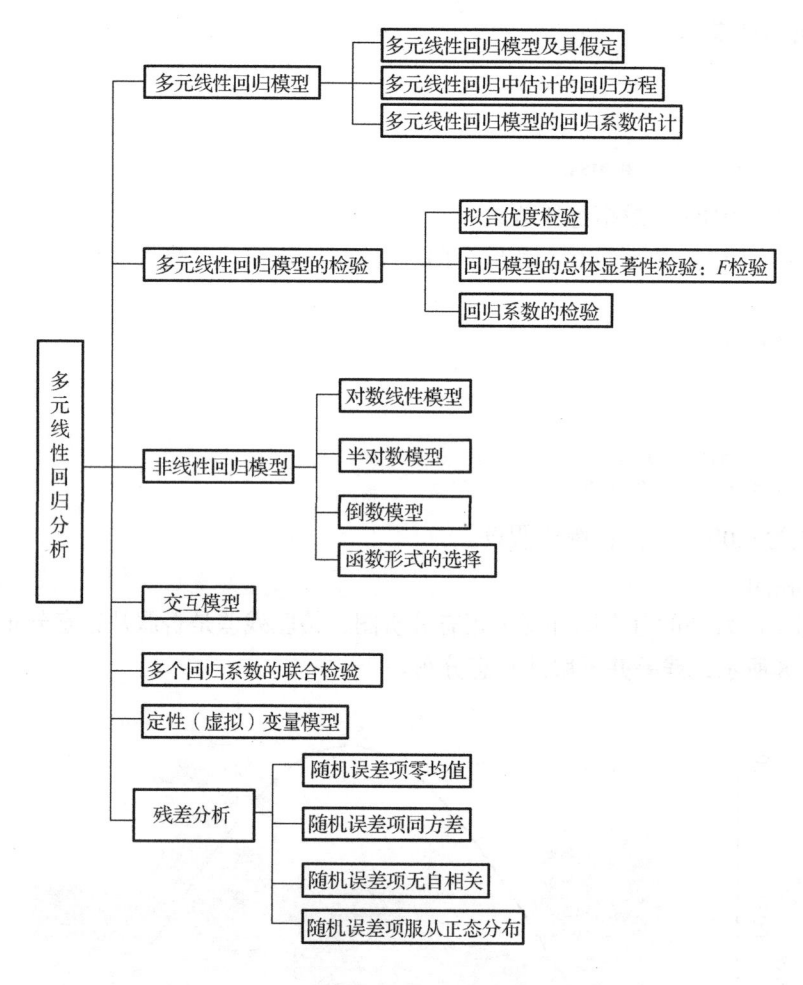

多元线性回归分析
- 多元线性回归模型
  - 多元线性回归模型及其假定
  - 多元线性回归中估计的回归方程
  - 多元线性回归模型的回归系数估计
- 多元线性回归模型的检验
  - 拟合优度检验
  - 回归模型的总体显著性检验：F 检验
  - 回归系数的检验
- 非线性回归模型
  - 对数线性模型
  - 半对数模型
  - 倒数模型
  - 函数形式的选择
- 交互模型
- 多个回归系数的联合检验
- 定性（虚拟）变量模型
- 残差分析
  - 随机误差项零均值
  - 随机误差项同方差
  - 随机误差项无自相关
  - 随机误差项服从正态分布

思考与练习

一、单选题

1. 已知含有截距项的三元线性回归模型估计的残差平方和为 $\sum e_i^2 = 800$，估计用的样本容量为 24，则随机误差项 u_i 的方差估计量为（　）。

　　A. 33.33　　B. 40　　C. 38.09　　D. 36.36

2. 如果两个经济变量 y 和 x 之间的关系近似地表现为：当 x 发生一个绝对量 (Δx) 变动时，y 以一个固定的相对量 $(\Delta y / y)$ 变动，则适宜的回归模型是（　）。

　　A.　$y_i = \beta_0 + \beta_1 x_i + \varepsilon_i$
　　B.　$\ln y_i = \beta_0 + \beta_1 x_i + \varepsilon_i$
　　C.　$y_i = \beta_0 + \beta_1 \dfrac{1}{x_i} + \varepsilon_i$
　　D.　$\ln y_i = \beta_0 + \beta_1 \ln x_i + \varepsilon_i$

3. 下列哪个为常数弹性回归模型（　　）。
   A. $\ln y_i = \ln \beta_0 + \beta_1 \ln x_i + \varepsilon_i$
   B. $\ln y_i = \ln \beta_0 + \beta_1 x_i + \varepsilon_i$
   C. $y_i = \beta_0 + \beta_1 \ln x_i + \varepsilon_i$
   D. $y_i = \beta_0 + \beta_1 \dfrac{1}{x_i} + \varepsilon_i$

4. 半对数模型 $y_i = \beta_0 + \beta_1 \ln x_i + \varepsilon_i$ 中，参数 β_1 的含义是（　　）。
   A. x 的绝对量变化，引起 y 的绝对量变化
   B. y 关于 x 的边际变化
   C. x 的相对变化，引起 y 的期望值绝对量变化
   D. y 关于 x 的弹性

5. 回归模型 $\ln y_i = \ln \beta_0 + \beta_1 x_i + \varepsilon_i$ 中，参数 β_1 的含义是（　　）。
   A. x 关于 y 的弹性
   B. y 关于 x 的弹性
   C. x 关于 y 的边际倾向
   D. y 关于 x 的边际倾向

6. 对科布道格拉斯生产函数模型 $Y = AK^\alpha L^\beta \varepsilon^u$ 进行线性变化后的估计结果为 $\ln y = 2.27 + 0.613 \ln K + 0.412 \ln L$，则原模型中参数 A 的估计值为（　　）。
   A. 2.27
   B. ln2.27
   C. $e^{2.27}$
   D. 以上都不对

二、多项选择题

1. 残差平方和是指（　　）。
   A. 随机因素影响所引起的被解释变量的变差
   B. 解释变量变动所引起的被解释变量的变差
   C. 被解释变量的变差中，回归方程不能做出解释的部分
   D. 被解释变量的总变差与回归平方和之差
   E. 被解释变量的实际值与回归值的离差平方和

2. 回归平方和是指（　　）。
   A. 被解释变量的实际值 y 与平均值的离差平方和
   B. 被解释变量的回归值 $\hat{y}$ 与平均值的离差平方和
   C. 被解释变量的总变差与剩余变差之差
   D. 解释变量变动所引起的被解释变量的变差
   E. 随机因素影响所引起的被解释变量的变差

3. 以下关于回归模型检验说法正确的有（　　）。
   A. 拟合优度检验可以通过样本决定系数来检验
   B. 拟合优度高的模型一定比拟合优度低的模型更好，更适合于各种应用
   C. 虽说样本决定系数并没给出具体的临界值对拟合优度的好坏做出判定，但可以根据其与 F 统计量的关系进行推导判定
   D. 对于一元线性回归模型来说，回归方程的显著性检验与回归参数的显著性检验是等价的
   E. 模型参数的线性约束检验、若干个回归系数同时为零的检验，以及方程稳定性检验用到的统计量均为 F 统计量

4. 在线性回归分析中，就 F 检验与 t 检验而言，以下阐述正确的有（　　）。
   A. 在一元线性回归模型中，F 检验与 t 检验是等价的，F 统计量等于 t 统计量的平方

B. 在多元线性回归模型中，F 检验与 t 检验是不同的

C. t 检验常被用于检验回归方程单个参数的显著性，而 F 检验则被用作检验整个回归模型的显著性

D. 当回归方程各个参数 t 检验均显著时，F 检验一定是显著的

E. 当 F 检验显著时，并不意味着对每个回归系数的 t 检验都是显著的

5. 对模型 $y_i = \beta_0 + \beta_1 x_{i1} + \beta_2 x_{i2} + \varepsilon_i$，进行总体显著性检验，如果检验结果总体线性关系显著，则可能有如下结果（　　）。

A. $\beta_1 = \beta_2 = 0$　　　　B. $\beta_1 \neq 0, \beta_2 = 0$　　　　C. $\beta_1 = 0, \beta_2 \neq 0$

D. $\beta_1 \neq 0, \beta_2 \neq 0$　　　　E. β_1 与 β_2 一定相等，且不等于零

三、简答题

1. 为什么要对多元线性回归的多重决定系数进行修正？
2. 什么是虚拟变量？如何设置虚拟变量？虚拟变量的回归系数如何解释？

四、对下列模型进行适当变化使其成为标准线性模型

1. $y = b_0 + b_1 \cdot \dfrac{1}{x} + b_2 \cdot \dfrac{1}{x^2} + u$

2. $Q = AL^\alpha K^\beta e^u$

3. $y = e^{b_0 + b_1 x + u}$

4. $y = \dfrac{1}{1 + e^{-(b_0 + b_1 x + u)}}$

五、实训题

实训目的：掌握多元回归分析的原理、应用及 Stata 操作。

1. 某地区机电行业销售额 y（万元）、汽车产量 x_1（万辆）及建筑业产值 x_2（千万元）的数据如下表所示。试按照下面要求建立该地区机电行业的销售额和汽车产量及建筑业产值之间的回归方程，并进行检验（显著性水平 $\alpha = 0.05$）。

年　份	销售额 (y)	汽车产量 (x_1)	建筑业产值 (x_2)	年　份	销售额 (y)	汽车产量 (x_1)	建筑业产值 (x_2)
1981	280.0	3.909	9.43	1990	620.8	6.113	32.17
1982	281.5	5.119	10.36	1991	513.6	4.258	35.09
1983	337.4	6.666	14.50	1992	606.9	5.591	36.42
1984	404.2	5.338	15.75	1993	629.0	6.675	36.58
1985	402.1	4.321	16.78	1994	602.7	5.543	37.14
1986	452.0	6.117	17.44	1995	656.7	6.933	41.30
1987	431.7	5.559	19.77	1996	998.5	7.638	45.62
1988	582.3	7.920	23.76	1997	877.6	7.752	47.38
1989	596.6	5.816	31.61				

（1）根据上面的数据建立对数模型：

$$\ln y_t = b_0 + b_1 \ln x_{1t} + b_2 \ln x_{2t} + u_1 \tag{1}$$

(2) 所估计的回归系数是否显著？用 p 值回答这个问题。

(3) 解释回归系数的含义。

(4) 根据上面的数据建立线性回归模型：

$$y_t = b_0 + b_1 x_{1t} + b_2 x_{2t} + u_1 \tag{2}$$

(5) 比较模型 (1)、(2) 的 R^2 的值。

(6) 如果模型 (1)、(2) 的结论不同，你将选择哪个回归模型？为什么？

2. 指出下列模型中所要求的待估参数的经济意义。

(1) 食品类需求函数 $\ln Y = \alpha_0 + \alpha_1 \ln I + \alpha_2 \ln P_1 + \alpha_3 \ln P_2 + u$ 中的 $\alpha_1, \alpha_2, \alpha_3$（式中，$Y$ 表示人均食品支出额；I 表示人均收入；P_1 表示食品类价格；P_2 为其他替代商品类价格）。

(2) 消费函数：$C_t = \beta_0 + \beta_1 Y_t + \beta_2 Y_{t-2} + u_t$ 中的 β_1 和 β_2（式中，C 表示人均消费额；Y 表示人均收入）。

3. 设货币需求方程式的总体模型为：

$$\ln(M_t/P_t) = b_0 + b_1 \ln(r_t) + b_3 \ln(\text{RGDP}_t) + u_t$$

式中，M 表示名义货币需求量；p 表示物价水平；r 表示利率；RGDP 表示实际国内生产总值。

假定根据容量为 $n = 19$ 的样本，用最小二乘法估计出如下样本回归模型：

$$\ln(M_t/P_t) = 0.03 - 0.26 \ln(r_t) + 0.5 \ln(\text{RGDP}_t) + e_t$$

$$t = (13) \quad R^2 = 0.9 \quad \text{DW} = 0.1 \tag{3}$$

其中括号内的数值为系数估计的 t 统计值，e_t 为残差。

(1) 从经济意义上考察估计模型的合理性。

(2) 在 5% 显著性水平上，分别检验参数 β_1，β_2 的显著性。

(3) 在 5% 显著性水平上，检验模型的整体显著性。

4. David 将教师工资作为其 "生产力" 的函数，估计出具有如下系数的回归方程：

$$\hat{S}_i = 11\,155 + 230 B_i + 18 A_i B_i + 120 E_i + 489 D_i + 189 Y_i$$

式中，$\hat{S}_i$ 表示 1969—1970 年每年第 i 个教授按美元计的工资；B_i 表示该教授一生中出版书的数量；A_i 表示该教授一生中发表文章的数量；E_i 表示该教授一生中发表的 "优秀" 文章的数量；D_i 表示该教授自 1964 年指导的论文数量；Y_i 表示该教授的教龄。

请回答以下问题：

(1) 系数的符号符合你的预期吗？

(2) 系数的相对值合理吗？

(3) 假设一个教授在授课之余所剩时间仅够用来或者写一本书，或者写两篇优秀文章，或者指导三篇论文，你将建议哪一个？为什么？

(4) 你会重新考虑问题 (2) 的答案吗？哪个系数是不协调的？对该结果你如何解释？此方程在一定意义上是否是有效的，给出判断并解释原因。

5. 根据两个自变量得到的多元回归方程为 $\hat{y} = -18.4 + 2.01 x_1 + 4.74 x_2$，并且已知 $n = 10$，

SST = 6 724.125，SSR = 6 216.375，$s_{\hat{\beta}_1} = 0.081\,3$，$s_{\hat{\beta}_2} = 0.056\,7$

要求：

(1) 在 $\alpha = 0.05$ 的显著性水平下，x_1，x_2 与 y 的线性关系是否显著?

(2) 在 $\alpha = 0.05$ 的显著性水平下，β_1 是否显著?

(3) 在 $\alpha = 0.05$ 的显著性水平下，β_2 是否显著?

6. 一家电器销售公司的管理人员认为，月销售收入是广告费用的函数，并想通过广告费用对月销售收入做出估计。下面是近 8 个月的月销售收入与广告费用数据。

月销售收入(万元)	电视广告费用(万元)	报纸广告费用(万元)
96	5.0	1.5
90	2.0	2.0
95	4.0	1.5
92	2.5	2.5
95	3.0	3.3
94	3.5	2.3
94	2.5	4.2
94	3.0	2.5

要求：

(1) 用电视广告费用作自变量，月销售收入作因变量，建立估计的回归方程；

(2) 用电视广告费用和报纸广告费用作自变量，月销售收入作因变量，建立估计的回归方程；

(3) 比较上述(1)和(2)所建立的估计的回归方程，看电视广告费用的系数是否相同，并对其回归系数分别进行解释；

(4) 根据问题(2)所建立的估计的回归方程，求在月销售收入的总变差中，被估计的回归方程所解释的比例是多少；

(5) 根据问题(2)所建立的估计的回归方程，判断其检验回归系数是否显著($\alpha = 0.05$)。

7. 下表给出了全国 16 个地区不同季度的软饮料销量和当年的居民人均消费支出数据。

销量(万吨)	居民人均消费支出(元)	季　　度
136.3	17 280.7	一
279.2	17 160.4	二
438.5	17 898.1	三
570.9	18 945.5	四
147.8	20 463.4	一
314	21 249.3	二
473.6	23 468.6	三
614.8	24 819.6	四
127.9	15 503.1	一
234	15 751.7	二
395.1	16 179.9	三

续表

销量(万吨)	居民人均消费支出(元)	季　度
484.1	16 937.6	四
194.4	27 079.1	一
366.2	27 841.4	二
507.1	37 425.3	三
677.5	39 791.9	四

要求：

(1)试以销量为因变量，以居民人均消费支出为自变量，建立一元线性回归方程，并对结果进行分析；

(2)以一季度为参照水平，将季度设置为虚拟变量；

(3)将(2)中设置的虚拟变量作为自变量引入，重新建立线性回归方程，解释各偏回归系数的含义，并与(1)中建立的一元线性回归方程的结果进行比较。

8．下表为某企业近年来的总成本和产量的数据。

年　份	总成本 y(万元)	产量 x(件)	年　份	总成本 y(万元)	产量 x(件)
2006	329	410	2012	863	906
2007	524	608	2013	1 390	1 223
2008	424	512	2014	1 157	1 107
2009	629	723	2015	1 548	1 319
2010	741	811	2016	1 787	1 424
2011	1 020	1 009	2017	2 931	1 541

要求：

(1)计算总成本对产量的线性相关系数；

(2)用已知数据估计一元线性回归模型 $y_i = \beta_0 + \beta_1 x_i + u_i$；

(3)对回归系数进行显著性检验 $\alpha = 0.05$；

(4)对回归方程进行显著性检验 $\alpha = 0.05$。

9．下表是1992年亚洲各国人均寿命 y、按购买力平价计算的人均GDP x_1、成人识字率 x_2、一岁儿童疫苗接种率 x_3 的数据。

要求：

(1)建立人均寿命对人均GDP、成人识字率、一岁儿童疫苗接种率的线性回归模型；

(2)对所建立的回归模型的回归系数进行检验(α=0.05)；

(3)对所建立的回归模型的回归方程进行检验(α=0.05)。

序　号	国家或地区	平均寿命 y(年)	人均GDP x_1(百美元)	成人识字率 x_2(%)	一岁儿童疫苗接种率 x_3(%)
1	日本	79	194	99	99
2	中国香港	77	185	90	79
3	韩国	70	83	97	83
4	新加坡	74	147	92	90

续表

序号	国家或地区	平均寿命 y(年)	人均 GDP x_1(百美元)	成人识字率 x_2(%)	一岁儿童疫苗接种率 x_3(%)
5	泰国	69	53	94	86
6	马来西亚	70	74	80	90
7	斯里兰卡	71	27	89	88
8	中国大陆	70	29	80	94
9	菲律宾	65	24	90	92
10	朝鲜	71	18	95	96
11	蒙古	63	23	95	85
12	印度尼西亚	62	27	84	92
13	越南	63	13	89	90
14	缅甸	57	7	81	74
15	巴基斯坦	58	20	36	81
16	老挝	50	18	55	36
17	印度	60	12	50	90
18	孟加拉国	52	12	37	69
19	柬埔寨	50	13	38	37
20	尼泊尔	53	11	27	73
21	不丹	48	6	41	85
22	阿富汗	43	7	32	35

10. 从两个回归分析中得到的残差如下。

回归 1		回归 2	
x	残差	x	残差
1	0.70	1	0.70
2	−0.78	2	1.58
3	1.03	3	1.03
4	0.33	4	0.33
5	2.39	5	−0.39
6	−0.67	6	−0.67
7	0.16	7	−0.56
8	1.65	8	−0.65
9	−1.19	9	−1.19
10	0.84	10	−0.84
11	0.29	11	−0.29
12	−1.28	12	−1.28
13	1.21	13	−0.21
14	−0.37	14	−0.37
15	1.02	15	0.22
16	−0.16	16	−0.16
17	1.42	17	0.82
18	−0.71	—	—
19	−0.63	—	—
20	0.67	—	—

要求：

绘制残差图，并得出结论。

11. 某地区失业率与通货膨胀率的资料如下。

失业率(%)	1.0	1.6	2.0	2.5	3.1	3.6	4.0	4.5	5.1	5.6	6.0	6.5
通货膨胀率(%)	1.6	1.51	1.14	1.28	0.85	0.91	0.75	0.76	0.66	0.60	0.6	0.6

要求：

(1) 拟合曲线回归方程 $y_c = ab^x$；

(2) 估计失业率为8%时，通货膨胀率会是什么状态？

(3) 计算判定系数。

12. 假设一位经济学家想比较三种不同社会经济阶层中信用卡使用者的平均欠款额，三个阶层分别是：(1) 低层；(2) 中层；(3) 高层。每组选择10个使用者，下表列出了拖欠款数据(单位：美元)。

第一组(低层)	第二组(中层)	第三组(高层)
148	513	335
76	264	643
393	433	216
520	94	536
236	535	128
134	327	723
55	214	258
166	135	380
415	280	594
153	304	465

要求：

(1) 假设使用社会经济阶层作为解释变量，对欠款额 y 建立回归模型；

(2) 解释模型中的 β 参数；

(3) 拟合模型并给出最小二乘法得到的预测方程；

(4) 使用模型确定三个阶层平均欠款额是否显著不同，取 $\alpha = 0.05$。

参 考 资 料

[1] 卞毓宁. 统计学概论(第六版)[M]. 北京：高等教育出版社，2018.

[2] 陈强. 计量经济学及 Stata 应用[M]. 北京：高等教育出版社，2018.

[3] 陈珍珍，罗乐勤. 统计学[M]. 厦门：厦门大学出版社，2018.

[4] 戴维·莱文，等. 商务统计学(第 7 版)[M]. 岳海燕，等译. 北京：中国人民大学出版社，2020.

[5] 道格拉斯·A.林德，威廉·G.马夏尔，塞缪尔·A.沃森. 商务与经济统计学(第 8 版)[M]. 王维国译. 大连：东北财经大学出版社，2017.

[6] 冯冰，何瑞祥. 统计学原理(第二版)[M]. 北京：北京大学出版社，2017.

[7] 宫春子等. 统计学原理[M]. 北京：机械工业出版社，2018.

[8] 贾俊平等. 统计学(第七版)[M]. 北京：中国人民大学出版社，2018.

[9] 贾俊平等. 统计学[M]. 北京：中国人民大学出版社，2012.

[10] 李洁明，祁新娥. 统计学原理[M] .上海：复旦大学出版社，2017.

[11] 李金昌，苏为华. 统计学[M] .北京：机械工业出版社，2019.

[12] 李丽清，管仕平. 统计学原理及应用[M]. 武汉：华中科技大学，2019.

[13] 林侠等. 统计学原理与实务[M]. 北京：清华大学出版社，2020.

[14] 刘子君等. 统计学[M]. 北京：清华大学出版社，2017.

[15] 卢冶飞，孙忠宝. 应用统计学[[M]. 北京：清华大学出版社，2019.

[16] 马慧慧等. Stata 统计分析与应用(第 3 版)[M]. 北京：电子工业出版社，2016.

[17] 罗伯特·A.唐纳利. 商务统计学[M]. 高璞，等译. 北京：机械工业出版社，2018.

[18] 秦春蓉等. 应用统计学基础[M]. 北京：清华大学出版社，2017.

[19] 孙敬水，马淑琴. 应用统计学基础[M]. 北京：清华大学出版社，2009.

[20] 王苹香. 统计学基础(第三版)[M]. 北京：人民邮电出版社，2020.

[21] 危磊等. 统计学基础(第二版)[M]. 北京：人民邮电出版社，2018.

[22] 谢宇. 回归分析[M]. 北京：社会科学文献出版社，2020.

[23] 薛薇. 统计分析与 SPSS 的应用[M]. 北京：中国人民大学出版社，2014.

[24] 詹姆斯·麦克拉夫，乔治·本森，等. 商务与经济统计学[M] .易丹辉，李杨译. 北京：中国人民大学出版社，2015.

[25] 张卫国. 管理统计学[M]. 广州：华南理工大学出版社，2014.